REFERENCE TO CRIMINAL TRIAL

刑事审判参考

中华人民共和国最高人民法院
刑事审判第一、二、三、四、五庭／主办

2017年第1集・总第114集

法律出版社
LAW PRESS・CHINA

2017年第1集·总第114集

刑事审判参考

编辑说明

《刑事审判参考》系最高人民法院刑事审判庭主办的业务指导和研究性出版物，自 1999 年 4 月创办以来，秉承立足实践、突出实用、重在指导、体现权威的编辑宗旨，在编辑委员会成员、作者和读者的共同努力下，密切联系刑事司法实践，为刑事司法人员提供了有针对性和权威性的业务指导和参考，受到刑事司法工作人员和刑事法律教学、研究人员的广泛肯定和欢迎。

《刑事审判参考》作为最高人民法院用以指导全国各级人民法院刑事审判工作的唯一出版物，由最高人民法院刑事审判第一、二、三、四、五庭共同主办，最高人民法院沈德咏副院长担任编辑委员会主任，李少平、南英、张述元、杨万明副院长和胡云腾、裴显鼎专委担任副主任。南英副院长担任主编，各刑事审判庭庭长担任副主编。

根据《刑事审判参考》主编会的决定，自 2012 年始，《刑事审判参考》由原 32 开改版为特 16 开。改版后的《刑事审判参考》仍为双月出版，全年共出版六集，设有以下栏目：

【指导案例】选择在认定事实、采信证据、适用法律和裁量刑罚等方面具有研究价值的典型案例，详细阐明裁判理由，为刑事司法工作人员处理类似案件提供具体的指导和参考。

【立法、司法规范】收录与刑事司法工作密切相关的法律、行政法规、部门规章、司法解释及其他规范性文件。

【刑事政策】最新的刑事司法政策，如最高人民法院院领导在刑事审判工作会议上的讲话、刑事审判工作会议讨论的问题等。

【审判实务释疑】最高人民法院刑事审判庭解答在刑事审判工作中具有普遍指导价值的法律适用问题。

【理论前沿】摘要登载近期刑事理论界、实务界最新研究成果，及时跟踪研究刑事审判中出现的新问题，为刑事司法人员提供最新理论参考。

【域外司法】评介域外的刑事立法及司法制度、实务问题和典型案例的文章。

【经验交流】地方司法机关制定的刑事司法规范性文件及其背景说明；地方各级人民法院在刑事审判工作中对于某些问题的处理政策和意见等。

【实务探讨】针对刑事司法工作中必须解决的疑难、复杂问题，登载相关学者与司法人员的研究文章，为刑事司法工作人员提供解决相关问题的思路。

【大案传真】登载在社会上影响较大的案件的有关裁判文书，及时传递大要案、热点案件的审判信息。

【疑案争鸣】针对实践中发生的疑难案例，对其中争议问题进行分析，给读者提供参与交流探讨的平台，推动相关问题的深入研究。

【裁判文书评析】选择典型裁判文书进行评析，展现法官智慧，指出不足，促进裁判文书制作水平的不断提高。

最高人民法院刑事审判第一、二、三、四、五庭

目　录

指导案例

[第1251号]

黄正田、许敬杰等串通投标案

——串通拍卖与串通投标是不同的法律概念，
不宜将串通拍卖行为以串通投标罪论处

一、基本案情

被告人黄正田，男，1967年5月9日出生，安徽省萧县瑞森荒山综合开发有限公司负责人。因涉嫌犯串通投标罪于2014年9月16日被取保候审。

被告人许敬杰，男，1965年1月7日出生，安徽省萧县交通局第八车队负责人。因涉嫌犯串通投标罪于2014年9月16日被取保候审。

被告人郝兰侠（黄正田之妻），女，1968年11月4日出生，无业。因涉嫌犯串通投标罪于2014年9月16日被取保候审。

被告人高文飞，男，1958年10月13日出生，无业。因涉嫌犯串通投标罪于2014年9月16日被取保候审。

被告人毛二龙，男，1975年11月2日出生，个体工商户。因涉嫌犯串通投标罪于2014年9月16日被取保候审。

安徽省萧县人民检察院指控被告人黄正田、许敬杰、郝兰侠、高文飞、毛二龙犯串通投标罪，向安徽省萧县人民法院提起公诉。

被告人黄正田、许敬杰、郝兰侠、高文飞、毛二龙及其辩护人对起诉指控的事实均无异议，但认为串通拍卖不构成串通投标罪。

安徽省萧县人民法院经公开审理查明：

2013年6月17日，安徽省萧县国土资源局经萧县人民政府批准，分别在"中国土地市场网"、《安徽经济报》发布公告，以拍卖方式出让萧县龙城镇长途客运站北侧、311国道东侧3 050平方米(约合4.6亩)土地(宗地编号2013-24),拍卖底价为326万元。符合条件的中华人民共和国境内外的法人、自然人和其他组织均可申请参加,申请人可以单独申请,也可以联合申请。竞买保证金326万元,保证金缴纳截止时间为2013年7月16日17时。李剑(安徽省防腐工程总公司副总经理,另案处理)以其子李翔名义参与竞买,被告人黄正田、郝兰侠以其子黄振名义参与竞买,被告人许敬杰委托其朋友、被告人高文飞参与竞买,李剑、黄正田分别于2013年7月15日、许敬杰于16日均向萧县财政局土地保证金代收代缴专户缴纳竞买保证金326万元。

2013年7月18日,萧县国土资源局在该县招投标中心召开国有土地使用权拍卖会。会前,李剑为了能低价拍得该宗土地,通过萧县龙城镇无业人员杨兴亮(另案处理)、被告人毛二龙联系竞买人黄正田、郝兰侠和竞买人许敬杰及其委托代理人高文飞,承诺给予好处费200万元,要求上述人员放弃该块土地正式竞买的竞价行为。在当天的拍卖过程中,被告人黄正田、郝兰侠及被告人许敬杰的委托代理人高文飞均没有举牌竞价,李翔后以起拍价326万元的价格取得该宗土地。

2013年7月22日和31日,李剑支付好处费200万元。其中,被告人黄正田、郝兰侠得款60万元,被告人许敬杰与被告人高文飞各得款30万元,被告人毛二龙得款10万元,杨兴亮得款70万元。案发后,黄正田、许敬杰、郝兰侠、高文飞、毛二龙的非法所得130万元已被追回。

萧县人民法院经审理认为,被告人黄正田、许敬杰、高文飞、郝兰侠、毛二龙相互串通投标报价,损害国家利益,情节严重,其行为已触犯刑律,均构成串通投标罪。根据五被告人的犯罪事实、情节及对于社会的危害后果,依照《中华人民共和国刑法》第二百二十三条第一款、第二十五条第一款、第五十二条、第六十七条第一款、第六十四条、第六十一条之规定,以串通投标罪,分别判处被告人黄正田单处罚金人民币六十万元;判处被告人许敬杰单处罚金人民币六十万元;判处被告人高文飞单处罚金人民币六十万元;判处被告人郝兰侠单处罚金人民币六十万元;判处被告人毛二龙单处罚金人民币二十万元;追缴被告人黄正田、毛二龙、许敬杰、高文飞、郝兰侠违法所得一百三十万元，上缴国库。

一审判决后，黄正田、许敬杰、郝兰侠均不服，以其所参与的是土地拍卖活动，不是招投标活动，串通投标罪不应适用于拍卖活动，一审判决适用法律错误，要求二审改判无罪。

安徽省宿州市中级人民法院经审理认为，原判部分事实不清，证据不足，依照《中华人民共和国刑事诉讼法》第二百二十五条[①]第一款第（三）项的规定，裁定撤销原审判决，发回萧县人民法院重新审判。

萧县人民检察院后以证据发生变化为由，向萧县人民法院提交撤回起诉决定书。萧县人民法院认为，判决宣告前，萧县人民检察院要求撤回起诉，符合法律规定。遂依照《最高人民法院关于适用〈中华人民共和国刑事诉讼法〉的解释》第二百四十二条的规定，准许萧县人民检察院撤回起诉。裁定已发生法律效力。

二、主要问题

在国有资产拍卖过程中，被告人串通竞买的行为能否构成串通投标罪？

三、裁判理由

被告人黄正田、许敬杰、高文飞、郝兰侠、毛二龙为获取他人给予的好处费，分别作为竞买者或在竞买者之间恶意串通拍卖的行为，违背了公平竞争原则，扰乱了市场管理秩序，致使国有资产在拍卖过程中被“贱卖”，使出让人无法达到最佳的竞价结果，从而损害了国家利益，其行为具有一定的社会危害性，但是否构成串通投标罪，对此有两种不同意见。

一种意见认为，被告人的行为构成串通投标罪。理由是：串通拍卖行为与串通投标行为具有同质性，同样侵犯了市场交易自由和公平竞争的市场秩序，损害了国家、集体和他人的利益，都有着现实的社会危害性和应受惩罚性，故应当对串通投标罪作扩张解释，将串通拍卖行为纳入其中。

另一种意见则认为，被告人的行为不构成串通投标罪。理由是，拍卖与

① 2018年《中华人民共和国刑事诉讼法》第二百三十六条。

投标是两种不同的行为,刑法也没有明确将串通拍卖行为规定为犯罪,按照罪刑法定原则,不宜将此行为按照刑法第二百二十三条规定的串通投标罪定罪处罚。

我们赞同第二种意见。现分析如下:

(一)拍卖与招标投标是两个不同的概念,二者不能混同

拍卖是指以公开竞价的方式,将特定物品或财产权利转让给最高竞价者的买卖方式。而招标投标一般是指招标人就某特定事项向特定相对人或社会发出招标邀请,有多家投标人进行投标,最后由招标人通过对投标人在价格、质量、生产能力、交货期限和财务状况、信誉等诸方面进行综合考察,在平衡的基础上,选定投标条件最好的投标人,并与之进一步协调、商定最终成立合同法律关系的一种合同行为。从行为性质来讲,拍卖和招标投标都是竞争性的交易方式,是合同缔结的一种特殊方式,二者具有一定的相似性。但是,招标投标和拍卖仍有本质区别,如二者在概念内涵、标的、目的以及适用法律等方面都存在差异。因此,招标投标和拍卖是两个不同的概念,其外延并无包容关系。从社会上一般人的观念来看,招标投标和拍卖也是两种不同的交易方式。

国土资源部2007年9月28日颁布的《招标拍卖挂牌出让国有建设用地使用权规定》第二条第一款规定:“在中华人民共和国境内以招标、拍卖或者挂牌出让方式在土地的地表、地上或者地下设立国有建设用地使用权的,适用本规定。”该规范文件对“招标”、“拍卖”或者“挂牌出让”三种方式作了具体的规定。其中,招标出让国有建设用地使用权,是指市、县人民政府国土资源行政主管部门(以下简称出让人)发布招标公告,邀请特定或者不特定的自然人、法人和其他组织参加国有建设用地使用权投标,根据投标结果确定国有建设用地使用权人的行为;拍卖出让国有建设用地使用权,是指出让人发布拍卖公告,由竞买人在指定时间、地点进行公开竞价,根据出价结果确定国有建设用地使用权人的行为;挂牌出让国有建设用地使用权,是指出让人发布挂牌公告,按公告规定的期限将拟出让宗地的交易条件在指定的土地交易场所挂牌公布,接受竞买人的报价申请并更新挂牌价格,根据挂牌期限截止时的出价结果或者现场竞价结果确定国有建设用地使用权人的

行为。

从本案事实来看,本案涉及的系国有土地使用权拍卖,拍卖人萧县国土资源局在“中国土地市场网”和《安徽经济报》发布的均为涉案地块土地使用权拍卖公告,公布了拍卖底价,采用增价拍卖方式,按照价高者得原则确定竞得人,竞买人填写了《竞买申请书》,且在指定时间、地点进行公开竞价,出让人履行的是宣布起拍价、询价、接受竞买人的报价等拍卖程序,显然不同于招标投标的内容,不属于招投标的范畴。

(二)从立法方面来看,拍卖法和招标投标法对拍卖行为与招标投标行为分别进行了规制

刑法第二百二十三条将投标人相互串通投标报价,损害招标人或者其他投标人利益,情节严重的行为,规定为犯罪。与此相适应,2000 年施行的招标投标法第五十三条规定,投标人相互串通投标或者与招标人串通投标的,中标无效,对情节严重的串通投标行为,追究相应的刑事责任。而 2004 年修改的拍卖法在刑法未明确地将串通拍卖行为入罪的情况下,仅规定了行政责任,未对此种行为追究刑事责任。该法第三十七条规定,竞买人之间、竞买人与拍卖人之间不得恶意串通,损害他人利益。第六十五条规定,竞买人之间、竞买人与拍卖人之间恶意串通,给他人造成损害的,拍卖无效,应当依法承担赔偿责任。由工商行政管理部门对参与恶意串通的竞买人处最高应价百分之十以上百分之三十以下的罚款;对参与恶意串通的拍卖人处最高应价百分之十以上百分之五十以下的罚款。

考虑到拍卖和招标投标毕竟是两种不同的法律行为,立法上对两者分别作出规定,对串通投标设定了刑事责任,对串通拍卖则没有,故不宜以串通投标罪对串通拍卖行为定罪处罚。若将串通拍卖行为作为串通投标罪客观方面的一种表现形式予以处罚,有类推之嫌。

(三)被告人黄正田等人的行为也不符合其他犯罪构成要件

被告人串通拍卖中的竞买行为,既非未经许可买卖法律、行政法规规定的专营、专卖物品或者其他限制买卖的物品而构成非法经营罪,也非拍卖人基于错误认识处分财产而构成合同诈骗罪。黄正田、许敬杰、郝兰侠、高文飞四人以个人名义报名参加竞拍,而且确实系为个人竞拍涉案地块,不存在

利用职务上的便利为他人谋取不正当利益而非法收受他人财物的情形,故其行为均不构成非国家工作人员受贿罪。毛二龙并非涉案200万元好处费的提供者,其在案件中仅起到居间、介绍作用,而且个人亦从中获利10万元,故不构成非国家工作人员行贿罪。

综上,基于拍卖和投标是两种不同性质的行为,对被告人黄正田等人串通拍卖的行为,不宜依照刑法第二百二十三条规定的串通投标罪定罪处罚。同时依照拍卖法第六十五条的规定,可追究各行为人相应的行政责任。

需要指出的是,按照罪刑法定原则,虽然对串通拍卖行为不能以串通投标罪论处,但如果被告人在拍卖过程中有贿赂、渎职等其他犯罪行为的,则可依照刑法的相关规定追究刑事责任。

(撰稿:最高人民法院刑二庭　高洪江

审编:最高人民法院刑二庭　王晓东)

[第1252号]

王志芳非法转让土地使用权案

——农民转让自有宅基地的行为是否构成非法转让土地使用权罪

一、基本案情

被告人王志芳,男,1953年7月4日出生,农民。因涉嫌犯非法转让土地使用权罪于2014年4月18日被逮捕,2015年1月16日被监视居住。

安徽省灵璧县人民检察院以被告人王志芳犯非法转让土地使用权罪,向灵璧县人民法院提起公诉。

被告人王志芳认为其行为不构成犯罪。理由是:(1)对宅基地上建筑物估价的鉴定意见不准确,未包括其平整宅基地时垫的渣土和地基的价值,结论不合理。(2)农民转让自有宅基地的行为在当地很普遍,转让给外县、外省的也有很多,均未被追究刑事责任。

被告人王志芳的辩护人提出:(1)土地管理相关法律法规均未规定农民买卖自有宅基地的房屋构成犯罪,安徽省的地方性法规亦未禁止此类行为。农民转让宅基地和地上房产的行为在当地很普遍,均未被追究刑事责任。(2)鉴定意见未包括垫的渣土和地基的价值,不能作为定案依据。(3)王志芳系合法取得宅基地且未破坏土地资源,本案不适用《最高人民法院关于审理破坏土地资源刑事案件具体应用法律若干问题的解释》(以下简称《破坏土地资源刑事案件解释》)的相关规定。

灵璧县人民法院经审理查明:

被告人王志芳因拆迁取得位于灵璧县朝阳镇朝阳街的一块425平方米的宅基地,并于1996年3月26日取得该块宅基地的集体土地建设用地使用证,用途为住宅。2001 年 4 月 20 日,灵璧县人民政府为王志芳的宅基地登记注册发证。2010 年 8 月,王志芳的儿子王冬与灵璧县建设局朝阳规划建设管理所签订了规划综合技术服务协议书,内容为王冬在宅基地上必须按规划进行建设,王冬后按协议一次性缴纳了 2 000 元规划综合技术服务费,并在该块宅基地上修建了 5 间砖墙、石棉瓦顶房屋和 1 间小平房。

2011 年 3 月,经被告人王志芳同意,王冬以 68 万元的价格将前述宅基地及附属的 6 间房屋出售给灵璧县朝阳镇裴集村农民赵龙。2011 年 3 月 15 日,赵龙将 68 万元价款全部付清,随后准备在该宅基地上建设新房。2012 年 11 月,灵璧县建设局朝阳规划建设管理所以赵龙未办理建设工程规划许可证为由责令其停止施工。赵龙未停止施工,并于 2013 年 11 月拆除了该宅基地上的原有房屋,并将新房建好后实际使用。案发后经鉴定,涉案宅基地上的六间房屋在 2013 年 2 月的价值为 49 266 元。

2014 年 4 月 8 日,灵璧县公安局以被告人王志芳涉嫌犯非法转让土地使用权罪对其立案侦查并采取刑事强制措施。灵璧县国土资源局于当月 22 日下发通知,认为王志芳在申请该宗土地登记时只提供土地权属来源证明,隐瞒使用土地的时间和建房时间,没有履行用地报批手续直接进行土地登记,违反了原土地管理法第三十八条的规定,于同年 6 月 11 日公告注销涉案宅基地的集体土地建设用地使用证。

灵璧县人民法院认为,被告人王志芳以牟利为目的,违反土地管理法规,非法转让土地使用权,情节严重,其行为已构成非法转让土地使用权罪。公诉机关指控的罪名成立。根据本案的事实、性质、情节及对社会的危害程度,依照《中华人民共和国刑法》第二百二十八条、第五十二条、第五十三条、第六十四条、第六十一条、第六十二条及《破坏土地资源刑事案件解释》第一条第(四)项之规定,以非法转让土地使用权罪判处被告人王志芳有期徒刑九个月,并处罚金人民币五万元,对王志芳的违法所得予以追缴。

一审宣判后,王志芳不服,以其行为不构成犯罪为由提出上诉。

宿州市中级人民法院经审理,于 2014 年 12 月 14 日裁定撤销原判,发回重审。灵璧县人民法院另行组成合议庭,经开庭审理,于 2015 年 8 月 10 日作出判决,再次以非法转让土地使用权罪判处王志芳有期徒刑九个月,并处罚金人民币五万元,对王志芳的违法所得予以追缴。

宣判后,被告人王志芳上诉提出:(1)原判认定其牟利63万余元错误。关于房屋价值的鉴定意见未包括垫土及地上物投入的价值,且房屋评估价值不等于市场成交价或最终拍卖价。(2)原判认定其违反土地管理法规错误。有关土地管理的相关法律和行政法规均未规定农民买卖宅基地上房屋的行为应予追究刑事责任。安徽省人民政府于2013年10月28日出台的《关于深化农村综合改革示范试点工作的指导意见》规定“允许集体建设用地通过出让、租赁、作价出资、转让等方式依法进行流转,用于工业、商业、旅游和农民住宅小区建设等”,此意见说明了流转宅基地不仅不违反规定,还于法有据。(3)原判适用《破坏土地资源刑事案件解释》错误。其是合理合法取得宅基地使用权且对该土地进行维护,不存在破坏土地资源的情况。综上,请求二审法院依法改判其无罪。

宿州市中级人民法院经审理认为,原判认定王志芳转让宅基地及房屋的事实清楚,但认定获利63万余元的事实不清、证据不足。根据土地管理法及相关行政法规,目前我国法律没有规定农民转让自有宅基地的行为构成犯罪,被告人王志芳转让自有宅基地的行为不构成非法转让土地使用权罪。原判认定王志芳转让宅基地的行为构成非法转让土地使用权罪不当,予以纠正。对王志芳的上诉理由,予以采纳。依照《中华人民共和国刑事诉讼法》第二百二十五条①第一款第(三)项、第一百九十五条第(二)项、第(三)项的规定,判决撤销原审判决,改判王志芳无罪。

二、主要问题

农民私自转让自有宅基地的行为,是否构成非法转让土地使用权罪?

三、裁判理由

对于如何认定被告人王志芳转让自有宅基地行为的性质,审理中有两种意见:

① 2018年《中华人民共和国刑事诉讼法》第二百三十六条。

第一种意见认为,被告人王志芳转让自有宅基地的行为构成非法转让土地使用权罪。理由是:(1)本案中王志芳系以牟利为目的向本集体经济组织以外的人员转让宅基地。土地管理法第七十三条明确规定,买卖或者以其他形式非法转让土地,构成犯罪的,依法追究刑事责任。王志芳以68万元的价格向赵龙转让宅基地和附属房屋,其中附属房屋经评估价值仅4.9万余元,且赵龙购买不久即拆除原有的附属房屋,说明其目的是购买使用该宗宅基地。(2)《破坏土地资源刑事案件解释》第一条规定,以牟利为目的,违反土地管理法规,非法转让、倒卖土地使用权,非法获利50万元以上的,应依照刑法第二百二十八条的规定,以非法转让、倒卖土地使用权罪定罪处罚。王志芳非法转让自有宅基地的获利数额超过了前述《破坏土地资源刑事案件解释》规定的"情节严重"标准,依法应以非法转让土地使用权罪追究其刑事责任。

第二种意见认为,被告人王志芳转让自有宅基地的行为不宜按非法转让土地使用权罪定罪处罚。理由是:(1)王志芳将自有宅基地转让给本集体经济组织以外人员的行为虽然违反了土地管理的相关法律法规,但对方亦是其他集体经济组织成员,且购买宅基地的目的是用于建设自住房,并未改变宅基地用途,也未造成集体土地流失的损害后果,不属于《破坏土地资源刑事案件解释》规定的非法转让土地使用权罪"情节严重"的情形。(2)从目前政策发展来看,宅基地使用权及其地上房屋有在一定限度内放开流转的趋势,在相关政策试点时期,也不宜对将宅基地及其地上房屋转让给其他集体经济组织的农民的行为追究刑事责任。(3)本案涉案宅基地的地上房屋已经灭失,仅根据房屋原貌照片作出的评估价格缺少依据。王志芳非法获利是否达到《破坏土地资源刑事案件解释》规定的50万元入罪标准存疑。

我们同意第二种意见,被告人王志芳转让自有宅基地的行为不宜按非法转让土地使用权罪定罪处罚。理由是:

1.从农村宅基地制度的政策导向来看,对转让自有宅基地的行为不宜追究刑事责任

根据物权法、土地管理法、土地管理法实施条例等法律法规的规定,宅基地是农村的农户或个人用作住宅基地而占有、利用的本集体所有的土地,

只有拥有农村户口的人才能在本集体所有的土地范围内申请宅基地。与一般集体土地和国有土地有所区别,农民宅基地大体上属于农民个人财产,农民拥有对自有宅基地的占有权和使用权,但这种占有受到很大限制。一户农民只能拥有一处宅基地且只能在本集体经济组织内部流转,出卖、出租住房或赠与他人后不得再申请宅基地。我国法律对农村宅基地流转的上述限制性规定本质上是为了保证农村土地集体所有性质不变,使农民的基本生活得到保障,防止农民因流转自住的宅基地而丧失安居之所。作为我国土地制度的重要组成部分,农村宅基地制度长期以来起到了保障农民居住权和维护农村社会稳定的作用。随着我国城镇化进程的深入推进,农村人口流失严重,大量农村住房闲置。同时,随着农村经济的不断发展,农民改善居住条件的需求也在不断增强。宅基地的保障性作用已逐渐减弱,资产属性和增值收益功能逐步凸显,限制宅基地使用权流转的制度已不符合经济发展的趋势,农村大量的闲置宅基地就是这种矛盾下的产物。在经济利益和改善居住条件需求的驱动下,近年来在我国农村,农民之间的房产交易成为一种常见现象,农民通过转让、出租、抵押、入股等形式将住宅入市流转的情形大量出现。这种自发形成的隐性市场在一定程度上满足了农民渴望增加生活来源和提高生活质量的现实需求,缩小了城乡经济发展差距和贫富差距。但是,根据“房地一体”的原则,农村房产的交易必然伴随着宅基地使用权的实际转让。受限于农村宅基地使用权流转的严格限制,这些交易在法律方面缺乏保障,而且隐性市场毕竟缺乏正规化和有序化,存在交易风险和纠纷隐患。因此,改革创新宅基地管理制度,引导农民有序、合法流转宅基地使用权,成为新时期农村改革发展亟待解决的问题。

针对上述情况,一段时期以来,从地方到中央以各种方式探索农民宅基地流转的新途径,尝试宅基地使用权流转的市场化和规范化。在总结各地经验的基础上,2013 年 11 月 12 日党的十八届三中全会通过的《中共中央关于全面深化改革若干重大问题的决定》明确提出,要“赋予农民更多财产权利……保障农户宅基地用益物权,改革完善农村宅基地制度,选择若干试点,慎重稳妥推进农民住房财产权抵押、担保、转让,探索农民增加财产性收入渠道。建立农村产权流转交易市场,推动农村产权流转交易公开、公正、规范运行”。中共中央、国务院2016年12月31日发布的《关于深入推进农业供给侧结构性改革　加快培育农业农村发展新动能的若干意见》中也提出，要“深化农村集体产权制度改革……认真总结农村宅基地制度改革试点经验，在充分保障农户宅基地用益物权、防止外部资本侵占控制的前提下，落实宅基地集体所有权，维护农户依法取得的宅基地占有和使用权，探索农村集体组织以出租、合作等方式盘活利用空闲农房及宅基地，增加农民财产性收入。允许地方多渠道筹集资金，按规定用于村集体对进城落户农民自愿退出承包地、宅基地的补偿”。从上述我国宅基地制度的政策导向来看，在从中央到地方均尝试为农村宅基地流转搭建平台、积极放开政策性束缚的情况下，刑法不宜过度介入农村宅基地使用权流转这一尚未明朗的领域，且本案中的转让自有宅基地的行为在当前的农村普遍存在，从法律效果和社会效果来看，也不宜对农民有偿转让宅基地的行为定罪处罚。

2. 本案未达到非法转让土地使用权罪“情节严重”的入罪标准

刑法的谦抑性和最后手段性要求刑罚规制应当控制在维持社会秩序所必需的最小限度之内，在民事责任、行政责任可及的情况下无须动用刑罚手段处理。在我国关于农村宅基地使用权流转的政策正在逐步放宽的情况下，对于本案这类政策性强，争议问题复杂，社会各方高度关注的新类型案件，认定犯罪更要慎重，应当在穷尽了其他社会管理手段，包括行政、经济手段仍不能解决问题的情况下，才可考虑刑罚手段的介入。即使动用刑罚，也应从严把握。根据《破坏土地资源刑事案件解释》第一条的规定，非法转让土地使用权罪“情节严重”的标准是指具有非法转让、倒卖基本农田五亩以上、基本农田以外的耕地十亩以上、其他土地二十亩以上、非法获利五十万元以上，或者非法转让、倒卖土地接近上述数量标准并具有曾因非法转让、倒卖土地使用权受过行政处罚、造成严重后果等情形。从立法逻辑上讲，前述五种入罪情形规定所体现的行为危害性应当大体相当，即行为人非法转让、土地使用权应达到一定的土地数量、非法获利达到一定的数额，或者接近上述数量、数额并具有相当程度的恶劣情形。

本案中，被告人王志芳违规转让自有宅基地的数量、获利数额和危害后果均未达到前述《破坏土地资源刑事案件解释》规定的入罪标准：(1)本案中的涉案宅基地仅有425平方米，远未达到前述“情节严重”情形的最低数量标准。(2)王志芳转让宅基地和房屋的价格虽然超过了50万元的非法获利数额标准，但检察机关和原审法院在计算非法获利数额时未扣除王志芳对土地的投入，即整理宅基地所垫的渣土和地基的价值在鉴定时未被剔除，王志芳非法获利数额是否达到50万元以上存疑。(3)购买王志芳宅基地的赵龙虽非王志芳所在集体经济组织成员，但亦系同一个镇的农民，购买的目的是改善住房条件，购得后也未改作他用，而是将原有房屋拆除后重建，既未改变该项宅基地的性质和土地规划用途，也未造成土地流失的损害后果。故认定王志芳的行为属于非法转让土地使用权“情节严重”，依据不足。

3. 参照最高人民法院关于涉农村宅基地刑事案件的批复精神，对于转让自有宅基地的行为不宜按犯罪处理

2010年5月，贵州省高级人民法院就有关人员与农民联合在农村宅基地、责任田上违法建房出售如何适用法律的问题请示最高人民法院。贵州省高级人民法院反映，近年来该省部分地区的城镇居民在城乡结合部、城市开发区和“城中村”，采取与有地农民通过“合作建房”“合伙联营”的方式，在农民所有的宅基地或者部分农用地上，未经批准或者超出批准范围、面积违法修建住宅楼后出售或者出租。对于上述行为应如何处理，研究过程中有意见提出可按非法转让土地使用权罪定罪处罚。对此，最高人民法院经研究未采纳该意见，理由主要是：(1)此类行为非法转让、倒卖、占用的土地数量一般较小，难以达到《破坏土地资源刑事案件解释》规定的定罪处罚标准。(2)此类案件属于新类型案件，案件处理的法律、政策性强，涉及利益主体多，争议问题复杂，社会各方高度关注，暂不宜适用刑罚处理。(3)中央有关文件鼓励有条件的地方开展农村集体产权制度和农村集体建设用地流转改革试点。在未有结论的情况下，对此类行为不能贸然以犯罪处理。(4)从征求中央有关部门意见的情况来看，多数反馈意见认为，土地管理法、城乡规划法等法律法规对此类行为分别规定了相应的法律责任，在有关政策出台前，应按照现有法律法规的有关规定及精神妥善处置。

综合以上因素考量，最高人民法院于2010年11月2日作出《关于个人违法建房出售行为如何适用法律问题的答复》(法〔2010〕395号，以下简称

《答复》)。《答复》指出:"在农村宅基地、责任田上违法建房出售如何处理的问题,涉及面广,法律、政策性强。据了解,有关部门正在研究制定政策意见和处理办法,在相关文件出台前,不宜以犯罪追究有关人员的刑事责任……案件处理更应当十分慎重。要积极争取在党委统一领导下,有效协调有关方面,切实做好案件处理的善后工作,确保法律效果与社会效果的有机统一。"《答复》所针对的是在农村宅基地、责任田上违法建房出售如何处理的问题,其主观恶性和社会危害程度明显重于本案中农民将自有宅基地和房屋出售给本集体经济组织以外的其他农民的行为,根据举重以明轻的司法原则,对农民转让自有宅基地的行为也不宜按犯罪处理。

综上,宿州市中级人民法院以原判认定上诉人王志芳转让宅基地获利数额事实不清、证据不足,王志芳转让自有宅基地的行为构成非法转让土地使用权罪不当为由,依法改判其无罪,是适当的。

(撰稿:最高人民法院刑二庭　郭　慧　初立秀

审编:最高人民法院刑二庭　王晓东)

[第1253号]

曾海涵非法经营案

——开采、加工、销售稀土矿产品的行为是否构成非法经营罪的认定和把握

一、基本案情

被告人曾海涵,男,1978年5月17日出生,个体经商,2013年2月1日因涉嫌犯非法经营罪被逮捕。

广东省韶关市武江区人民检察院以被告人曾海涵犯非法经营罪,向武江区人民法院提起公诉。

被告人曾海涵辩称其本人未销售稀土。其辩护人提出,本案证明被告人销售稀土的证据不足,且涉案稀土是依据法院调解书从广西运至韶关存储,属于合法持有;稀土买卖不属于国家行政许可或者行政审批的范畴,被告人行为未违反刑法第二百二十五条的规定,不构成非法经营罪。

韶关市武江区人民法院经公开审理查明:

2010年1月至2012年4月17日,被告人曾海涵租用了韶关市浈江区陵南路1号韶关市农业生产资料总公司东河6号仓库和韶关市浈江区南郊曲江综合贸易仓库用于存放稀土,并先后聘请了朱某、韩某(另案处理)看管仓库,期间曾海涵聘请工人在6号仓库使用粉碎机、洋铲、耙子、电子秤、缝包机等工具,对存放的稀土进行重新包装。之后,曾海涵联系江苏宜兴新威利成公司(以下简称新威利成公司)销售稀土。

2011年6月2日,新威利成公司通过广东和平天晟矿业有限公司将购买稀土的货款989万元转账到曾海涵妻子袁某的工商银行账户62×××08。收到货款的次日该账户转出490万元至曾海涵名下的农行账户62×××18。

之后,曾海涵指派韩某从韶关先后于2011年6月19日押运35吨氧化物稀土、2011年7月17日押运28.65吨草酸稀土到江苏省宜兴市交付给新威利成公司,新威利成公司收货后当即对上述两批稀土进行抽样检测,并形成分析报告及稀土杂质检测报告。

2012年4月17日,韶关市公安局浈江分局根据群众举报,在韶关市浈江区陵南路1号的韶关市农业生产资料总公司东河6号仓库和韶关市浈江区南郊曲江综合贸易仓库内查获稀土159.59吨,当场抓获管理人员韩某。经韶关市物价局价格认证中心鉴定,被查获的稀土价值24 328 935元。

2012年4月20日,韶关市公安局浈江分局以扣押的涉案稀土数量大,不易搬运、保管为由,将该批稀土交韶关市浈江区财政局拍卖处理,该局将该批稀土交韶关市浈江区公共资产管理中心委托拍卖行进行拍卖。2012年4月28日,经韶关市浈江区公共资产管理中心委托,韶关市华逸拍卖行有限公司于5月7日拍卖成交。

2014年3月17日,经江西钨与稀土产品质量司法鉴定中心鉴定确认,曾海涵指派韩某销售到新威利成公司的35吨氧化物稀土及28.65吨草酸稀土均为离子型稀土矿产品;公安机关在韶关市浈江区前述两个仓库内查获的159.59吨稀土中,除有3.82吨不属离子型稀土矿产品外,其余的均为离子型稀土矿产品。

另查明,2006年6月,广西崇左市城市工业区管理委员会与江苏宜兴市长江稀土冶炼厂(以下简称长江稀土冶炼厂)签订合同,约定将广西崇左市矿产公司的采矿许可证转到长江稀土冶炼厂设立的项目公司名下。同年7月,长江稀土冶炼厂成立了项目公司——崇左市广苏稀土有限公司(以下简称广苏公司),但因长江稀土冶炼厂并未履行合同义务,采矿许可证并未实际转移。且广苏公司从成立之日起一直处于筹建期间,工商部门明确,该公司筹建期内不得从事生产经营。但该公司成立后,立即开展对六汤稀土矿的勘探、开采、生产工作。同年12月,曾海涵和郭茂春与广苏公司合作开采稀土,由郭茂春与广苏公司签订协议,约定由郭茂春进行稀土开采,将产出的稀土如数交由广苏公司,广苏公司负责办理相关证照手续,并支付郭茂春生产承包费。签订协议后,郭茂春设立一车间,曾海涵设立二车间,两车间独立核算，自负盈亏，按协议开采并上交稀土。后因广苏公司未按协议回收稀土，2008 年 4 月郭茂春自行将一车间开采出来的 175.78 吨碳酸盐稀土运回江西定南。同年 11 月，双方签订补充合同，广苏公司同意郭茂春对六汤稀土矿现有的碳酸盐稀土库存进行自售。曾海涵于 2008 年 11 月至 2009 年 3 月将二车间开采的碳酸盐稀土(折合稀土氧化物 167.3665 吨)自行运走。2009 年 5 月，郭茂春将广苏公司起诉至广西壮族自治区崇左市中级人民法院(以下简称崇左中院)，要求支付一、二车间的相关货款，广苏公司亦对郭茂春提起反诉。同年 10 月，双方达成调解协议并经崇左中院确认，同意郭茂春自行处理 2008 年 4 月自行运走的稀土，并明确了双方之前签订的合同终止履行。

武江区人民法院认为，离子型稀土属国家战略性资源，是国家限制自由买卖的物品，其国内销售应按照相关的法律、行政法规的规定，由国务院稀土领导小组制订指令性计划，统一管理，严禁自由买卖。曾海涵违反国家规定，在未取得任何证照或得到相关部门许可的情况下，非法销售离子型稀土，且涉案金额特别巨大，情节特别严重，其行为符合非法经营罪的构成要件，应以非法经营罪定罪处罚。根据刑法第二百二十五条第(一)项规定，以非法经营罪判处曾海涵有期徒刑八年，并处罚金人民币一百万元。

一审宣判后，被告人曾海涵不服，以其行为不构成犯罪为由，向韶关市中级人民法院提出上诉。

韶关市中级人民法院经第一次审理，以原判认定事实不清、证据不足，违反法定诉讼程序，裁定撤销原判，发回武江区人民法院重新审判。

武江区人民法院重审认定的事实和原审一致，并据此作出与原审判决相同的判决意见。

被告人曾海涵再次以不构成犯罪为由提出上诉。其辩护人提出，稀土矿产品是通过法院调解书获得，且销售对象是具有国家认证的收购、加工稀土资质的公司，不能认定曾海涵的行为属于“自由买卖”。

韶关市中级人民法院经审理认为，虽然上诉人曾海涵未取得国家有关行政管理部门核发的证照擅自经营稀土，但在案现有证据尚不能证实曾海涵经营销售的稀土来源非法。根据证据裁判、疑罪从无的刑事司法原则，原判认定曾海涵犯非法经营罪的证据不足，依法应撤销原判，作出证据不足，不能认定上诉人有罪的判决。曾海涵及其辩护人所提应改判无罪的意见，予以采纳。依照《中华人民共和国刑事诉讼法》第一百九十五条①第（三）项、第二百三十一条②和《最高人民法院关于适用〈中华人民共和国刑事诉讼法〉的解释》第二百四十一条第一款第（四）项之规定，判决撤销原审判决，改判上诉人曾海涵无罪。

二、主要问题

开采、加工、销售稀土矿产品的行为能否构成非法经营罪？

三、裁判理由

（一）曾海涵开采、加工、销售稀土矿产品的行为不构成非法经营罪

非法经营罪的构成以违反国家规定为前提。本案审理过程中，对被告人曾海涵销售稀土矿产品的行为是否违反国家规定，存在两种意见。

一种意见认为，曾海涵销售稀土矿产品的行为违反了国家规定。理由是：国务院1991年颁布的《关于将钨、锡、锑、离子型稀土矿产列为国家实行保护性开采特定矿种的通知》（国发〔1991〕5号，以下简称《5号通知》）第五条第二款规定，“离子型稀土矿产品的国内销售，由国务院稀土领导小组制定指令性计划，统一管理。严禁自由买卖”。曾海涵在未经许可的情况下销售稀土矿产品，违反了《5号通知》的规定。根据《最高人民法院关于准确理解和适用刑法中的“国家规定”的有关问题的通知》，“国家规定”是指全国人民代表大会及其常委会制定的法律和决定，国务院制定的行政法规、规定的行政措施、发布的决定和命令。行政措施是指国家行政机关根据法律法规，对特定对象或具体事件采取的直接发生法律效力的一种行政行为。《5号通知》系国务院根据矿产资源法的规定制发，文件决定将钨、锡、锑、离子型稀土矿产品列为国家实行保护性开采的特定矿种，从开采、选冶、加工到市场销售、出口等各个环节，实行有计划的统一管理，属于一种行政措施，应当认定为刑法第二百二十五条中的“国家规定”。因此，曾海涵销售稀土矿产品

① 2018年《中华人民共和国刑事诉讼法》第二百条。

② 2018年《中华人民共和国刑事诉讼法》第二百四十二条。

的行为违反了国家规定,且情节严重,构成非法经营罪。

另一种意见认为,《5号通知》虽然属于国家规定,但是本案认定曾海涵销售的稀土来源不明,如果能够认定曾海涵销售的稀土矿产品系其购买所得,应当认定其行为违反国家规定,且情节严重,构成非法经营罪;如果曾海涵销售的稀土矿产品系其通过抵债所得,且其销售对象系有资质收购稀土矿产品的主体,其行为不属于非法经营行为,不构成非法经营罪。

我们认为,被告人曾海涵的行为可以分解为开采、加工和销售行为。这三个行为涉及三个方面的国家规定。本案在案证据无法证明曾海涵销售的稀土矿产品来源,从有利被告人的角度出发,如果认定涉案稀土矿产品来源于广苏公司,系因抵债而得,那么曾海涵开采、加工、销售稀土矿产品的行为均不构成非法经营罪。理由如下:

1. 对曾海涵的开采行为不宜追究刑事责任

曾海涵的开采行为客观上虽然违反国家规定,但其主观上没有违法开采的故意,且其行为未达到情节严重的程度。根据矿产资源法第三条的规定,开采矿产资源必须经过批准、办理登记,并符合规定的资质条件。曾海涵和郭茂春与广苏公司订立合同,为广苏公司开采稀土矿产品提供技术和劳务支持。广苏公司没有获得采矿许可证,客观上广苏公司和曾海涵开采稀土的行为均违反了矿产资源法。然而,根据承包协议,广苏公司负责相关采矿许可证照的办理,郭茂春、曾海涵仅负责具体开采事宜。在履行劳务合同过程中,广苏公司隐瞒了采矿许可证照未成功办理的事实,向郭茂春、曾海涵提供了采矿许可证的虚假复印件。故不能认定郭茂春和曾海涵主观上具有违法开采的故意。另外,从本案发生的特殊背景分析,广苏公司虽然没有实际获得采矿许可证,但其是经过崇左政府招商引资为开采稀土矿而专门成立,其边开采边申请采矿许可的行为得到当地政府的默许,和一般的未经许可偷采行为不同。基于这一背景因素考虑,行政执法机关、司法机关均未追究广苏公司违法开采的责任。同理推之,对作为承包广苏公司劳务的曾海涵亦不应追究其违法开采的刑事责任,如对主观上不具有违法开采故意的行为追究刑事责任亦有客观归罪之嫌。

2. 将碳酸盐稀土加工成草酸盐稀土的行为不属于冶炼分离加工,未违反国家规定

本案中对涉案稀土存在氧化稀土、离子型稀土、碳酸盐稀土、草酸盐稀土等多种表述。离子型稀土矿是对矿山原始状态的称呼,经过加工之后生产出离子型稀土矿产品,草酸盐稀土和碳酸盐稀土属于离子型稀土矿产品。经向有关部门了解,稀土氧化物是稀土矿产品经过复杂的萃取、分离程序后得出的产品,其交易是不受限制的。草酸盐稀土和碳酸盐稀土都属于稀土矿产品,两者的区别在于沉淀的工艺不同。通过简单加工,碳酸盐稀土也可以转变为草酸盐稀土。根据《国务院关于促进稀土行业持续健康发展的若干意见》(国发〔2011〕12号)第二条第(五)项的规定,对稀土冶炼分离企业实行生产许可。《5号通知》第四条规定,国家禁止个体从事离子型稀土矿产品的冶炼。如果认定曾海涵销售的稀土矿产品均来源于广苏公司,因广苏公司生产的是碳酸盐稀土,销售的稀土中有部分是草酸盐稀土,两者属于不同产品,曾海涵必然存在加工行为。然而,相关资料显示,将碳酸盐稀土加工成草酸盐稀土的行为不属于冶炼分离,故曾海涵的加工行为未违反上述国家规定。

3. 曾海涵的销售行为不属于自由买卖,未违反国家规定

矿产资源法第三十四条规定,国务院规定由指定的单位统一收购的矿产品,"任何其他单位或者个人不得收购""开采者不得向非指定单位销售"。《5号通知》第五条规定,离子型稀土矿产品属于国家统一收购的矿产品,个人不得收购,严禁自由买卖。《5号通知》属于国家行政机关在进行行政管理活动时的临时行政措施,属于国家规定。然而,如果认定曾海涵系因抵债获得稀土,那么其并未实施收购稀土的行为,且销售的对象是有加工稀土资质的企业,属于定向选择,故不属于"自由买卖",不应认定其违反矿产资源法和《5号通知》的规定。此外,曾海涵系出于抵债原因而获得稀土,与出于牟利目的的收购稀土本质不同,而且其合伙人郭茂春这种抵债方式已获得崇左中院调解书的确认。抵债后,曾海涵并未为了追求价位而将稀土矿产品自由销售,而是销售给有加工资质的公司,不同于一般的自由买卖行为,更与专门倒卖稀土行为有本质不同。另从期待可能性理论分析,如果认定曾海

涵违反了国家规定,实际剥夺了其实现债权的权利,其当初的抵债就毫无意义。可见,曾海涵将抵债获得的稀土矿产品留而不卖不具有可期待性。相反,因抵债获得稀土矿产品后,曾海涵将稀土矿产品销售给有加工稀土资质的企业是比较合理的选择。故不应认定曾海涵违反“不得向非指定单位销售”“禁止自由买卖”的规定。

此外,结合本案其他一些因素考虑,亦不宜追究曾海涵的刑事责任。其主要原因为关联案件均未作犯罪处理。根据相关材料反映,与曾海涵相似的行为均未受到刑事追究。曾海涵的合伙人郭茂春和广东公司都存在销售稀土的行为,但均因多种因素的考虑未追究相关责任,其中郭茂春将稀土拉走抵债的行为还得到崇左中院调解书的确认。广东公司的相关负责同志在证言中还提到曾海涵和郭茂春自售稀土的做法符合当时稀土界的行规。从这一角度分析,出于打击面和政策平衡的考虑,对曾海涵的行为也不宜追究刑事责任。

(二)对一般稀土矿产品销售行为以非法经营罪追究刑事责任应持审慎态度

仅从文件规定分析,买卖稀土矿产品的行为违反了矿产资源法、《5 号通知》关于离子型稀土“个人不得收购”“实行统一收购”“严禁自由买卖”的规定,情节严重的,似可构成非法经营罪。然而,从上述文件实际执行情况来看,稀土矿产品销售在国内实际未实行严格管控,故对一般稀土矿产品销售行为以非法经营罪追究刑事责任,目前应持审慎态度。主要理由是:

1. 稀土矿产品销售在国内尚未实行严格管控

《5 号通知》虽然仍有效,但该文件所提中国有色金属工业总公司和国务院稀土领导小组已被撤销或解散,目前国土资源部和工信部是稀土行业的主要管理部门。根据《国务院关于促进稀土行业持续健康发展的若干意见》(国发〔2011〕12 号)以及工信部相关资料,目前我国对开采稀土矿、冶炼分离加工实行严格的指令性计划管理,但对稀土(准确地讲是稀土氧化物,即加工后的稀土产品)的销售并未实行指令性计划。可见,我国对稀土行业的管控主要集中于开采、加工而非销售环节。对稀土矿产品销售的主要管理手段是要求稀土企业必须通过增值税防伪税控系统(稀土企业专用版)开具增值税专用发票和增值税普通发票。

2. 我国取消稀土出口配额制度在一定程度上意味着对稀土矿产品销售管控的放松

2012年3月，美国、欧盟、日本提出磋商请求将我国稀土、钨、钼三种原材料出口限制措施诉诸世界贸易组织（WTO）争端解决机制。2014年8月，WTO公布了美国、欧盟、日本诉中国稀土、钨、钼相关产品出口管理措施案上诉机构报告，裁决认定中方涉案产品的出口关税、出口配额措施不符合有关世贸规则和中方加入世贸组织承诺。2015年年初，我国正式取消稀土出口配额制度，企业只需凭出口合同就可以申领出口许可证，无须再提供批文。可见，我国已在很大程度上放松了对稀土国际贸易的管控。目前，虽然没有正式文件对国内稀土销售行为放松管控，但综合国内和国际实际情况分析，对稀土矿产品国内销售行为实际未实行严格管控措施。

综上，韶关市中级人民法院依法撤销原判，作出证据不足，宣告曾海涵无罪是正确的。另外，基于稀土矿产品销售在国内未实行严格管控的实际情况考虑，对稀土矿产品销售行为以非法经营罪追究刑事责任应持审慎态度。

（撰稿：最高人民法院刑二庭　刘晓虎　周颖佳

审编：最高人民法院刑二庭　王晓东）

[第 1254 号]

陈锦国故意杀人案

——对暴力抗拒行政执法致死案件，如何判定被害人是否有过错

一、基本案情

被告人陈锦国，男，1983 年 10 月 16 日出生，农民。因涉嫌犯故意杀人罪于 2015 年 7 月 28 日被逮捕。

浙江省金华市人民检察院以被告人陈锦国犯故意杀人罪，向金华市中级人民法院提起公诉。

被告人陈锦国否认其有杀人故意，辩称系误伤被害人。其辩护人提出，不排除陈锦国后退时身体失衡误伤被害人的可能性；檀溪镇政府对激化矛盾、引发本案有责任，应对被告人从轻处罚。

金华市中级人民法院经公开审理查明：案发前，被告人陈锦国在浙江省浦江县檀溪镇盘山村月牙湖畔经营烧烤摊。2015 年 7 月 24 日 12 时许，浦江县檀溪镇人民政府为举办美食节，组织曹红岩、陈新荣等工作人员前往盘山村月牙湖畔进行摊位搬移规劝工作。工作人员在对陈锦国劝说时，陈锦国右手持菜刀、左手持尖刀威胁、阻止工作人员搬移摊位。后陈锦国乘曹红岩不备，持刀朝曹红岩脸部等处砍击多刀，致曹红岩受伤。陈新荣等其他工作人员见状劝陈锦国把刀放下，陈锦国又持尖刀朝上前劝阻的陈新荣腹部捅刺一刀，致陈新荣经抢救无效死亡。经鉴定，陈新荣系因被他人用锐器刺伤腹部致腹腔大血管破裂、急性大出血而死亡；曹红岩所受损伤构成轻伤。

金华市中级人民法院认为，被告人陈锦国采用持刀砍、刺的方式故意非法剥夺他人生命，致一人死亡、一人轻伤，其行为已构成故意杀人罪。陈锦

国在公共场所持刀砍伤一人后,不顾其亲属及在场人员的再三劝阻,继续持刀捅刺,又致一人死亡,犯罪情节极其恶劣,后果极其严重,应依法惩处。檀溪镇人民政府因举办美食节需要对月牙湖畔的摊位进行搬迁,且事前进行了通知,陈锦国不愿意搬迁并持刀伤害两名镇政府工作人员,不能认定镇政府及工作人员对本案的发生存在过错。辩护人所提镇政府对本案矛盾激化负有相应责任的辩护意见不能成立,不予采纳。据此,依照《中华人民共和国刑法》第二百三十二条、第五十七条第一款等规定,于2015年11月25日作出刑事附带民事判决,以故意杀人罪判处被告人陈锦国死刑,剥夺政治权利终身。

宣判后,被告人陈锦国提出上诉。陈锦国及其辩护人提出,陈锦国没有杀人故意和杀人行为,不排除后退时身体失衡误伤被害人的可能性;陈锦国有自首情节;镇政府有过错,请求改判。

浙江省高级人民法院经二审审理认为,上诉人陈锦国因不愿意搬离摊位,在公共场所持刀将一名政府工作人员砍致轻伤后,不顾其亲属及在场人员的劝阻,继续持刀捅刺政府工作人员并致一人死亡,其行为已构成故意杀人罪。浦江县檀溪镇政府决定在月牙湖畔举办美食节,需要对月牙湖畔美食节涉及地点的摊位进行搬迁,对场地进行整治,属于镇政府对辖区事务的正常管理范畴。为此,镇政府事前进行了通知,并且安排了地方让需要搬移摊位的村民另行摆放摊位。摆摊的村民包括被告人陈锦国及其前妻黄巧红对此都知道。至于陈锦国称其听盘山村会计黄正平说过他们盘山村村民之前在那里摆的摊位不用搬到镇政府统一规划的地方去,虽能得到黄正平证言印证,但黄正平讲他是听村书记陈云峰说的,而陈云峰并没有相关证言,镇政府也没有相关表态。案发当天,虽然镇政府及其工作人员态度比较强硬,但尚不能认定镇政府及工作人员对本案的发生存在过错。陈锦国不愿意搬迁摊位并持刀伤害劝其搬迁的两名镇政府工作人员,致一人死亡、一人轻伤,陈锦国称镇政府有明显过错及其辩护人所提镇政府对本案矛盾激化负有相应责任的理由均不成立,不予采纳。原判认定事实清楚,证据确实、充分,定性准确,量刑适当,审判程序合法。据此,依照《中华人民共和国刑事诉讼法》第二百二十五条[1]第一款第(一)项之规定,于2016年6月27日裁定驳回上诉,维持原判,并依法报请最高人民法院核准。

最高人民法院经复核认为,被告人陈锦国故意非法剥夺他人生命,其行为已构成故意杀人罪。陈锦国暴力抗拒行政执法,持刀连续捅刺执法人员,致一人死亡、一人轻伤,犯罪情节恶劣,手段残忍,罪行极其严重,应依法惩处。第一审判决、第二审裁定认定的事实清楚,证据确实、充分,定罪准确,量刑适当。审判程序合法。据此,依照《中华人民共和国刑事诉讼法》第二百三十五条[2]、第二百三十九条[3]和《最高人民法院关于适用〈中华人民共和国刑事诉讼法〉的解释》第三百五十条第(一)项的规定,于2017年7月17日裁定核准被告人陈锦国死刑。

二、主要问题

对暴力抗拒行政执法的故意杀人、伤害案件,如何认定被害人是否有过错?

三、裁判理由

近年来,在城市管理、房屋拆迁、土地征用、环境保护等行政执法过程中,行政执法相对人采用暴力手段抗拒行政执法,造成执法人员伤亡的案件时有发生,往往也成为社会舆论关注的热点。行政执法人员作为被害人,对于引发犯罪是否存在过错,通常是控辩双方争议的焦点,对于刑罚裁量特别是适用死刑有重大影响。对于以暴力手段抗拒合法的行政执法行为,造成执法人员伤亡的,司法实践中历来将其作为犯罪情节恶劣的情形依法予以严惩。但如果行政执法行为本身严重违法,甚至是个别执法人员假公济私,严重侵犯公民合法权益的,则可认定对引发案件具有过错,进而影响对被告人的量刑。在审判实践中,对此类故意杀人、伤害案件是否适用死刑,需要在查清案件起因的基础上,准确分析被害人有无过错,从而作出公正判决。

---

① 2018年《中华人民共和国刑事诉讼法》第二百三十六条。

② 2018年《中华人民共和国刑事诉讼法》第二百四十六条。

③ 2018年《中华人民共和国刑事诉讼法》第二百五十条。

结合本案的情况,可以从以下几个方面分析被害人有无过错问题。

(一)行政管理的目的与动机是否正当

为了保障社会生产、生活的正常进行,保障公民的合法权益,维持一个安定良好的社会秩序十分必要。行政管理是政府相关部门对社会公共事务进行的一种有组织的管理活动,目的是维护安定有序的社会环境,并非谋求行政机关或公务人员的特殊利益。服从行政管理是行政执法相对人应当履行的法定义务,相关公民即使认为行政执法人员的具体行政行为侵犯了其合法权益,也应当通过行政复议、行政诉讼等合法途径进行维权,而不应采取暴力手段直接妨碍、抗拒行政管理。一般来说,采用暴力手段抗拒行政执法的行为不仅干扰和破坏了正常的行政管理活动,也侵犯了行政执法人员的人身权利,具有较为严重的社会危害性。对合法的行政管理进行抗拒,主要是因为有的行政相对人法制观念淡薄,有的人性格冲动或者不明真相,有的则是妄图通过对抗来满足自己的不正当利益诉求。在这种情况下,行政执法者当然不存在过错。因此,对于被告人采用暴力手段抗拒行政执法引发的故意杀人、伤害案件,在判断被害人是否存在过错时应当重视对行政管理目的和动机的审查,具体分析案发起因,准确判断被害人是否存在过错。

本案中,被害人陈新荣、曹红岩所在的檀溪镇人民政府为了发展地方经济,利用当地自然条件,出资在辖区盘山村罗家源河的河滩边修建了天然游泳场,即月牙湖。根据地方各级人民代表大会和地方各级人民政府组织法第六十一条的规定,乡、民族乡、镇的人民政府行使的职权包括“管理本行政区域内的经济、教育、科学、文化、卫生、体育事业”。根据檀溪镇人民政府的会议记录、活动方案和证人证言,为了扩大月牙湖景点的知名度,吸引更多游客到当地旅游消费,增加群众收入,檀溪镇人民政府多次开会集体研究决定在月牙湖畔举办“铜罐饭大赛”美食节活动,并进行宣传报道。多名证人包括被告人陈锦国均表示,村民支持镇政府举办美食节,因为此举能让村民多赚钱。案发后,村干部介绍称当地以前很穷,自从镇政府投资建设月牙湖游泳场后,前来游玩的人多了,村民通过从事经营活动普遍提高了收入。檀溪镇人民政府要求在月牙湖游泳场擅自占位摆摊的村民将摊位搬移至统一规划的摆摊区域,主要是依据以往举办类似美食节参加人数众多的经验,为了维持活动现场的良好秩序,以实现宣传旅游资源目的。为此,檀溪镇人民政府决定在辖区内举办美食节、决定整治摆摊秩序,被害人陈新荣、曹红岩等执法人员根据镇政府决定要求陈锦国等村民搬移摊位,在行政管理目的和动机上均具有正当性、必要性、合法性。

（二）行政强制程序是否规范

行政强制是行政执法的方式之一。根据行政强制法第二条的规定,行政强制包括行政强制措施和行政强制执行。其中,行政强制措施是指行政机关在行政管理过程中为制止违法行为、防止证据损毁、避免危害发生、控制危险扩大等情形,依法对公民的人身自由实施暂时性限制,或者对公民、法人或者其他组织的财物实施暂时性控制的行为。行政强制执行是指行政机关或者行政机关申请人民法院,对不履行行政决定的公民、法人或者其他组织,依法强制履行义务的行为。本案中,檀溪镇人民政府决定整治月牙湖游泳场的村民摆摊秩序,在多次通知村民搬移摊位无效的情况下,派行政执法人员到场规劝村民履行搬移摊位的义务,应属于行政强制执行。行政强制法第四章规定了行政强制执行的程序,其中第三十五条规定,行政机关作出强制执行决定前,应当事先催告当事人履行义务。催告应当以书面形式作出。本案中,檀溪镇人民政府没有采用书面形式催告陈锦国搬移摊位,在程序上有一定瑕疵,但檀溪镇人民政府已经事先口头或打电话多次通知被告人陈锦国挑选、搬移摊位,陈锦国对此亦不否认。陈锦国私自占用公共场所无证经营,即使镇政府以前没有禁止,陈锦国也不可能取得摊位的合法使用权,故镇政府以口头方式通知陈锦国搬移摊位,并未限制、剥夺陈锦国的合法权利,与书面形式催告具有相同的效果。因此,檀溪镇人民政府及其执法人员未书面通知陈锦国搬移摊位的瑕疵,并不构成陈锦国暴力抗拒执法的正当理由。

（三）暴力抗法行为是否具有防卫因素

在暴力抗法引发的故意杀人、伤害案件中,被告人及其辩护人往往提出被告人遭到执法人员辱骂、殴打、伤害或者毁损财物等的辩护意见,主张被告人的犯罪行为具有防卫因素,被害人具有过错。行政强制法规定的行政强制措施包括对人身自由的暂时性限制和对物的暂时性控制，但仅限于为了制止违法行为、防止证据损毁、避免危害发生、控制危险扩大等合法目的。行政执法人员在执法过程中出于逞强、泄愤等原因，在没有行政强制的合理需要情况下，故意伤害、杀害行政相对人或者毁损行政相对人财物的，在性质上应属于其个人的违法犯罪行为。对此，行政相对人作为公民依法享有正当防卫的权利。即使行政相对人的正当防卫超过必要限度，也可以认为具有防卫因素，依法予以从宽处罚。反过来，如果行政执法人员正常执行公务时遭到行政相对人暴力抗法，在人身、财产安全受到不法侵害时，不仅拥有采取行政强制措施的职权，而且作为公民个人也同样享有采取正当防卫的权利。实践中，应当根据行政强制措施的实施情况、双方肢体冲突发生的原因、双方的损伤特征和损伤程度、财物毁损的原因和损失价值等实际情况，具体分析判断被告人的暴力抗法行为是否具有防卫因素。

本案中，被告人陈锦国经檀溪镇人民政府多次通知均拒绝搬移摊位。案发当日，被害人曹红岩等执法人员在劝说陈锦国自行搬移摊位未果、次日即将举办美食节而舞台尚未搭建的情况下，为排除妨碍而强行搬移陈锦国的摊位，没有粗暴野蛮行为，未造成陈锦国人身或者财产损害，属于行政强制的合理需要，行政强制执行方式合法规范。对此，在场村民包括陈锦国家人均证实执法人员没有辱骂、推搡、殴打陈锦国或者打砸财物行为。陈锦国为了阻止执法人员搬移其摊位，持刀砍、划曹红岩面部、颈部等处多下，致曹红岩轻伤，属于对曹红岩人身权利的非法侵害，不具有防卫因素。陈锦国行凶伤害曹红岩之后，不听其家人及村、镇干部劝阻，拒绝放下凶器，还向上前劝阻的一名执法人员颈部挥刀，被执法人员及时躲开，可见其不法侵害行为尚未结束。此时，被害人陈新荣认为自己年纪大且认识陈锦国的父亲，上前劝说陈锦国放下刀。陈锦国见陈新荣走近，即持尖刀猛刺陈新荣腹部一刀，致陈新荣受伤倒地，后经抢救无效死亡。执法人员报警并与陈锦国对峙，后公安人员到场将陈锦国抓获，当日对陈锦国人身检查时未发现陈锦国身体有伤。可见，陈新荣劝说陈锦国放下凶器，甚至抢夺陈锦国手中的凶器，目的都是制止陈锦国的不法侵害行为。相关目击证人也证实，陈锦国捅刺陈新荣后持刀指向执法人员说“你们还有谁不服的”，足见陈锦国捅刺陈新荣不可能是出于防卫目的，其暴力抗法行为不具有防卫因素。

综上，本案中行政执法人员没有过错，陈锦国的暴力抗拒行为不具有正当性，法院根据其故意杀人犯罪的性质、情节和危害后果，最终判处并核准了死刑。

（撰稿：最高人民法院刑五庭　章　政

审编：最高人民法院刑五庭　马　岩）

[第 1255 号]

金建伟故意杀人、抢夺、非法侵入住宅案

——从案发现场检出了第三人的 DNA，如何排除其他人参与作案的可能

一、基本案情

被告人金建伟，男，1970 年 1 月 4 日出生，农民。1989 年 3 月 1 日因犯盗窃罪被判处有期徒刑三年六个月，1991 年 9 月 20 日刑满释放；2006 年 1 月 5 日因犯盗窃罪被判处有期徒刑四年六个月，并处罚金人民币一万元，2008 年 8 月 26 日刑满释放，2011 年 2 月 1 日因本案被逮捕。

浙江省湖州市人民检察院以被告人金建伟犯故意杀人罪、抢夺罪、盗窃罪，向湖州市中级人民法院提起公诉。

被告人金建伟对公诉机关指控的犯罪事实没有异议，但辩称没有杀害被害人的故意。其辩护人提出，金建伟系间接故意杀人，其归案后认罪态度好，可以从轻处罚；金建伟盗窃所得不足 2 000 元，其行为不构成盗窃罪。

湖州市中级人民法院经审理查明：2011 年 1 月 25 日 17 时许，被告人金建伟在浙江省安吉县递铺镇万亩村坝头自然村 × 号租房内与被害人姚某某（女，殁年 58 岁）发生性关系后因琐事与姚某某发生争执。为制止姚某某反抗呼救，金建伟用手掐姚某某颈部，致姚某某机械性窒息死亡。之后，金建伟用绳子、床单布条捆绑姚某某手脚，用布条缠绕姚某某嘴部，后离开现场。

……（关于抢夺事实和非法侵入住宅事实略）

湖州市中级人民法院认为，被告人金建伟故意非法剥夺他人生命，致一人死亡，其行为已构成故意杀人罪；金建伟以非法占有为目的，乘人不备，公然夺取他人财物，数额较大，其行为已构成抢夺罪；金建伟以非法占有为目

的，非法强行侵入他人住宅实施盗窃，其行为已构成非法侵入住宅罪，应依法数罪并罚。金建伟掐被害人颈部，又用绳子捆绑被害人手脚，用布条缠绕被害人嘴部，后离开现场，该行为表明其主观上希望并追求被害人死亡结果的发生。金建伟所犯故意杀人罪情节恶劣，后果严重，且系累犯，应依法严惩。依照《中华人民共和国刑法》第二百三十二条、第二百六十七条第一款、第二百四十五条第一款、第六十五条第一款、第五十七条第一款、第六十九条之规定，判决被告人金建伟犯故意杀人罪，判处死刑，剥夺政治权利终身；犯抢夺罪，判处有期徒刑二年，并处罚金人民币五千元；犯非法侵入住宅罪，判处有期徒刑六个月，决定执行死刑，剥夺政治权利终身，并处罚金人民币五千元。

宣判后，被告人金建伟上诉提出，其主观上没有致被害人死亡的故意，其长期心理抑郁，请求对其做司法精神病鉴定。其辩护人提出，金建伟事先不具备杀人动机，主观上属间接故意，犯罪手段并非特别残忍，案发后坦白认罪，其家属积极筹措钱款愿意赔偿被害人家属经济损失，请求从轻处罚。

浙江省高级人民法院经依法审理认为，被告人金建伟的行为构成故意杀人罪、非法侵入住宅罪和抢夺罪，依法应对其数罪并罚。金建伟曾有两次盗窃犯罪被判处刑罚，又系累犯，依法应从重处罚。本案中又犯数罪，故意杀人犯罪后果极其严重，主观恶性、社会危害性和人身危险性极大，依法应予严惩。其家属虽有筹措钱款代为赔偿的意愿，但不能取得被害人家属谅解。原判定罪和适用法律正确，量刑适当。审判程序合法。依照《中华人民共和国刑事诉讼法》(1996 年)第一百八十九条[①]第(一)项之规定，裁定驳回上诉，维持原判，并依法报送最高人民法院核准。

最高人民法院经复核认为，被告人金建伟故意非法剥夺他人生命，其行为已构成故意杀人罪；其以非法占有为目的，乘人不备公然夺取他人数额较大的财物和非法强行侵入住宅实施盗窃的行为还构成抢夺罪和非法侵入住宅罪，应依法数罪并罚。金建伟在嫖娼后为琐事杀人，犯罪情节恶劣，所犯罪行极其严重，又系累犯，应依法从重处罚。第一审判决、第二审裁定认定

---

① 2018 年《中华人民共和国刑事诉讼法》第二百三十六条。

的事实清楚，证据确实、充分，定罪准确，量刑适当。审判程序合法。依照《中华人民共和国刑事诉讼法》(1996年)第一百九十九条①和《最高人民法院关于复核死刑案件若干问题的规定》第二条第一款的规定，裁定核准浙江省高级人民法院(2012)浙刑一终字第59号维持第一审对被告人金建伟以故意杀人罪判处死刑，剥夺政治权利终身；以抢夺罪判处有期徒刑二年，并处罚金人民币五千元；以非法侵入住宅罪判处有期徒刑六个月，决定执行死刑，剥夺政治权利终身，并处罚金人民币五千元的刑事裁定。

二、主要问题

本案中，从被告人金建伟实施故意杀人犯罪的案发现场检出了除金建伟、姚某某外第三人的DNA，如何判断是否有其他人参与作案？

三、裁判理由

在我国，鉴定结论一直属于法定的证据种类，通常被冠以“科学证据”的美誉，在司法实践中备受重视，往往被赋予较大的证明价值。但近年来的刑事审判工作也反映出，司法鉴定的程序、依据、过程和结论等方面还存在一些不容忽视的问题，影响了鉴定结论的真实可靠性。有鉴于此，2005年10月1日起实施的《关于司法鉴定管理问题的决定》首次将刑事诉讼法所确立的“鉴定结论”修改为“鉴定意见”，2010年7月1日起实施的《关于办理死刑案件审查判断证据若干问题的规定》沿用了这样的表述。2012年刑事诉讼法修改，对这一概念从立法角度正式予以了确认。

这一修改，要求我们不能盲目依赖鉴定意见，必须对其证据能力进行严格的审查，当然也不能因噎废食，忽视了其在司法实践中不可替代的证明价值。在具体案件中，由于鉴定意见往往只涉及案件事实的一部分内容，我们应当综合全案事实和证据对其证据能力和证明力作出判断，确定鉴定意见与其他证据之间是否有矛盾，能否作为定案的根据。

我们认为，本案中虽然从被告人金建伟实施故意杀人犯罪的案发现场

① 2018年《中华人民共和国刑事诉讼法》第二百四十六条。

检出了除金建伟、姚某某以外第三人的DNA,但综合全案证据来看,认定被告人金建伟实施故意杀人犯罪,事实清楚,证据确实、充分。分析如下:

1. 本案破案经过清楚

2011年1月25日,安吉县公安局接到安吉县递铺镇万亩村村民郑某报警称,在其家中的出租房内发现一具女性尸体。经现场初步勘查,确定死者系姚某某。根据郑某母亲蒋某和周围邻居石某、潘某等人提供的证言,可基本确认系该出租房房客作案。因蒋某不能提供租客身份资料,公安机关现场勘查后从一张光碟上提取到相关可疑指纹,并通过指纹库比对确定被告人金建伟有重大作案嫌疑,蒋某和其女儿郑某1月26日亦辨认出金建伟即为该出租房房客。2011年1月27日通过技术手段在金建伟女友施某的租房处将金建伟抓获。经讯问,金建伟对犯罪事实供认不讳。

2. 有客观性证据指向被告人作案

送检的被害人姚某某五个指甲擦拭物检出了被告人金建伟的DNA物质,姚某某四个指甲擦拭物、现场一只水杯、一只避孕套上检出了金建伟和姚某某的混合DNA,与金建伟所供案发前与姚某某发生性关系、作案期间被姚某某抓伤的情节及对金建伟的人身检查笔录吻合。

3. 被告人金建伟对犯罪事实始终供认不讳,与在案证据相互印证

(1)根据被告人邻居石某、潘某和房东蒋某等人的证言,2011年1月25日下午5点多,石某听到隔壁租房里有女子喊救命和砸东西的声音,之后就没人讲话了,十多分钟后,其告诉了回到家中的母亲潘某,潘某马上告诉了在附近小店的蒋某(路上没有发现其他人),蒋某即回家拿身份证登记簿并让另一租客王某在门口盯着,蒋某返回后敲金建伟房门,金建伟未开门,回答身份证在厂里,过十分钟左右,金建伟开门与蒋某说了几句话后锁门独自骑车离开,潘某透过门缝发现地上有人,告诉蒋某,蒋某打电话给儿子郑某,郑某回家踢门入内发现姚某某躺在地上后报案,此时是下午6点多。这一经过与金建伟所供作案时间、作案期间被害人呼救并踹墙、房东过来敲门要登记身份证、作案后其独自锁门离开及离开时被害人的状态等情节均能吻合。(2)金建伟所供作案期间抽烟、吃橘子、使用三只避孕套及发生性关系后曾用餐巾纸擦拭等情节,均有现场勘查笔录和相关DNA鉴定结论的印证;所

供捆绑被害人的方式与现场勘查所证情况吻合;据现场勘查提取了姚某某的戒指和钱包等物品,可排除金建伟劫财的作案动机,其所供因姚某某不愿意留下来聊天,二人遂发生争执的案发起因具有可信性。

但同时,从案发现场也检出了男子B(据侦查人员对蒋某的调查访问,金建伟于2011年1月4日承租案发租房,原来承租人为一对云南籍务工人员。警方分析认为,原来承租人在现场遗留精液、唾液、脱落细胞组织等生物物质的可能性是存在的,并在2011年4月18日找到云南籍承租人徐某,经抽取徐某血样送检比对,确认了徐某与男子B为同一人)和男子C(目前身份无法查明)的DNA,具体如下:(1)所送检的现场烟蒂2号、现场烟蒂3号、现场烟蒂4号、现场水杯3号、现场橘子核2枚均检出混合DNA分型图谱,可以由金建伟和徐某混合而成。(2)所送检的现场地上避孕套1号内侧斑迹、现场地上3号避孕套内侧斑迹均检出人精斑,检出混合DNA分型图谱,可以由金建伟和徐某混合而成。(3)所送检现场地上避孕套3号外侧斑迹检出混合DNA分型图谱,可以由姚某某和徐某混合而成。(4)所送检死者右乳头擦拭物检出混合DNA分型图谱,可以由金建伟和其他男子(排除徐某)混合而成。因此,能否排除其他人参与作案成了本案的焦点问题。

案件审理中,合议庭结合在案证据和浙江省公安厅相关专家出具的DNA检验结果进行深入分析,确认了本案应系被告人金建伟一人所为。主要理由是:

1. 现场出现徐某的DNA可得到合理解释,同时徐某也没有作案时间和作案动机

(1)现场出现徐某的DNA可以得到合理解释。公安技术人员到达现场时距案件发生有1个多小时的时间,但现场地上有多处明显的水迹,从地上提取的5枚烟蒂、3只避孕套、2粒橘子核中,有3枚烟蒂、2只避孕套、2粒橘子核存在明显被水浸泡、染有污渍的现象。根据DNA检验结果,现场提取的3枚烟蒂、2粒橘子核、2只避孕套和1只水杯上均检出金建伟和徐某两人的混合DNA,应当说这个现象是不符合常理的,结合送检的所有检材中徐某的DNA都是伴随金建伟或姚某某共同存在的,因此该问题应是现场检材遭徐某的DNA生物物质污染所致,污染的媒介是地上的水,而检出金建伟和

徐某混合DNA的水杯虽是从床边柜子上提取，因徐某使用过该柜子，不排除柜子上留有其DNA生物物质的可能性。

复核期间咨询相关专家，其认可了公安机关出具的DNA检验结果分析说明，认为徐某刚搬离出租房一个月，现场留有其DNA物质是很有可能的，并且现场的水迹可以形成DNA物质的扩散，当然也不排除公安机关提取证据不规范造成检材污染的可能，本案关键是确认徐某不具有作案时间。

（2）徐某没有作案时间和作案动机。根据房东蒋某的证言，徐某从2010年4月左右租住该出租房，2010年12月底退租离开。徐某陈述，其与妻子2010年4月在递铺镇万亩村坝头自然村租房，2010年12月离开安吉回云南过年，2011年2月又到安吉打工。同时，警方经对徐某所在村村长姚某、徐某父亲徐某某、妻子孙某调查取证，姚某证实徐某大概在腊月初四（2011年1月7日）回家过年，好像正月二十三（2011年2月25日）外出打工；徐某某证实徐某是去年腊月初回家，具体哪天记不清，直至今年正月十四（2011年2月16日）那天出去打工；孙某证实和徐某2010年12月退租之后回云南老家，直至2011年2月才从老家回安吉。虽然证人所证时间在细节上存在差异，但均可排除徐某2011年1月25日在现场出租房参与作案的可能，同时徐某也没有从云南再回到浙江杀害一个年近60岁卖淫女的作案动机。

2. 男子C未到过现场，男子C的生物物质是姚某某案前接待的嫖客遗留的可能性极大

据DNA检验结果分析说明记载，姚某某案发当日全部13条通话记录，除5条与丈夫女儿通话外，其余8条中，2条是与金建伟通话，5条是与以前4名嫖客通话（后警方根据通话记录显示的号码找到嫖客，提取到相关嫖客证言并均抽血化验，4人当天都未与姚某某发生性关系），1条是当天上午8:35安吉车站附近的公用电话，无法查清打电话人的情况。基于被害人姚某某系卖淫女，卖淫后大多没有清洗的习惯等情况，姚某某阴道内、乳房等部位留有其他嫖客部分精液、唾液等生物物质可能性很大。因男子C的DNA伴随金建伟的DNA仅出现在姚某某右乳头，而没有在现场送检的其他检材中出现，由此可基本确定男子C未到过现场，男子C的生物物质是姚某某随身带来的。

3. 根据在案证据,可排除其他人参与作案的可能

(1)金建伟生活圈子狭窄,多是一个人活动。根据金建伟供述,其出于欺骗女友施某在外面已经找到工作的目的,瞒着施某另外租房,白天谎称上班而基本上在万亩村租房里看看电视、睡睡觉,晚上再回施某租房,其没有什么朋友,施某也不知道其在外面租房,万亩村租房除姚某某外没有其他人来过。据施某反映金建伟平时没有什么朋友,蒋某、潘某也反映,金建伟租住该出租房以来,基本上没看见有人来找过他,都是一个人来、一个人走,不怎么与别人接触,这与金建伟的租房目的也是吻合的。

(2)案发时段没有他人出入金建伟的出租房。根据金建伟多名邻居的证言,在案发时段的一个多小时中,所有证人均证实没有看到有他人出入金建伟的租房。同时,有充分证据证明本案是在双方卖淫嫖娼过程中发生的,结合金建伟案发当天的通话记录都是与姚某某的,姚某某案发当日12点多钟离开其朋友陈某之后的通话对象也均已查清,可排除其他人参与作案的可能性。

(3)从尸体解剖情况来看,被害人姚某某系被掐颈致机械性窒息死亡,一人能够完成作案。金建伟作案时年仅41岁,正当壮年,且为男性,而姚某某为58岁的女性,从年龄、力量对比等方面来看,金建伟一人完全能完成作案。此外,被害人姚某某的十个手指指甲的DNA检验,除左手小指未检出外,其余均为金建伟和姚某某的DNA,没有其他人的DNA,姚某某指甲内金建伟的DNA生物物质应该是搏斗时遗留,如果现场有其他人参与打斗掐颈,姚某某反抗又是如此激烈,不可能在其指甲中不发现其他人的DNA。

(4)被告人金建伟归案后一直供认仅一人作案,所供内容与在案证据相互印证,没有出现矛盾之处。金建伟归案后在第1次供述中即详细供述了作案过程,供述内容非常自然,所供内容包括细节情况都能与在案证据吻合,而且至复核阶段一直供称不认识之前租房的人,也没有其他人参与作案。

值得关注的是,2012年刑事诉讼法第一百九十二条增加一款规定:“公诉人、当事人和辩护人、诉讼代理人可以申请法庭通知有专门知识的人出庭,就鉴定人作出的鉴定意见提出意见。”《关于推进以审判为中心的刑事诉

讼制度改革的意见》进一步强调，落实鉴定人出庭作证制度，提高出庭作证率。在以后的司法实践中，我们要积极适用这一规定，进一步正确、科学地对鉴定意见的证据能力和证明力作出审查判断，使之发挥越来越重要的证明作用。

（撰稿：最高人民法院刑三庭　朱晶晶
审编：最高人民法院刑三庭　周　川）

[第 1256 号]

白云江、谭蓓蓓故意杀人、抢劫、强奸案

——共同故意杀人犯罪中各被告人地位、作用的区分

一、基本案情

被告人白云江,男,1976 年 5 月 8 日出生,农民。2013 年 8 月 12 日因涉嫌犯故意杀人罪、抢劫罪、强奸罪被逮捕。

被告人谭蓓蓓,女,1981 年 3 月 14 日出生,无业。2013 年 9 月 7 日因涉嫌犯故意杀人罪、抢劫罪、强奸罪被逮捕。

黑龙江省佳木斯市人民检察院以被告人白云江、谭蓓蓓犯故意杀人罪、抢劫罪、强奸罪,向佳木斯市中级人民法院提起公诉。

被告人白云江对杀害被害人胡某某的犯罪事实供认不讳,辩解称没有强奸胡某某。其辩护人提出,白云江认罪态度较好,有酌情从轻处罚情节。被告人谭蓓蓓对指控事实未持异议。

佳木斯市中级人民法院经审理查明:

2013 年 5 月,被告人白云江从他人处获知被告人谭蓓蓓(白云江之妻)在与其恋爱期间还曾与多名男子发生两性关系。白云江为此很生气,经常打骂谭蓓蓓,谭蓓蓓遂产生寻找少女供白云江奸淫,使白云江达到心理平衡之念。同年 6 月 25 日 18 时许,白云江之女白某甲将同学苏某某(被害人,女,时年 16 岁)带回位于黑龙江省桦南县白云江夫妇的住处留宿。当日 21 时许,白云江、谭蓓蓓将以前购买的数片氯硝安定片剂碾碎后放入两盒酸奶中,谭蓓蓓将酸奶给苏某某、白某甲喝下,致苏某某、白某甲昏迷。白云江欲奸淫苏某某,后自动放弃。次日,苏某某、白某甲参加中考时在考场中分别出现昏睡、呕吐等症状,不能正常考试。

2013 年 7 月,被告人白云江又购买了一瓶氯硝安定,并与谭蓓蓓将数片

氯硝安定片剂碾碎后掺入一盒酸奶,伺机作案。同月24日15时许,怀孕八个多月的谭蓓蓓在桦南县文林街遇到被害人胡某某(女,殁年16岁),即以腹痛需要帮助为由,将胡某某骗至其住处。白云江假装感谢胡某某,让胡某某喝下掺入氯硝安定的酸奶,致胡某某昏迷,并用此前购买的手铐将胡某某铐在床头栏杆上。白云江欲对胡某某实施奸淫,因胡某某正值经期及白云江的生理原因而未得逞。白云江、谭蓓蓓因恐罪行败露决定杀人灭口,共同采用枕头捂压口鼻、按压手脚的方法致胡某某窒息死亡,并将胡某某的尸体装入旅行箱,驾车运至桦南县福山村西南勃利铁路林场松林掩埋。

被告人白云江、谭蓓蓓见白云江的同学康某某佩戴价值较高的首饰(共计价值56 829元),产生抢劫之念。白云江、谭蓓蓓预谋将康某某骗至住处抢劫后杀害,并购买了编织袋、胶带、手机卡等物,将数片氯硝安定片剂碾碎后用注射器注入一罐易拉罐啤酒和一瓶饮料。2013年7月19日16时许,白云江、谭蓓蓓以请吃饭为名邀请康某某及妻子董某某到二人住处。席间,因白云江不断问及康某某、董某某的经济状况,引起康某某反感,白云江、谭蓓蓓尚未将注入氯硝安定的啤酒让康某某饮用,康某某即带着董某某离开。后白云江、谭蓓蓓为继续实施抢劫,还多次分别邀约康某某、董某某,康某某、董某某均未前往。

佳木斯市中级人民法院认为,被告人白云江、谭蓓蓓共同故意非法剥夺他人生命,致一人死亡;违背妇女意志,采取具有镇静催眠作用的药物致人昏迷的手段强奸两名妇女;以具有镇静催眠作用的药物致人昏迷的方法抢劫他人财物,指向财物数额巨大,并意欲杀害被害人,其行为均已构成故意杀人罪、强奸罪、抢劫罪,应依法予以并罚。二被告人在共同犯罪中均积极实施犯罪行为,起主要作用,均系主犯。故意杀人犯罪罪行极其严重,应当判处白云江死刑并立即执行;谭蓓蓓在被采取监视居住强制措施时系已怀孕数月的妇女,属于"审判的时候怀孕的妇女",对其依法不能适用死刑。二被告人实施的强奸犯罪一起为犯罪中止、一起为犯罪未遂,实施的抢劫犯罪系犯罪预备,依法可从轻或减轻处罚。谭蓓蓓在被采取强制措施后,如实供述司法机关还未掌握的伙同白云江抢劫康某某、董某某的罪行,应以自首论;供述强奸苏某某的事实系坦白,可从轻处罚。据此,依法判决如下:

1. 被告人白云江犯故意杀人罪,判处死刑,剥夺政治权利终身;犯强奸罪,判处有期徒刑六年;犯抢劫罪,判处有期徒刑八年,并处罚金人民币五千元,决定执行死刑,剥夺政治权利终身,并处罚金人民币五千元。

2. 被告人谭蓓蓓犯故意杀人罪,判处无期徒刑,剥夺政治权利终身;犯强奸罪,判处有期徒刑五年;犯抢劫罪,判处有期徒刑六年,并处罚金人民币三千元,决定执行无期徒刑,剥夺政治权利终身,并处罚金人民币三千元。

一审宣判后,被告人白云江以在共同犯罪中系从犯为由提出上诉。其辩护人提出,白云江在强奸、杀害胡某某的犯罪中属强奸未遂,在抢劫犯罪中属犯罪中止,应从轻处罚。

黑龙江省高级人民法院经审理认为,上诉人白云江、原审被告人谭蓓蓓故意非法剥夺他人生命的行为均已构成故意杀人罪;白云江在谭蓓蓓的帮助下,违背女性意志,利用药物麻醉的手段奸淫女性,二人的行为均已构成强奸罪;二人以非法占有为目的,采用药物麻醉的方法欲使他人丧失反抗能力,当场劫取财物的行为,均已构成抢劫罪。在强奸犯罪中,被告人谭蓓蓓率先提出强奸犯意,但此后被告人白云江不但与谭蓓蓓共同预谋,又化名购买氯硝安定片剂、手铐等作案工具,在与谭蓓蓓共同致胡某某昏迷后,随即实施强奸行为;在抢劫犯罪中,白云江与谭蓓蓓共同购买不记名的手机卡、胶带、编织袋等犯罪工具,积极邀请被害人康某某、董某某来自家就餐,抢劫未成后,又单独打电话给康某某并伙同谭蓓蓓以谭的口吻给董某某发信息,意欲继续实施抢劫犯罪;在故意杀人犯罪中,与谭蓓蓓共同致被害人胡某某死亡。白云江在三起犯罪中均起主要作用,系主犯。白云江上诉所提自己是从犯的理由不能成立,不予采纳。白云江和谭蓓蓓共同实施的强奸犯罪一起为犯罪中止、一起为犯罪未遂,实施的抢劫犯罪系犯罪预备,依法可从轻或减轻处罚。对上述情节一审法院判决时已予考虑,对辩护人的相关辩护意见,不予采纳。一审判决认定的事实清楚,证据确实、充分,定罪准确,量刑适当。审判程序合法。依照《中华人民共和国刑事诉讼法》第二百二十五条①第一款第(一)项的规定,裁定驳回上诉,维持原判,并将白云江的死刑

① 2018年《中华人民共和国刑事诉讼法》第二百三十六条。

判决依法报请最高人民法院核准。

最高人民法院复核认为，被告人白云江结伙利用药物麻醉手段奸淫少女，其行为已构成强奸罪；为灭口，将被害少女杀害，其行为已构成故意杀人罪；以非法占有为目的，采用药物麻醉方法劫取他人财物，其行为已构成抢劫罪，应依法予以并罚。被告人白云江犯罪动机卑劣，情节、后果严重，社会影响极其恶劣，系共同犯罪中罪行最为严重的主犯，应依法惩处。白云江实施的强奸犯罪一起为犯罪中止、一起为犯罪未遂，实施的抢劫犯罪系犯罪预备，原判已对其依法从轻或减轻处罚。第一审判决、第二审裁定认定的事实清楚，证据确实、充分，定罪准确，量刑适当。审判程序合法。依照《中华人民共和国刑事诉讼法》第二百三十五条①、第二百三十九条②和《最高人民法院关于适用〈中华人民共和国刑事诉讼法〉的解释》第三百五十条第（一）项的规定，裁定核准黑龙江省高级人民法院维持第一审对被告人白云江以故意杀人罪判处死刑，剥夺政治权利终身；以抢劫罪判处有期徒刑八年，并处罚金人民币五千元；以强奸罪判处有期徒刑六年，决定执行死刑，剥夺政治权利终身，并处罚金人民币五千元的刑事裁定。

二、主要问题

共同故意杀人犯罪中各被告人地位、作用如何区分？如何正确适用死刑？

三、裁判理由

（一）故意杀人案件适用死刑的基本原则

在宽严相济刑事政策的指引下，准确理解和严格执行好“保留死刑，严格控制和慎重适用死刑”的一贯政策，是把握死刑案件量刑标准的关键。对特定故意杀人案件是否适用死刑，需要严格依照法律规定，并综合考虑案件性质，犯罪的起因、动机、目的、手段等情节，犯罪的后果，被告人的主观恶性和人身危险性等因素，全面分析影响量刑的各种情节、因素后审慎作出裁

① 2018 年《中华人民共和国刑事诉讼法》第二百四十六条。

② 2018 年《中华人民共和国刑事诉讼法》第二百五十条。

判。就案件性质而言,故意杀人案件大体可分为严重危害社会治安、严重影响人民群众安全感的案件和因婚姻家庭、邻里纠纷等民间矛盾激化引发的案件两类。对于后一类案件,在适用死刑时应特别慎重。而对于前一类案件,要依法从严惩处,该判处死刑的要坚决依法判处死刑,以维护秩序,伸张正义。

共同致一人死亡的,原则上判处一人死刑,这是司法实践和刑法理论界已经普遍认同的原则。这个原则也适用于严重危害社会治安、严重影响人民群众安全感的故意杀人案件。我们认为,在办理各类共同故意杀人案件时首先应当明确该原则,该原则对于共同故意杀人案中判处死刑人数能够起到有效的控制作用,是准确贯彻"严格控制和慎重适用死刑"政策的体现和要求。换言之,共同故意杀人致一人死亡的,判处两人死刑应当作为例外情况。即,对于共同故意杀人致一人死亡的案件,如果杀人手段特别残忍,情节特别恶劣,被害人家属、当地群众或者社会舆论反映很强烈的,也可以判处两人死刑,但作出判决时一定要慎之又慎。

本案中,被告人白云江和谭蓓蓓为实施强奸,利用谭蓓蓓的孕妇身份及被害少女的善良,将助人为乐的被害少女骗至家中强奸并杀害。该案受到媒体广泛关注,并冠以"孕妇为夫猎艳杀人案"加以报道,人民群众纷纷呼吁严惩被告人。二被告人实施强奸犯罪后为灭口将被害少女杀害,犯罪动机卑劣,情节、后果特别严重,社会影响极其恶劣,属于应当适用死刑予以严惩的案件。但由于被告人谭蓓蓓在被采取强制措施时已怀孕数月,根据刑法第四十九条第一款的规定,属于"审判的时候怀孕的妇女",对其依法不能适用死刑,故本案不存在判处两名被告人死刑的必要性。

（二）在共同故意杀人犯罪中,有两名以上主犯的,应进一步细分其地位、作用

在共同犯罪中,准确认定各被告人的地位、作用,区分主从犯,并在此基础上更进一步区分各主犯之间或各从犯之间作用大小,对最终确定各被告人的量刑至关重要。在一些故意杀人的共同犯罪案件,特别是两人共同犯罪的案件中,被告人共同预谋,分工配合,共同实施杀人行为,均系主犯。对这种案件,如果仅致一人死亡又依法应当判处死刑的,原则上不能同时判处

两名被告人死刑，而应当仔细区分、综合判定各被告人在共同犯罪中的地位、作用，尽可能进一步区分罪责大小，只对其中地位、作用最突出，罪责最严重者判处死刑。审判中要防止为了追求严惩，以难以分清罪责为由，简单地一律判处死刑的做法。同时，需要注意的是，有的案件中，罪责相对较大的被告人因具有法定从宽处罚情节而不能判处死刑的，如犯罪时未成年或者系怀孕的妇女，作案后自首、立功等，此时不能为了追求适用死刑，而把共犯中罪责相对较轻又没有法定从宽处罚情节的被告人升格判处死刑。

有意见认为，既然都是主犯，地位和作用基本相同，技术上很难再进一步区分罪责大小。我们认为，尽管这种区分确实有困难，但仍可以从犯罪过程的各个阶段对各被告人的作用进行综合分析、认定。就故意杀人犯罪而言，主要有提起犯意，纠集同案人，准备作案工具，选择、确定犯罪目标，制定犯罪计划，对参与人员进行分工，实施具体犯罪过程中的行为（如实施直接致人死亡的行为），资助同案人出逃等环节。具体到个案，上述情节的认定，主要依靠各被告人的供述，在各被告人利益存在冲突的情况下，很可能存在互相推诿的情况，这就需要对各被告人的供述进行认真分析，对供述真伪作出判断，进而对各被告人的地位、作用进行区分。

本案有三起犯罪事实，最主要的一起是强奸、杀害被害人胡某某的事实，这也是判处被告人白云江极刑、被告人谭蓓蓓重刑的原因。在该起犯罪中，谭蓓蓓最先提出骗少女到家里供白云江强奸的犯意，白云江同意并购买氯硝安定，谭蓓蓓将胡某某骗回家后，白云江让胡某某喝下放有氯硝安定的酸奶，白云江强奸胡某某未遂，二人共同将被害人杀害。白云江、谭蓓蓓均起主要作用，均系主犯。再对二被告人的作用大小进行比较，白云江、谭蓓蓓虽然对参与本案的基本事实供认，但对于一些具体行为，如谁提议杀人、谁为主致被害人死亡供述不一。谭蓓蓓供述较为稳定，一直称白云江提议杀人，白云江用枕头捂胡某某头，她按脚。白云江供述前后有变化，侦查阶段接受讯问时称谭蓓蓓提议杀人，他先用手捂胡某某口鼻，谭蓓蓓按腿，被害人反抗，他将枕头放在胡某某脸上，让谭蓓蓓按着，他帮着按腿；一审庭审中白云江先是称没人提议杀人，后又称谭蓓蓓提议，同时承认他用枕头捂胡某某口鼻、谭蓓蓓按腿；二审庭审中则称，谭蓓蓓用枕头捂胡某某，他按胡某某的手腿。从谭蓓蓓供述稳定、白云江供述变化来看，谭蓓蓓供述更为可信；白云江在一审庭审中所供他用枕头捂胡某某口鼻、谭蓓蓓按腿的情节与谭蓓蓓的稳定供述一致；从作案时谭蓓蓓怀有八个多月身孕的具体情况分析，白云江所称谭蓓蓓为主杀人的可能性不大。综合二被告人的供述及二人个体特征来分析，白云江在共同犯罪中的作用较谭蓓蓓更大，应对其适用死刑。如果本案中谭蓓蓓比白云江在共同犯罪中的作用更大，则不能因为谭蓓蓓系孕妇，依法不能判处死刑，而将作用较小的白云江判处死刑。这也是对这起性质、情节极其恶劣、严重的犯罪依法应当适用死刑的情况下，仍需要比较二被告人的地位、作用的重要原因。

综上，法院根据本案性质、情节、后果对罪行最为严重的被告人白云江适用死刑是适当的。

（撰稿：最高人民法院刑四庭　冯　珊
审编：最高人民法院刑四庭　陆建红）

[第 1257 号]

崔小虎故意杀人案

——被告人始终供述伙同他人作案，且在案证据不排除他人参与共同犯罪的，能否对其适用死刑

一、基本案情

被告人崔小虎，男，1984 年 4 月 26 日出生，农民。2012 年 9 月 7 日因涉嫌故意杀人罪被逮捕。

某某人民检察院以被告人崔小虎犯故意杀人罪向某某中级人民法院提起公诉。

被告人崔小虎对公诉机关指控的犯罪事实不持异议，但辩解张某某也参与作案，并先后用匕首和菜刀捅刺、砍击了被害人。其辩护人的辩护意见是，崔小虎在吸毒被拘留后主动供述犯罪事实，具有投案自首情节，且有悔过表现，请求依法从轻处罚。

某某中级人民法院经审理查明：2012 年 7 月 24 日 19 时许，被告人崔小虎携带菜刀，租乘被害人马某某（男，殁年 22 岁）驾驶的奇瑞 QQ 微型车外出购买毒品，二人于途中因租车费用发生争执。坐在车后排座的崔小虎从车内拿起一根细绳勒住马某某脖颈，被马某某挣脱，崔小虎又持菜刀朝马某某颈部、臂部等处连砍数刀。马某某趁机打开车门逃至路旁田地时摔倒，崔小虎追上持菜刀等工具连续砍切马某某，致马某某因急性创伤性失血休克死亡。崔小虎从马某某身上搜得现金约 200 元后驾车逃离现场，途中因车陷入淤泥而弃车逃走。

某某中级人民法院认为，被告人崔小虎因租车费用与被害人发生争执，便持随身携带菜刀，砍切被害人马某某脖颈、臀部等处数刀，致被害人当场

死亡,其行为构成故意杀人罪,且犯罪情节特别恶劣,手段特别残忍,依法应予以严惩。崔小虎虽供称伙同张某某共同作案,但经公安机关侦查后,现有证据只有崔小虎的供述,没有其他证据证明张某某伙同崔小虎作案,被告人的辩解不能成立。现有证据可以证明崔小虎故意杀人的犯罪事实。关于被告人的辩护人所辩崔小虎主动供述犯罪事实,有投案自首情节的辩护意见,经查,在公安机关确认崔小虎有重大作案嫌疑,并对其采取了强制措施后,崔小虎才供述其犯罪事实,其行为不符合投案自首的构成要件,其辩护意见不予采纳。据此,依法以故意杀人罪,判处被告人崔小虎死刑,剥夺政治权利终身。

宣判后,被告人崔小虎提出上诉称:其主观上没有故意杀人的意图;被害人索要车钱与实际不符,被害人有过错;其是吸毒人员,神智不清;其有自首情节;本案的主犯是张某某。其辩护人提出:崔小虎的行为是故意伤害致死,而非故意杀人;崔小虎主动交代犯罪事实,有悔罪表现;且因多年吸毒存在一定精神障碍;崔小虎系与张某某共同作案,请求二审法院改判。

某某高级人民法院经审理认为,上诉人崔小虎故意非法剥夺他人生命的行为,确已构成故意杀人罪。崔小虎犯罪手段极其残忍,犯罪情节极其恶劣,犯罪后果严重,也表明其主观恶性深。崔小虎有吸毒恶习,社会可造性差,也表明其人身危险性大。此外,本案的发生严重影响到当地的社会治安和当地群众的安全感,社会危害性大。因此崔小虎属罪行极其严重的犯罪分子,依法应予严惩。崔小虎的上诉理由及其辩护人的辩护意见均不能成立,不予采纳。原判定罪准确,量刑适当,审判程序合法。依照《中华人民共和国刑事诉讼法》第二百二十五条①第一款第(一)项之规定,裁定驳回上诉,维持原判,并依法报请最高人民法院核准。

最高人民法院经复核认为,第一审判决、第二审裁定认定被告人崔小虎犯故意杀人罪的部分事实不清,证据不足。依照《中华人民共和国刑事诉讼法》第二百三十五条②、第二百三十九条③和《最高人民法院关于适用〈中华

① 2018年《中华人民共和国刑事诉讼法》第二百三十六条。
② 2018年《中华人民共和国刑事诉讼法》第二百四十六条。
③ 2018年《中华人民共和国刑事诉讼法》第二百五十条。

人民共和国刑事诉讼法〉的解释》第三百五十条第(三)项、第三百五十三条第一款的规定,裁定不核准某某高级人民法院维持第一审以故意杀人罪判处被告人崔小虎死刑,剥夺政治权利终身的刑事裁定,并撤销第一审判决和第二审裁定,发回某某中级人民法院重新审判。

二、主要问题

被告人始终供认伙同他人共同实施犯罪,且在案证据证明不能排除他人参与共同犯罪,能否对其适用死刑?

三、裁判理由

本案中认定崔小虎实施故意杀人犯罪事实的证据,主要有从被害人马某某的奇瑞 QQ 微型车右后门玻璃上检出的被告人的血迹、根据被告人指认提取的其丢弃的奇瑞 QQ 微型车车牌一副及车坐垫套两个等物证,手机通话记录等书证,证人马春丽、危连生、史三翠、王艳林等证言,尸检鉴定意见、DNA 鉴定意见,勘验、检查笔录,辨认笔录等。被告人崔小虎亦予供认。

本案的关键问题是,被告人崔小虎是否伙同张某某共同实施杀人?崔小虎归案后,自始供认张某某参与共同作案。从在案证据来看,不能排除张某某参与作案的可能性。但张某某却始终不承认自己参与作案,认定其参与犯罪的证据不足。对此,如何处理本案,有以下两种不同意见:

第一种意见认为,虽然崔小虎自始供认张某某参与作案,但是,认定张某某参与共同犯罪的证据不足,故应当对证据充分的崔小虎故意杀人犯罪事实依法作出裁判,而不认定张某某参与共同犯罪。理由如下:一是认定张某某参与共同犯罪的证据,只有崔小虎供述,没有其他证据,且张某某始终不承认参与作案。二是案发现场,包括被害人被杀现场、弃车现场及车内均没有张某某留下的任何痕迹,如血迹、毛发等。三是对张某某是否参与共同犯罪已经经过补充侦查,但仍然没有新的证据。本案第一次一审后,二审法院经审理裁定发回一审法院重新审理。后侦查机关依法进行补充侦查工作,但并未取得实质性进展,对张某某是否参与共同犯罪的事实依然不能确定。

第二种意见认为,虽然在案证据及经过补充侦查,仍然不能证明张某某参与共同杀人行为,但是,根据本案证据情况,无法排除张某某参与共同犯罪的可能性。被告人崔小虎从侦查机关第一次讯问起始终供认,其于2012年7月24日晚上,伙同张某某在租乘马某某的车去九姑村途中将马某某杀害。公安机关将张某某传唤到案后对张某某进行两次询问,张某某均称其案发当晚在岳父家,经向其岳父母及妻子核实,证实张某某当晚并没有去岳父家。因此,侦查机关以崔小虎与张某某(无法查证该人)共同作案提出起诉意见,移送检察机关。检察机关则在起诉书中明确指控,崔小虎伙同张某某(暂未查实)共同作案,并认为崔小虎杀人犯罪事实清楚,证据确实、充分。本案二审期间,省人民检察院出庭意见也认为,本案认定崔小虎犯罪事实清楚,证据确实、充分,但不排除张某某参与作案,建议法院综合本案证据依法裁判。综上,本案无法排除张某某参与作案的可能性,因而全案证据尚未达到死刑案件的证明标准,因此,不宜判处被告人崔小虎死刑立即执行。

我们同意第二种意见,理由如下:

我国刑事法律和刑事政策,对刑事案件的证明要求,始终坚持高标准、严要求的宗旨,即要求侦查终结移送审查起诉、提起公诉、作出有罪判决的证明标准都要达到"犯罪事实清楚,证据确实、充分"。而对死刑案件的证据要求,更是坚守"经得起历史检验"的底线和"必须得出唯一性结论"的红线。《最高人民法院关于贯彻宽严相济刑事政策的若干意见》第二十九条中明确规定:"拟判处死刑的具体案件定罪或者量刑的证据必须确实、充分,得出唯一结论。"刑事诉讼法第五十五条第二款对证明标准问题作出了进一步的解释:"证据确实、充分,应当符合以下条件:(一)定罪量刑的事实都有证据证明;(二)据以定案的证据均经法定程序查证属实;(三)综合全案证据,对所认定事实已排除合理怀疑。"综上,根据法定的证明标准要求,对于定罪事实以及对被告人从重处罚的事实,都应当达到证据确实、充分的证明标准。这些事实主要包括"被指控的犯罪事实的发生;被告人实施了犯罪行为与被告人实施犯罪行为的时间、地点、手段、后果以及其他情节;影响被告人定罪的身份情况;被告人有刑事责任能力;被告人的罪过;是否共同犯罪及被告人在共同犯罪中的地位、作用;其他与定罪有关的事实;对被告人从重处罚的事实"。

具体到本案,认定被告人崔小虎作案的证据,不仅有从被害人马某某的奇瑞 QQ 微型车右后门玻璃上检出的崔小虎的血迹,而且根据崔小虎指认提取了其丢弃的奇瑞 QQ 微型车车牌一副及车坐垫套两个等物证,且崔小虎归案后对其持菜刀杀害被害人马某某并弃车的犯罪事实始终供认,并与现场勘验、检查笔录、指认笔录,尸体检验意见、DNA 鉴定意见,证人证言相印证,足以认定。但崔小虎在始终供认其持菜刀杀害马某某的同时,也始终供述张某某参与共同作案,并称张某某先后用匕首和菜刀捅刺、砍击了被害人。而且从在案证据来看,崔小虎有关其与张某某共同作案的供述,并有部分证据印证,以致崔小虎伙同张某某作案的可能性不能排除,全案证据尚未达到死刑案件的证明标准。

1. 被告人崔小虎从侦查阶段至复核提讯中始终供述其与张某某共同作案,并有部分证据印证其供述,因此不能否定其供述的真实性。公安机关根据崔小虎供述其案发当晚与张某某的行走路线,调取了当时的路面监控视频资料。经查看,确有两名可疑男子经过该专卖店前。该监控视频经张某某的朋友吕某某辨认,确认其中个头较高的男子是张某某,另一名男子认不出来。此情况不仅有辨认笔录为证,吕某某同时出具了自己书写的证明予以佐证。该监控视频经张某某的女友郭某某观看,认为其中大个子的很像张某某,但因录像效果不好,不能确定。根据公安机关提供的地图显示,该地点离崔小虎所述其与张某某坐上被害人车的地点电力公司仅 150 米。综合这些证据,基本可以确定崔小虎与张某某当晚作案前在一起,具有作案时间。

2. 尸体检验报告载明,死者马某某主要损伤在头面部、颈部、双上肢及后上背部,有砍切创和捅刺创两类创口,而砍切创创口长而深,捅刺创短而浅,分析作案凶器一个系刃口较长,并有一定重量的砍切类器具,如菜刀;另一个系尖刀类,宽度在 2cm 左右,刃口较短。而崔小虎始终供认其作案只拿菜刀,未拿匕首,那么匕首捅刺伤何来,值得怀疑。尸检鉴定意见还显示,根据死者损伤部位比较集中,损伤系两种形状不同的工具形成的情况,分析作案人数为 2 人或 2 人以上,且死者死前有过抵抗搏斗,死者右前臂形成的大量砍伤即系抵抗伤。据卷内材料反映,案发后,侦查机关从张某某处提取了匕首。复核期间,根据最高人民法院补查要求,当地公安机关委托省公安厅司法鉴定中心三名法医、痕迹检验专家和市公安局司法鉴定中心两名专家对本案进行了会诊分析。经复查车辆、查阅相关案卷、检验照片,形成结论性意见是,根据车辆勘验及尸体损伤情况,不排除两人作案的可能性。其中关于作案工具形成创伤一节认为,根据原尸检照片所见,死者马某某损伤主要集中在头部、上背部及双上肢,多数损伤为砍切伤(如菜刀),结合死者短袖T恤破口情况,分析死者右眼、左右上背部损伤为刺创(如单刃刺器),说明死者损伤符合两种工具形成。结合发现尸体时姿势体位,死者右眼刺创不排除在车内副驾驶位置的嫌疑人用锐器捅刺形成。此节与崔小虎所供其与张某某坐上被害人的车后,张某某坐副驾驶位,其坐后排座,且其看见在张某某和那个司机争吵起来时,张某某侧过身来拿刀朝那名司机腹部捅了好几下的作案情节相互印证。据此不能排除崔小虎所供张某某作案可能。

3.案发后,侦查机关在对张某某询问时,其对自己在案发时段的行踪撒谎,且其行为有异常表现。根据崔小虎有关其与张某某共同作案的供述,公安机关将张某某抓获归案,并对张某某进行了两次问话,张某某均称案发当晚其在岳父家,不承认与崔小虎在一起。经调查张某某岳父母和妻子,均证明张某某案发当晚并未到过岳父家。张某某显然是撒谎,但公安机关对其撒谎行为没有进一步深究而将张某某释放。结合张某某的妻子和同居女友证明,张某某案发后在家中烧衣服,且在第二天把衣服鞋子全换了的表现,可见张某某案发前后举动反常,作案嫌疑进一步加大。

4.公安机关出具说明称,张某某的通话信号反映手机基站信号不能覆盖到被害人被杀现场和弃车现场,但有证据反映张某某在当晚有一段时间关机并没有与外人通话,加之因当时案发地没有安装手机在关机状态下的运行轨迹监测设备,故无法提供犯罪嫌疑人张某某的手机在案发时段处于关机状态下的运行轨迹。因此,不能据此得出张某某不在案发现场的结论。

综上所述,本案证据不排除被告人崔小虎伙同他人共同犯罪的可能性,不能得出崔小虎是唯一作案人的结论。若本案有共同犯罪嫌疑人存在,那么就需要对崔小虎在共同犯罪当中的地位、作用加以证明。根据崔小虎的供述,其在犯罪过程中,只持菜刀作案,并未使用匕首,并辩称张某某在共同犯罪中先后持匕首和菜刀砍刺了被害人。从尸检鉴定情况来看,死者死于菜刀和单刃刺器创伤,倘若崔小虎与张某某都使用过菜刀作案,且张某某又可能持单刃刺器作案,两人的作用孰轻孰重就需要经过侦查、起诉和审判,根据证据加以甄别判断。因此,一、二审法院在现有证据证明不排除崔小虎伙同张某某共同犯罪,不能得出崔小虎是唯一作案人结论的情况下,认定崔小虎单独作案,继而以故意杀人罪判处崔小虎死刑显然不妥。最高人民法院根据死刑案件证据裁判原则和证明标准,以在案证据不能排除他人参与共同犯罪,依法不核准被告人崔小虎死刑,发回一审法院重新审判,是适当的。

(撰稿:最高人民法院刑四庭　白继明

审编:最高人民法院刑四庭　周　峰)

[第 1258 号]

张洁清故意杀人案

——故意杀人犯罪事实清楚,但不能排除其行为具有防卫性质的,能否适用死刑

一、基本案情

被告人张洁清,男,汉族,1969 年 7 月 2 日出生,系黑龙江省呼兰监狱服刑人员。1999 年 12 月 23 日因犯信用卡诈骗罪被判处有期徒刑十一年,并处罚金人民币五万元,2001 年 6 月 6 日在服刑期间脱逃。2004 年 5 月 18 日因犯信用卡诈骗罪被判处无期徒刑,剥夺政治权利终身,并处没收个人全部财产。2006 年 8 月 17 日因犯脱逃罪、非法持有枪支罪、故意伤害罪,与前罪未执行完毕的刑罚并罚判处无期徒刑,剥夺政治权利终身。2009 年 3 月 24 日被减刑为有期徒刑二十年,剥夺政治权利八年。

黑龙江省哈尔滨市人民检察院以被告人张洁清犯故意伤害罪向哈尔滨市中级人民法院提起公诉。

被告人张洁清辩称,被害人邢某某先拿刀砍,其是防卫过当。其辩护人提出,张洁清属于防卫过当,被害人邢某某首先使用菜刀自伤,不能排除邢某某用刀伤及张洁清,张洁清作案后认罪、悔罪,请求对张洁清减轻处罚。

哈尔滨市中级人民法院经审理查明:被告人张洁清与被害人邢某某(男,殁年 56 岁)均系黑龙江省呼兰监狱二监区服刑人员,二人平素关系较好。2011 年 5 月 22 日中午,张洁清与邢某某在黑龙江省呼兰监狱二监区生产车间下料操作间内午餐饮酒后,躺在地铺休息时,因琐事发生争执。张洁清持下料操作间内的一把木锤击打邢某某头部数下,致邢某某当场死亡。张洁清又用一把自制菜刀割划自身颈部,自杀未果。邢某某系生前头面部

被钝性物体打击致颅脑损伤死亡；邢某某右颈部锐器切割创是生前非致命性损伤，倾向意见是其本人自伤形成。张洁清损伤程度属轻伤，其颈部损伤自伤可以形成。

哈尔滨市中级人民法院认为，被告人张洁清因琐事与被害人发生争吵，持木锤击打被害人头部，明知自己的行为会造成被害人死亡的结果，并希望这种结果的发生，其行为已构成故意杀人罪。公诉机关指控罪名不当，应予以纠正。张洁清及其辩护人提出的张洁清属于防卫过当及被害人有过错的辩解和辩护意见没有证据支持，不予采纳。张洁清曾多次被判刑，屡教不改，服刑期间持械杀死一人，罪行、情节极其严重，应依法予以严惩。张洁清系判决宣告以后，刑罚执行完毕前又犯罪，应将前罪没有执行完毕的刑罚和后罪所判处的刑罚并罚。据此，依法以故意杀人罪，判处被告人张洁清死刑，剥夺政治权利终身，与前罪没有执行的刑罚十七年十个月零一天，剥夺政治权利八年，并处没收个人全部财产并罚。决定执行死刑，剥夺政治权利终身，并处没收个人全部财产。

宣判后，被告人张洁清提出上诉，辩称其是在被害人先持刀对其实施伤害的情况下实施自卫行为，没有杀人及伤害的故意。其辩护人提出：被害人邢某某及被告人张洁清颈部创口是如何形成的事实认定不清；张洁清到案后能如实供述，可以从轻处罚。

黑龙江省高级人民法院经审理认为，张洁清故意非法剥夺他人生命的行为，构成故意杀人罪。在案法医学鉴定书证实，张洁清颈部创口自伤可以形成，且除其本人辩解外，无其他证据证实被害人先持刀对其实施加害行为。张洁清持木锤连续多次击打被害人身体要害部位，致被害人颅脑损伤死亡，其杀人的主观故意明显。张洁清所提其实施的是自卫行为，没有杀人或伤害故意的上诉理由，不能成立。相关鉴定意见能够证实，张洁清及被害人颈部创口的形成原因，辩护人所提一审判决对此情节事实认定不清的辩护意见，不能成立。张洁清虽能如实供述其持木锤致死被害人的事实，但其因琐事即持械杀死一人，犯罪手段凶残，后果极其严重，且曾因多次犯罪被判处刑罚，并在服刑期间再犯罪，主观恶性极深，人身危险性极大，应依法惩处。张洁清及其辩护人请求二审法院对张洁清从轻处罚的上诉理由和辩护意见,不予采纳。一审判决认定的事实清楚,证据确实、充分,定罪准确,量刑适当。审判程序合法。依照《中华人民共和国刑事诉讼法》第二百二十五条①第一款第(一)项、第二百三十五条②的规定,裁定驳回上诉,维持原判,并依法报请最高人民法院核准。

最高人民法院经复核认为,第一审判决、第二审裁定认定被告人张洁清犯故意杀人罪的部分事实不清,证据尚不够确实、充分。依照《中华人民共和国刑事诉讼法》第二百三十五条③、第二百三十九条④和《最高人民法院关于适用〈中华人民共和国刑事诉讼法〉的解释》第三百五十条第(三)项、第三百五十三条第一款的规定,裁定不核准黑龙江省高级人民法院维持第一审以故意杀人罪判处被告人张洁清死刑,剥夺政治权利终身,与前罪没有执行的刑罚十七年十个月零一天,剥夺政治权利八年,并处没收个人全部财产并罚,决定执行死刑,剥夺政治权利终身,并处没收个人全部财产的刑事裁定。并撤销第二审裁定,发回黑龙江省高级人民法院重新审判。

二、主要问题

被告人故意杀人的事实清楚,但在案证据不能排除其行为存在防卫性质的可能,能否适用死刑?

三、裁判理由

本案在审理过程中,对于被告人张洁清实施的故意杀人行为是否达到死刑案件证据确实、充分的标准,存在以下两种不同意见:

第一种意见认为,本案认定张洁清实施故意杀人的证据确实、充分,理由有五点:一是,本案系在监狱内发生,场所相对封闭,张洁清与被害人邢某某一同在操作间被发现,当时邢某某已死亡,张洁清则受伤昏迷。一起在操作间劳动的其他服刑人员均证实案发当天午餐时看到张洁清和邢某某一起

① 2018年《中华人民共和国刑事诉讼法》第二百三十六条。
② 2018年《中华人民共和国刑事诉讼法》第二百四十六条。
③ 2018年《中华人民共和国刑事诉讼法》第二百四十六条。
④ 2018年《中华人民共和国刑事诉讼法》第二百五十条。

在操作间吃饭,饭后其他服刑人员出去活动,操作间只剩张洁清和邢某某在搭地铺准备睡觉,其他服刑人员活动回来后发现张洁清和邢某某并排躺在地铺上,旁边都是血。案发时只有邢某某和张洁清二人在场,可排除其他人作案的可能。二是,尸体鉴定意见证实,邢某某系生前头面部被钝器物体打击致颅脑损伤死亡,头面部损伤符合具有一定平面的木质物体重复打击形成。现场勘查笔录及扣押物品文件清单证实,侦查人员在现场提取到木锤1把,经DNA鉴定和手印鉴定,从该木锤锤头上检出邢某某的血迹、锤柄上检出张洁清的右手掌纹。与张洁清供述的持该木锤击打邢某某头面部的作案手段相符。三是,现场勘查笔录及扣押物品文件清单证实,侦查人员在现场提取到铁柄菜刀1把,经DNA鉴定,从该菜刀刀刃部提取的6处血迹中有5处系张洁清的血迹、1处系张洁清和邢某某的混合血迹,与张洁清供述的邢某某持该菜刀自伤、其持木锤杀死邢某某后又持该菜刀自杀的情节相符。四是,DNA鉴定意见证实,分别在张洁清所穿上衣、绒衣的右袖口处检出张洁清和邢某某的混合血迹。五是,张洁清经抢救苏醒后即向侦查人员供述了持木锤杀害邢某某后持菜刀自杀的事实,此后供述一直稳定,与在案其他证据印证。上述证据已形成完整证据锁链,足以认定张洁清故意杀人的犯罪事实。

第二种意见认为,前述本案现有证据仅能证实被告人张洁清持木锤打击被害人邢某某头部致邢某某死亡这一基本事实,证实该基本事实的证据确实、充分,但张洁清到案后始终稳定供述因被害人邢某某持菜刀划其颈部,其才就地持木锤打击邢某某头部,在案证据不能排除张洁清有防卫的可能性,故全案证据没有达到确实、充分的标准,不能排除合理怀疑。

我们同意第二种意见,理由如下:

(一)防卫行为属于阻却犯罪事由,是应当有证据证明的定罪量刑事实

在我国的刑事诉讼中,认定被告人有罪的证明标准是案件事实清楚,证据确实、充分。关于"证据确实、充分"的内涵,刑事诉讼法第五十五条第二款规定:"证据确实、充分,应当符合以下条件:(一)定罪量刑的事实都有证据证明;(二)据以定案的证据均经法定程序查证属实;(三)综合全案证据,

对所认定事实已排除合理怀疑。”一般而言,定罪量刑的事实包括犯罪构成要件事实及影响刑罚裁量的事实,具体是指以下事实:(1)被指控的犯罪事实的发生;(2)被告人实施了犯罪行为及被告人实施犯罪行为的时间、地点、手段、后果以及其他情节;(3)影响被告人定罪的身份情况;(4)被告人有刑事责任能力;(5)被告人的罪过;(6)是否共同犯罪及被告人在共同犯罪中的地位、作用;(7)对被告人从重处罚的事实;(8)其他影响对被告人定罪量刑的事实。

本案中,虽然认定被告人张洁清持木锤杀死被害人邢某某的证据已经确实、充分,但是对于张洁清到案后所供述的因被害人邢某某持菜刀划其颈部,其才就地持木锤打击邢某某头部的情节亦需要进行判断和证明。张洁清的行为是否存在防卫性质,直接关系到本案是否存在阻却犯罪事由,张洁清是否受到被害人的不法侵害,是否具有犯罪的主观罪过?如果存在防卫性质,是否属于防卫过当,能否成立特殊防卫?上述问题必然会对张洁清行为的定性及对其量刑产生重大影响。因此,上述事实也是本案认定被告人实施故意杀人所必须证明的事实。

(二)在案证据不能排除被告人的行为存在防卫性质的可能性

被告人张洁清自第一次接受讯问时起,始终稳定供述因被害人邢某某持菜刀划张洁清颈部,张洁清才就地持木锤打击邢某某头部。一、二审庭审中辩解称自己是在被害人先持刀对其实施伤害的情况下实施的自卫行为,没有杀人及伤害的故意。其辩护人提出,邢某某及张洁清颈部创口是如何形成的事实认定不清,不能排除邢某某用刀伤及被告人。关于上述辩解和辩护意见,一审法院认为没有证据支持,故不予采纳。二审法院认为,在案法医学鉴定书证实,张洁清颈部创口自伤可以形成,且除其本人辩解外,无其他证据证实被害人先持刀对其实施加害行为。张洁清所提其实施的是自卫行为,没有杀人或伤害故意的上诉理由,不能成立。一、二审法院均未采纳张洁清及其辩护人的辩解和辩护理由,认为张洁清供述的该情节没有得到其他证据佐证,不予认定。

我们认为,一、二审在审判过程中对尸体鉴定意见中记载“邢某某颈部切割创口是在颅脑损伤之前形成,倾向于自己形成”这一关键证据重视程度不够，且对供证细节未能综合分析，对该节事实的判断过于草率，本案现有证据不能排除张洁清的行为存在防卫性质的可能。主要理由如下：

第一，被害人邢某某的尸体鉴定意见载明，死者颈部有10处横行切割创口，上述切割创口是生前伤，系菜刀类锐器切割所致，在颅脑损伤之前形成，倾向于自己形成。由于该鉴定意见对死者颈部损伤成因只有倾向性意见，为进一步查清该损伤成因，最高人民法院复核期间，经向法医专家咨询，得到的答复意见是：死者颈部创口均在颈部右侧，特征为浅表、平行、拖刀痕大部分向右，符合试切创的特征，为其本人形成。该鉴定意见和专家咨询意见与张洁清供述其在持木锤打击邢某某头部之前，邢某某持菜刀切割自己颈部的供述印证，可证实邢某某应有先用菜刀切割自己颈部的自伤行为。那么，如果邢某某仅仅是拿菜刀自伤，并未侵害到张洁清的安全，张洁清又何必以锤击之？这难免会使人产生邢某某是否对张洁清实施侵害的疑问。

第二，被告人张洁清的活体鉴定意见记载，张洁清颈部甲状软骨上至颌下在长18.8cm×5.0cm范围内有（右）11条、（中）6条、（左）10条缝合创，创缘整齐。各创横行，规律性排列。上述创中除一处较深创口外，多数创口深度较浅，各创创角具有右侧创角较左侧创角锐利或左侧创角较右侧创角锐利并拖带延长的特征，符合试刀形成试刀痕及左右切割、拖刀形成拖刀痕等形态特征。根据上述损伤的形态特征分析，其损伤自伤可以形成。虽然该鉴定意见证明张洁清颈部的创口自伤可以形成，但没有完全排除他伤的可能。为了弄清是否存在他伤的可能性，最高人民法院复核期间，经向法医专家咨询，得到的答复意见是：根据鉴定书记载及照片显示，被告人颈部创口在右、中、左侧均有分布，根据一般情况，自伤形成的创口由本人右手或左手拿刀在一侧用力，很难形成颈部正中的平行创口，分布情况应在颈部右侧或左侧，故颈部正中喉结处及喉结下方的创口系他人形成的可能性大，被告人颈部最深的一处创口在颈部正中稍偏右，应系其本人在他伤创口的基础上再次用力切割所致，其他创口为其本人形成的可能性大。专家咨询意见虽未给出明确的结论，但提出张洁清颈部正中的平行创口系他伤的可能性大，其他创口为其本人形成的可能性大，与张洁清始终供述邢某某持菜刀划张洁清颈部，其反抗杀了邢某某后又持刀割颈自杀的情节并不矛盾。

第三,从现场勘验、检查笔录及照片可见,现场的喷溅血迹主要集中分布于地铺北头西边的料堆、北边的木板、东边的操作案台侧面的下部,操作案台侧面喷溅血迹较少,料堆和木板上喷溅血迹较多且有一块颅骨碎片。现场方位和血迹分布情况与被告人张洁清所供案发时其躺在操作案台一侧,邢某某半侧身压在其身上持菜刀对其行凶,其用左手从操作台下拿了木锤击打邢某某头部脑门处一下,邢某某一愣,其又将木锤换到右手朝邢某某头部脑门处打了一下(前两次击打时距操作案台较近,血可以喷溅到操作案台侧面,打击次数较少,喷溅血迹较少),之后邢某某倒在靠近料堆的地铺西侧,其又持木锤猛击邢某某头面部数下(后几次击打距料堆较近,距操作案台较远,血可以喷溅到料堆和木板上,打击次数较多,喷溅血迹较多)的供述吻合,说明张洁清的供述具有一定的真实可信度。

根据以上事实、证据和综合分析,被告人张洁清供述的邢某某持刀先对其实施侵害,其为自卫才就地持木锤打击邢某某头部的情节,能够得到尸体鉴定意见、现场勘验、检查笔录的部分印证,且与在案的活体鉴定意见等证据没有矛盾。在有一定客观性证据予以印证,且没有足够的反向证据能够推翻被告人供述的情况下,现有证据不能排除被告人供述的真实性,不能排除邢某某持刀对张洁清实施侵害在先的合理怀疑。换言之,即不能排除张洁清的行为存在防卫性质的可能。在这一影响定罪量刑的重大情节尚未查清,证据未达确实、充分的情况下,以故意杀人罪判处被告人张洁清死刑显然有违刑事诉讼法要求。

综上,最高人民法院按照死刑案件证据裁判原则,严格适用刑事诉讼证明标准,以本案部分事实不清,证据尚不够确实、充分为由,依法作出不核准张洁清死刑的刑事裁定,是适当的。

(撰稿:最高人民法院刑四庭　许　昱
审编:最高人民法院刑四庭　陆建红)

[第1259号]

张杰、曲建宇等故意杀人案

——虽然现场指认同案犯,但对抓捕未起到实际作用的,不构成立功

一、基本案情

被告人张杰,女,1987年6月10日出生。2013年5月24日因涉嫌犯故意杀人罪被逮捕。

被告人王国兴,男,1973年10月10日出生。2013年5月24日因涉嫌犯故意杀人罪被逮捕。

被告人高长江,男,1990年11月22日出生。2013年5月24日因涉嫌犯故意杀人罪被逮捕。

被告人孟繁旭,男,1983年3月25日出生。2013年5月24日因涉嫌犯故意杀人罪被逮捕。

被告人曲建宇,男,1995年4月9日出生。2013年5月24日因涉嫌犯故意杀人罪被逮捕。

吉林省长春市人民检察院以被告人张杰、王国兴、高长江、孟繁旭、曲建宇犯故意杀人罪,向长春市中级人民法院提起公诉。

各被告人及其辩护人分别提出了辩解和辩护意见。其中,被告人曲建宇及其辩护人提出:曲建宇明知亲友报案而未离开现场,亦无拒捕行为,可视为自动投案,依法构成自首;曲建宇现场指认被告人张杰、王国兴,协助抓获被告人高长江、孟繁旭,属重大立功。

长春市中级人民法院经公开审理查明:被告人张杰与被害人杨立邦(男,殁年28岁)举行婚礼后同居,但未办理结婚登记手续。杨立邦吸食毒

品，二人发生矛盾，张杰起意杀害杨立邦。被告人高长江、孟繁旭、曲建宇曾跟被告人王国兴学习汽车喷漆技术。2013年，张杰与王国兴相识后发生性关系。同年2月，张杰两次提出让王国兴帮忙杀害杨立邦，王国兴均未同意，并劝张杰通过法律途径解决。同年4月18日，张杰又提出让王国兴找人杀害杨立邦，王国兴同意，并纠集了高长江、孟繁旭、曲建宇，要求该三人帮忙教训杨立邦。当晚，王国兴驾车载张杰、高长江、孟繁旭、曲建宇来到张杰、杨立邦家楼下。张杰与王国兴商定，张杰先回家查看情况，再给王国兴发短信。王国兴要求高长江、孟繁旭、曲建宇作案时帮助按住杨立邦，该三人均未反对。次日零时许，张杰在家待杨立邦入睡后发短信给王国兴，王国兴等人上楼进入张杰、杨立邦家。王国兴持事先准备的金属管击打杨立邦头部，高长江、孟繁旭、曲建宇按照王国兴和张杰的要求按住杨立邦，张杰将陆眠宁药注入杨立邦体内，高长江、孟繁旭、曲建宇松手后，王国兴又持金属管击打杨立邦头部，致杨立邦颅脑损伤死亡。此后，王国兴让孟繁旭到楼下车内取袋子，曲建宇趁机逃离现场。因孟繁旭取来的袋子太小，张杰、王国兴、高长江、孟繁旭用棉被、电线等将杨立邦尸体包裹捆绑后抬到楼下，此时曲建宇带领亲友刘井海等人亦来到楼下，高长江、孟繁旭见状逃走。张杰、王国兴将杨立邦尸体放入王国兴驾驶的轿车内，欲驾车逃跑时车轮卡在路面，刘井海电话报警称有人打架受伤，曲建宇未离开现场。公安人员赶来后，曲建宇指认正在清理障碍准备逃走的张杰、王国兴涉案，公安人员遂将张杰、王国兴抓获。曲建宇归案后给高长江打电话，得知高长江在工作单位后，带领公安人员到高长江单位将其抓获。途中，曲建宇又将孟繁旭的工作单位告诉公安人员，公安人员到孟繁旭单位将其抓获。

长春市中级人民法院经审理认为，被告人张杰、王国兴、高长江、孟繁旭、曲建宇故意非法剥夺他人生命，其行为均已构成故意杀人罪。在共同犯罪中，张杰、王国兴系主犯，主观恶性深，社会危害性大，但能如实供述主要犯罪事实，认罪悔罪，可酌情从轻处罚；高长江、孟繁旭、曲建宇系从犯，高长江、孟繁旭归案后认罪悔罪，可减轻处罚。曲建宇明知亲友报案而未离开现场，亦无拒捕行为，但其否认作案时曾按住被害人这一主要犯罪事实，依法不构成自首，但鉴于曲建宇作案后带领亲友回到现场，其亲友报案对及时侦破本案起到一定作用,对曲建宇量刑时可酌情考虑。虽然曲建宇在公安人员抓获张杰和王国兴时有指认行为,但综合分析当时被害人尸体在王国兴驾驶的轿车内,现场除张杰、王国兴、曲建宇及其亲友外并无他人等情况,曲建宇的指认行为对抓获张杰、王国兴不具有实际作用,不能认定为立功。曲建宇归案后给高长江打电话,得知高长江在单位,即带领公安人员到高长江单位将其抓获,该行为属于立功。曲建宇在带领公安人员抓捕高长江途中路过孟繁旭的单位时,将案发前知晓的孟繁旭的单位告诉公安人员,该行为系如实交代同案犯基本情况,不属于立功,但可酌情从轻处罚。鉴于曲建宇系从犯,有立功情节,且其亲友能及时报案,可对曲建宇免予刑事处罚。依照《中华人民共和国刑法》第二百三十二条,第二十六条第一款、第四款,第二十七条,第六十八条,第四十八条第一款,第五十七条第一款,第五十一条,第四十七条之规定,判决如下:

1. 被告人张杰犯故意杀人罪,判处死刑,缓期二年执行,剥夺政治权利终身。

2. 被告人王国兴犯故意杀人罪,判处死刑,缓期二年执行,剥夺政治权利终身。

3. 被告人高长江犯故意杀人罪,判处有期徒刑五年。

4. 被告人孟繁旭犯故意杀人罪,判处有期徒刑四年。

5. 被告人曲建宇犯故意杀人罪,免予刑事处罚。

宣判后,五被告人均未上诉,检察机关未抗诉。吉林省高级人民法院依法核准了对被告人张杰、王国兴分别以故意杀人罪判处死刑,缓期二年执行,剥夺政治权利终身的刑事判决。

二、主要问题

如何认定协助司法机关抓捕其他犯罪嫌疑人?如何判断协助行为对抓捕是否起到实际作用?

三、裁判理由

本案审理中的主要争议问题是,被告人曲建宇现场指认同案被告人张杰、王国兴的行为能否构成立功。对此有两种意见:一种意见认为,按照《最高人民法院关于处理自首和立功若干具体问题的意见》(法发〔2010〕60号,以下简称《自首立功意见》)关于当场指认、辨认其他犯罪嫌疑人(包括同案犯)属于"协助抓获其他犯罪嫌疑人"的规定,曲建宇的上述行为应构成立功。另一种意见则认为,在当时情形下,曲建宇的现场指认行为对公安机关抓获犯罪嫌疑人不具有实际作用,不宜认定立功。我们同意后一种意见,具体分析如下:

协助司法机关抓捕其他犯罪嫌疑人,是司法实践中最常见的立功类型之一。刑法第六十八条规定:"犯罪分子有揭发他人犯罪行为,查证属实的,或者提供重要线索,从而得以侦破其他案件等立功表现的,可以从轻或者减轻处罚;有重大立功表现的,可以减轻或者免除处罚。"鉴于刑法对"协助抓捕"等各种立功类型规定得相对原则,司法解释及其他规范性司法文件作了进一步明确。根据《最高人民法院关于处理自首和立功具体应用法律若干问题的解释》(法释〔1998〕8号)第五条的规定,犯罪分子到案后协助司法机关抓捕其他犯罪嫌疑人(包括同案犯)的,应当认定为有立功表现。《全国部分法院审理毒品犯罪案件工作座谈会纪要》(法〔2008〕324号,以下简称《大连会议纪要》)指出,"被告人在公安机关抓获同案犯过程中确实起到协助作用的,例如,经被告人现场指认、辨认抓获了同案犯;被告人带领公安人员抓获了同案犯;被告人提供了不为有关机关掌握或者有关机关按照正常工作程序无法掌握的同案犯藏匿的线索,有关机关据此抓获了同案犯;被告人交代了与同案犯的联系方式,又按要求与对方联络,积极协助公安机关抓获了同案犯等,属于协助司法机关抓获同案犯,应认定为立功"。《最高人民法院、最高人民检察院关于办理职务犯罪案件认定自首、立功等量刑情节若干问题的意见》(法发〔2009〕13号,以下简称《职务犯罪自首立功意见》)明确规定,协助行为对于抓捕犯罪嫌疑人要有实际作用,协助行为对于其他犯罪嫌疑人的抓捕不具有实际作用的,不能认定为立功表现。

在此基础上,《自首立功意见》对协助抓捕型立功作了更加详细的规定。按《自首立功意见》,典型的协助抓捕型立功有四种情形:一是诱捕,即"按照司法机关的安排,以打电话、发信息等方式将其他犯罪嫌疑人(包括同案犯)

约至指定地点的”。常见的如公安机关将被告人抓获后,安排其打电话约同案犯到指定地点见面,进而将同案犯抓获。二是当场指认,即“按照司法机关的安排,当场指认、辨认其他犯罪嫌疑人(包括同案犯)的”。常见的如公安机关已经掌握了其他犯罪嫌疑人将在火车站乘车的线索,但火车站系开放空间,人来人往,遂安排被告人当场指认进而将其他犯罪嫌疑人抓获。三是带领抓捕,即“带领侦查人员抓获其他犯罪嫌疑人(包括同案犯)的”。如本案中曲建宇带领公安人员到高长江单位将其抓获。四是提供线索,即“提供司法机关尚未掌握的其他案件犯罪嫌疑人的联络方式、藏匿地址的”。需要注意的是,《自首立功意见》仅仅列举了四种典型形式,但法有限而情无穷,并不排除其他非典型形式也可构成协助抓捕型立功。例如,毒品上下家约定要定时联络“报平安”,公安机关抓获下家后,为免打草惊蛇,安排其打电话稳住上家,进而采取技术侦查手段将上家抓获的,虽然不属于将上家“约至指定地点”,但一般也可以认定为立功。

不论哪种形式的协助抓捕型立功,都必须符合以下三个条件:一是客观上有协助行为,这一点无须解释。需要注意的是,如果是通过提供各类抓捕线索进行协助,线索来源应当有正当性,不能是通过贿买、胁迫、违反监规等途径获取的线索。此外,也不能是犯罪前、犯罪中掌握或者使用的同案犯联络方式、藏匿地址,以及同案犯的基本情况(姓名、住址、体貌特征等)。如本案中曲建宇主动提供同案犯孟繁旭的工作单位,就属于如实交代同案犯基本情况,不构成立功。二是成功抓获其他犯罪嫌疑人。若未能抓获其他犯罪嫌疑人,不能认定为立功,即便被告人的配合诱捕、当场指认、带领抓捕、提供线索等协助行为准确到位,但因抓捕措施不力或者出现意外情况等原因而未能实际抓获的,不能认定为立功,但可酌情从轻处罚。三是协助行为确实起到实际作用。这一点是判断是否构成立功的关键,也往往容易产生分歧。有意见认为,可以根据协助作用的大小来区分一般立功和重大立功,作用小的可认定为一般立功,此观点没有法律依据。还有意见认为,协助作用是指“主导、关键性作用”,但是,即便从字面含义来理解,“协助”作用也不应限定为“主导”作用或者“关键”作用。从现有规范性文件来看,无论是刑法规定的“提供重要线索,从而得以侦破其他案件”,还是《大连会议纪要》规定的“确实起到协助作用”，抑或《职务犯罪自首立功意见》规定的“要有实际作用”，都强调协助行为必须起到实际作用，而非可有可无、无关紧要。换言之，如果没有被告人的协助，公安机关难以抓获其他犯罪嫌疑人，正是有了被告人的协助，公安机关才能顺利抓获。因此，对于协助行为，不仅要从形式上或者类型上进行把握，还要从实质上对协助作用的有无和大小进行“量”的把握，而不宜不加区分，简单援引相关规范性文件规定的协助行为类型一律认定为立功。协助行为没有实际作用的，不构成立功；协助行为起到实际作用的，可以构成立功，具体作用大小在确定从宽幅度时要有所考虑。

本案中，虽然曲建宇在公安人员抓获张杰和王国兴时有现场指认这一协助行为，但当时现场的情况是：曲建宇的亲友刘井海已电话报警，公安人员赶到现场时已有明确抓捕对象，当时系凌晨，现场除张杰、王国兴、曲建宇及曲建宇亲友外，并无他人，被害人的尸体在王国兴驾驶的轿车内，张杰和王国兴正在用铁锹清理障碍准备驾车逃走。在当时特定时空环境下，即便没有曲建宇的指认，公安人员也很容易辨识并抓获张杰、王国兴，因此，曲建宇的指认行为对抓获同案犯不具有实质作用，不宜认定有立功表现。

（撰稿：吉林省长春市中级人民法院　訾效云
最高人民法院刑一庭　孟　伟
审编：最高人民法院刑一庭　管应时）

[第 1260 号]

于书祥猥亵儿童案

——从罪刑相适应的角度准确认定“在公共场所当众猥亵”

一、基本案情

被告人于书祥,男,汉族,1967 年 9 月 28 日出生,公园保安。2014 年 10 月 21 日因涉嫌犯猥亵儿童罪被逮捕。

广东省东莞市第三市区人民检察院以被告人于书祥犯猥亵儿童罪,向东莞市第三人民法院提起公诉。

东莞市第三人民法院经不公开开庭审理查明:被告人于书祥原系东莞市某公园保安队长。2014 年 9 月 14 日 14 时许,于书祥在该公园内上班时,见被害人张某某(女,11 岁)、吴某某(女,11 岁)、李某某(女,11 岁)、杨某(女,12 岁)、刘某某(女,9 岁)等人在娱乐设施“恐怖城”外不敢进入,便假意提出带领张某某等人进入“恐怖城”。在张某某等人同意后,于书祥便带张某某等人进入“恐怖城”内游玩。进入“恐怖城”后,张某某等人出于害怕而围在于书祥身边,于书祥见状便先后伸手搂住张某某、吴某某、李某某、杨某等人的肩膀、腰部,并乘机用手抚摸张某某、吴某某、李某某等人的胸部,后被张某某等人挣脱。14 时 30 分许,于书祥见张某某等人到该公园内“青蛙跳”处游玩,又假意上前帮刘某某系安全带,并乘机用双手推挤压刘某某胸部。

东莞市第三人民法院认为,被告人于书祥在游乐场这一公共场所,在多名被害人及他人在场的情况下,分别对被害人进行猥亵,其行为已构成猥亵儿童罪,且属当众猥亵儿童,应依法惩处。依照《中华人民共和国刑法》第二百三十七条的规定，认定被告人于书祥犯猥亵儿童罪，判处有期徒刑五年六个月。

宣判后，被告人于书祥以原判认定的事实不清、本人无罪为由提出上诉。

东莞市中级人民法院经依法审理认为，被告人于书祥无视国法，猥亵多名儿童，其行为已构成猥亵儿童罪，依法应予惩处。本案主要发生在游乐场恐怖屋内，空间相对封闭，现场除于书祥和被害人外，缺乏充分证据证实有多人在场；且于书祥系在带被害人进入恐怖城、帮忙系安全带的过程中，乘机短暂猥亵被害人，其作案手段、危害程度并非十分恶劣、严重，原判认定于书祥属"在公共场所当众猥亵儿童"不当，判处其有期徒刑五年六个月，量刑过重，应依法予以纠正。据此，依照《中华人民共和国刑事诉讼法》第二百二十五条[①]第一款第（二）项，《中华人民共和国刑法》第二百三十七条、第四十七条的规定，以猥亵儿童罪改判被告人于书祥有期徒刑一年四个月。

二、主要问题

如何准确认定"在公共场所当众猥亵"？

三、裁判理由

在本案审理过程中，对被告人于书祥的行为构成猥亵儿童罪并无异议，但对其是否属于"在公共场所当众猥亵"，一、二审法院存在不同意见：

一审法院认为，被告人在多名被害人及他人在场的情况下，分别对被害人进行猥亵，其行为属当众猥亵儿童。

二审法院则从两个方面对此持否定态度：从事实证据角度，认为现场空间相对封闭，除被告人和被害人外，缺乏充分证据证实有多人在场；从量刑角度，认为被告人实施猥亵的时间短暂、猥亵手段一般、危害程度并非十分严重，认定被告人属公共场所当众猥亵会导致量刑过重，综合考虑，予以从轻改判。

---

① 2018年《中华人民共和国刑事诉讼法》第二百三十六条。

我们同意二审法院不认定"在公共场所当众猥亵"的处理结论,同时认为,主要理由除事实证据在认定"当众"方面存在疑点外,也应当从罪刑相适应的角度对该情节进行实质解释和把握。具体阐述如下:

根据刑法第二百三十七条的规定,普通情节的猥亵犯罪,应当判处五年以下有期徒刑或者拘役,具有"聚众或者在公共场所当众实施"两项加重处罚情节的,应当判处五年以上有期徒刑。2015 年出台的刑法修正案(九)在该条第二款增加规定了"有其他恶劣情节的",也应当判处五年以上有期徒刑。其中,对于认定是否属于"在公共场所当众猥亵",司法实践中时常出现争议。2013 年颁布的《最高人民法院、最高人民检察院、公安部、司法部关于依法惩治性侵害未成年人犯罪的意见》(以下简称《性侵意见》)第二十三条对"在公共场所当众猥亵"的含义进行了明确,即"在校园、游泳馆、儿童游乐场等公共场所对未成年人实施强奸、猥亵犯罪,只要有其他多人在场,不论在场人员是否实际看到,均可以依照刑法第二百三十六条第三款、第二百三十七条的规定,认定为在公共场所'当众'强奸妇女,强制猥亵、侮辱妇女,猥亵儿童"。但是,从本案审理过程中一审、二审法院产生重大分歧意见,以及类似案件的司法处理情况来看,实践中仍然存在机械理解形式标准而忽视行为实质危害性,从而可能导致罪刑失衡的问题。

刑法对"在公共场所当众猥亵"之所以加重处罚,其原因既在于该行为对被害人性的自主权及羞耻心伤害更大、对社会良好风尚冒犯程度更大,又能反映行为人置他人在场于不顾,目无国法,肆意妄为,主观恶性深。《性侵意见》对"当众"实施猥亵等性侵害犯罪虽不要求其他多人实际看到,但明确要求必须有其他多人"在场"。所谓"在场",从空间上讲,就必然要求其他多人在行为人实施犯罪地点视力所及的范围之内。换言之,猥亵行为处于其他在场人员随时可能发现、可以发现的状况,这是基于"当众"概念的一般语义及具有"当众"情节就升格法定刑的严厉性所决定的。尤需指出的是,《性侵意见》解释的侧重点在于何为"公共场所"和"当众",但并未涉及何为刑法意义上的"猥亵",而这一概念的明确,关系到能否准确认定"在公共场所当众猥亵"的加重处罚情节。

猥亵犯罪脱胎于 1979 年刑法规定的流氓罪。1979 年刑法第一百六十条规定："聚众斗殴，寻衅滋事，侮辱妇女或者进行其他流氓活动，破坏公共秩序，情节恶劣的，处七年以下有期徒刑、拘役或者管制。流氓集团的首要分子，处七年以上有期徒刑。"1984年颁布的《最高人民法院、最高人民检察院关于当前办理流氓案件中具体应用法律的若干问题的解答》（以下简称《解答》，目前已失效）特别强调，要把流氓罪同一般流氓违法行为严格加以区别，而情节是否恶劣，是区分流氓罪的罪与非罪界限的关键，并列举指出部分恶劣情节。例如，在公共场所多次偷剪妇女的发辫、衣服，向妇女身上泼洒腐蚀物，涂抹污物，或者在侮辱妇女时造成轻伤的；在公共场所故意向妇女显露生殖器或者用生殖器顶擦妇女身体，屡教不改的；用淫秽行为或暴力、胁迫的手段，侮辱、猥亵妇女多人，或人数虽少，后果严重的，以及在公共场所公开猥亵妇女引起公愤的。"情节恶劣"是猥亵行为构成犯罪的必备要素，而在公共场所实施猥亵、侮辱属"情节恶劣"的情形之一，系入罪必要条件。

1997年刑法修改，将流氓罪进行拆分，其中分离出来的罪名之一即是强制猥亵、侮辱妇女罪及猥亵儿童罪（2015年刑法修订为强制猥亵、侮辱罪及猥亵儿童罪），并删除了"情节恶劣"的限定条件，同时将"在公共场所当众猥亵"规定为加重处罚情节。我国治安管理处罚法第四十四条规定，猥亵他人的，处五日以上十日以下拘留；猥亵智力残疾人、精神病人、不满十四周岁的人或者有其他严重情节的，处十日以上十五日以下拘留。可见，尽管刑法删除了"情节恶劣"的限定条件，但同属猥亵行为，引起的法律责任并不相同。在刑事司法适用时仍应秉持谦抑性原则，对刑法意义上的"猥亵"概念予以适度的限制解释。综合考虑猥亵手段、针对的身体部位性象征意义的大小、持续时间长短、对被害人身心伤害大小、对社会风尚的冒犯程度等因素，对刑事处罚的必要性予以实质把握。我国没有性骚扰的法定概念，但对于一些情节显著轻微的性冒犯行为，如在地铁、公交车等公共场所，利用人多拥挤，短暂地隔衣服抚摸、顶擦他人臀部、胸部等，作为治安违法的猥亵行为予以处罚是适当的。

对"猥亵"概念予以适度限制解释的精神，既要体现在入罪标准的把握上，也要体现在对刑法第二百三十七条第二款所规定的"在公共场所当众猥亵”这一加重处罚情节的理解方面。2000 年颁布的《最高人民法院关于审理交通肇事刑事案件具体应用法律若干问题的解释》(以下简称《交通肇事解释》)第二条规定,交通肇事致一人以上重伤,负事故全部或者主要责任,并具有酒后驾驶、严重超载驾驶或者为逃避法律追究逃离事故现场等六种情形之一的,以交通肇事罪定罪处罚。《交通肇事解释》第三条对刑法所规定的“交通运输肇事后逃逸”这一法定加重处罚情节进行解释时,明确将“交通肇事致一人以上重伤,负事故全部或者主要责任,并具有为逃避法律追究逃离事故现场”的情形排除在外,概因该情形已作为交通肇事罪入罪情节进行法律评价,故不能将其作为“交通肇事逃逸”的加重处罚情节再予重复评价。我们认为,对“在公共场所当众猥亵”中“猥亵”概念的解释,也理当遵循同样的原则。简言之,该加重情节中的“猥亵”是本身单独评价即足以构成犯罪的严重猥亵行为,而不包括轻微的治安处罚意义上的猥亵违法行为。只有行为人在公共场所当众实施了足以构成犯罪的猥亵行为,才能适用加重处罚情节。

实践中,猥亵行为样态各异,有些本身已达到刑事处罚程度,如手指侵入他人阴道抠摸,或者压制他人反抗抚摸他人胸部持续时间较长,如系在公共场所当众实施,对被告人适用加重情节予以重罚,罚当其罪。而有些猥亵行为则显著轻微,如在地铁车厢利用乘客拥挤恶意触碰他人胸、臀,本属治安管理处罚的对象,只有同时考虑具有在公共场所当众实施、持续时间较长或者其他情节,才可能具有刑事处罚的必要性。因此,如果将那些相对轻微的当众猥亵行为作为加重情节对被告人判处五年以上有期徒刑,就会罪刑失衡,也有违社会一般人的法感情。此外,从强奸罪与猥亵犯罪的严重性程度来看,通常情况下强奸重于猥亵,故刑法为强奸罪设置的最低法定刑为有期徒刑三年,而普通情节的猥亵犯罪是五年以下有期徒刑或者拘役,如将上述在地铁车厢实施的较为轻微的猥亵行为认定具有加重情节,判处五年以上有期徒刑,亦明显重于普通情节强奸既遂的最低法定刑,有失妥当。概言之,对那些手段、情节、危害一般、介于违法与犯罪之间的猥亵行为样态,宜突出“在公共场所当众实施”对考量行为是否值得入罪进行刑事处罚方面的影响,避免越过对“猥亵”本身是否构成犯罪的基础判断,而简单化地以形式上具有当众实施情节，即对被告人升格加重处罚。

本案中，根据审理查明的事实，被告人于书祥利用女童年幼胆怯，在游乐场这一公共场所带被害人游玩期间，趁机触碰、抚摸被害人肩膀、腰部、胸部，属于对儿童的猥亵，其中部分被害人被猥亵时，被其他在场被害人看到。从被告人猥亵手段、方式、持续时间、猥亵人数等方面，结合考虑部分猥亵行为被在场人员目睹等情节，综合衡量，可以对其以猥亵儿童罪予以惩处。虽然被告人的部分猥亵行为形式上似也符合"在公共场所当众实施"的规定，但论其猥亵罪行的严重性，尚未达到应判处五年以上有期徒刑的程度。抛开事实证据因素不论，从罪刑相适应的实质角度考察，二审法院对被告人于书祥从轻改判，是合法、合理的。

（撰稿：最高人民法院刑一庭　赵俊甫
审编：最高人民法院刑一庭　管应时）

[第 1261 号]

高佑铭抢劫案

——根据被告人的供述、指认提取到了隐蔽性很强的物证，且与其他证据相互印证并排除串供、逼供、诱供等可能性的，可以认定有罪

一、基本案情

被告人高佑铭，曾用名高大勇，男，1971 年 4 月 8 日出生。2014 年 12 月 11 日因涉嫌犯抢劫罪被逮捕。

吉林省长春市人民检察院以被告人高佑铭犯抢劫罪，向长春市中级人民法院提起公诉。

被告人高佑铭供认犯罪，无辩解。其辩护人提出，高佑铭无前科劣迹，如实供述罪行，认罪态度较好，建议对高佑铭酌情从轻处罚。

长春市中级人民法院经公开审理查明：2014 年 11 月 24 日晚，被告人高佑铭与被害人李淑珍（女，殁年 68 岁）等人在长春汽车经济技术开发区 51 街区 9 栋麻将馆打麻将，其间，高佑铭起意抢劫李淑珍。当日 23 时许打麻将结束后，高佑铭提出送李淑珍回家，李淑珍同意。二人行至附近的 50 街区 × 栋 × 单元李淑珍家单元门前时，高佑铭用铺路方砖击打李淑珍头部，将李打倒在地，致李淑珍颅脑损伤死亡。高佑铭抢走李淑珍随身携带的现金 200 元及金项链一条（价值 2 574 元）。次日，高佑铭将金项链出卖，获款 2 093 元。同月 28 日，公安人员将高佑铭抓获。

长春市中级人民法院认为，被告人高佑铭以非法占有为目的，采用暴力手段劫取他人财物，其行为已构成抢劫罪。高佑铭在抢劫过程中致李淑珍死亡，后果严重，应依法惩处。关于辩护人提出的高佑铭没有前科劣迹、如

实供述罪行、认罪态度较好、建议对其从轻处罚的辩护意见，经查，高佑铭虽无前科劣迹，且能够如实供述犯罪事实，但鉴于其抢劫被害人财物并致被害人死亡，犯罪后果严重，性质恶劣，不足以从轻处罚。故对上述辩护意见不予采纳。依照《中华人民共和国刑法》第二百六十三条第（五）项、第五十七条第一款、第五十九条之规定，以抢劫罪判处被告人高佑铭死刑，剥夺政治权利终身，并处没收个人全部财产。

一审宣判后，被告人高佑铭以其没有杀害被害人的故意，是在抢劫过程中失手致人死亡、没有前科劣迹、认罪态度好、一审量刑重为由向吉林省高级人民法院提出上诉。其辩护人提出，高佑铭系初犯、偶犯，认罪态度好，愿意赔偿被害人家属经济损失，有悔罪表现，请求对其从轻处罚。

吉林省高级人民法院经公开审理认为，原审判决认定被告人高佑铭抢劫的事实清楚，证据确实、充分，定罪准确，量刑适当。审判程序合法。经查，高佑铭多次供述其将被害人打趴在地上后，怕被害人举报是其抢劫，所以用方砖砸被害人后脑，就是想让被害人死。故高佑铭所提“我没有杀害被害人的故意，是在抢劫过程中失手致人死亡”的上诉理由不能成立；虽然高佑铭系初犯，认罪态度较好，并表示愿意赔偿被害人家属的经济损失，但其犯罪情节特别恶劣，后果极其严重，其又没有赔偿能力，故对其不足以从轻处罚。依照《中华人民共和国刑事诉讼法》第二百二十五条[①]第一款第（一）项和《中华人民共和国刑法》第二百六十三条第（五）项、第五十七条第一款、第五十九条之规定，裁定驳回上诉，维持原判，并依法报请最高人民法院核准。

最高人民法院经复核认为，被告人高佑铭以非法占有为目的，采用暴力手段劫取他人财物，其行为已构成抢劫罪。高佑铭抢劫年近七旬老人的财物，并在抢劫过程中持砖头打击被害人头部致其死亡，其犯罪情节特别恶劣，手段残忍，所犯罪行极其严重，应依法惩处。第一审判决、第二审裁定认定的事实清楚，证据确实、充分，定罪准确，量刑适当。审判程序合法。依照

① 2018年《中华人民共和国刑事诉讼法》第二百三十六条。

《中华人民共和国刑事诉讼法》第二百三十五条[①]、第二百三十九条[②]和《最高人民法院关于适用〈中华人民共和国刑事诉讼法〉的解释》第三百五十条第(一)项的规定,裁定核准吉林省高级人民法院(2015)吉刑一终字第88号维持第一审以抢劫罪判处被告人高佑铭死刑,剥夺政治权利终身,并处没收个人全部财产的刑事裁定。

二、主要问题

根据被告人的供述、指认提取到了隐蔽性很强的物证,且与其他证明犯罪事实发生的证据互相印证,并排除串供、逼供、诱供等可能的,能否认定有罪? 在此情况下能否对被告人适用死刑?

三、裁判理由

本案中,被告人高佑铭始终供认抢劫致人死亡的犯罪事实,此外再无直接证据证明犯罪行为系被告人实施;根据被告人指认提取的部分物证可以将被告人与被害人相关联,但据此认定系被告人作案,则还需要排除其他合理怀疑。因此,如何综合审查判断在案间接证据,从而认定被告人供述的真实可靠性,进而确认犯罪事实,在此情况下能否对被告人适用死刑,系本案以及类似案件的难点。

《最高人民法院、最高人民检察院、公安部、国家安全部、司法部关于办理死刑案件审查判断证据若干问题的规定》第三十四条规定:"根据被告人的供述、指认提取到了隐蔽性很强的物证、书证,且与其他证明犯罪事实发生的证据互相印证,并排除串供、逼供、诱供等可能性的,可以认定有罪。"对前述问题,虽然司法解释文件作出了规定,但在具体适用环节仍需要综合、审慎判断,特别是要注意做好口供的补强工作。本案提供了主要通过审查被告人供述定罪的认定方法,诠释了关于口供补强规则。

(一)根据被告人的供述、指认提取到了隐蔽性很强的物证

1.根据被告人高佑铭指认找到其出售被害人李淑珍项链的首饰加工

① 2018年《中华人民共和国刑事诉讼法》第二百四十六条。

② 2018年《中华人民共和国刑事诉讼法》第二百五十条。

店,赃物去向清楚。(1)高佑铭于2014年11月28日23时55分被抓获归案,到案后即供认,同月24日晚其抢劫被害人一条金项链,次日将项链卖给一首饰加工店的事实。高佑铭供述,抢劫的金项链是扁的、一环套一环的样式,项链上本来有一个金坠,但抢劫时把项链的挂钩拽直了,项链当时就断开了,抢劫后发现金坠没有了,出售项链时称重为9.9克,卖了2 093元,收购项链的人登记了其名字和身份证号码。(2)指认笔录证明,2014年11月29日,高佑铭带领公安人员指认,位于长春市黄河路与亚泰大街路口的一首饰加工店为其销赃地点。店主朱美爱证明,2014年11月25日,其以每克235元的价格收购了一男子的金项链,重9.9克,付给该男子2 093元,收购的项链系黄金的水波纹项链,项链挂钩缺一半,当时登记了该男子的身份信息。公安机关后从朱美爱处调取了《金银饰品加工改制登记簿》,证明2014年11月25日,朱美爱以2 093元的价格收购高佑铭9.9克足金项链,高佑铭身份证号码为220121197104080018。所登记的出售人信息与高佑铭身份信息一致。

由于高佑铭归案后带领公安人员指认了其销赃的地点,店主朱美爱所证明的收购项链的时间、项链的特征、重量、收购价格等均与高佑铭供述一致,且登记簿上登记的出售人身份信息与高佑铭吻合,因此能够认定高佑铭2014年11月25日在该首饰加工店出售一条金项链的事实。

2. 根据在案证据,亦能够认定被告人高佑铭出售的金项链即为被害人李淑珍生前随身所佩戴的项链。高佑铭始终供述抢劫金项链的犯罪事实,且供述项链本来有个吊坠,抢劫后发现吊坠没有了,与现场血泊中提取一黄金吊坠的情况印证;被害人丈夫的证言及公安机关协查通报证明,被害人的项链为扁平的一环套一环的样式,重约10克,与高佑铭证明抢劫的金项链为扁的、一环套一环的样式,以及店主证明收购的金项链为黄金水波纹项链、重9.9克的情况印证;高佑铭供述,其抢劫项链时,连接吊坠的挂钩被拽断,朱美爱亦证明收购的项链挂钩缺一半,与现场勘验、检查笔录记载的提取的吊坠断裂的情况印证;高佑铭出售项链的时间系李淑珍被害的次日。结合上述细节特征,能够证明高佑铭出售的项链系被害人李淑珍的项链。

（二）在案其他证据能够证明犯罪事实的发生，且能与被告人供述及前述提取的物证相互印证

1. 证人证言、从现场提取的烟蒂证明，当晚被告人高佑铭与被害人李淑珍同在麻将馆打麻将，二人于当日23时许一起离开，一同走向案发现场的方向，而李淑珍在当日23时30分左右即被发现遇害，时间紧凑、空间相连，可以证明高佑铭有作案的时空条件，这也是确定高佑铭具有作案嫌疑、并据此破案的重要线索。（1）麻将馆老板李玲，当晚参与打麻将人员计和、孙桂英以及孙桂英丈夫高喜发均证明，当晚李淑珍、高佑铭、计和、孙桂英在麻将馆打麻将，当晚只有这一桌人玩麻将，且是最后一桌，23时许结束，散场时除上述打麻将的四人外，麻将馆内只有老板李玲和孙桂英丈夫高喜发。高喜发还证明，散场后，李淑珍和高佑铭一起往安庆路方向即李淑珍家方向走了。高喜发、李玲、计和经混杂辨认，均确认高佑铭就是当晚与被害人共同在麻将馆打麻将的姓高的男子。（2）公安机关从当晚李淑珍使用的麻将桌下方地面提取长白山烟蒂一枚。经DNA鉴定，该烟蒂系高佑铭所留。印证高佑铭当晚在麻将馆打麻将的情况。（3）证人索海深证明，2014年11月24日23时30分许，其发现妻子李淑珍在住所附近的×街区×栋×单元门前，被人用砖头击打头部后死亡，李淑珍所戴的金项链和身上现金被抢走。

2. 现场勘验、检查笔录记载，被害人李淑珍在其家单元门前被害，挎包拉链呈开启状，现场血泊中有一黄金吊坠，血泊西侧地面有一带血方砖。经DNA鉴定，从方砖上检出李淑珍血迹，证明该方砖系作案工具。与被告人高佑铭供述的持方砖在被害人家单元门前打击被害人头部后抢走被害人挎包内现金及所戴金项链，后发现吊坠不见的情况印证。

3. 尸体鉴定意见证明，李淑珍系钝器打击头部致颅脑损伤死亡，系他杀。所证明的被害人的死因和伤情、致伤工具分析，与被告人高佑铭供述的持砖头打击被害人头部的情况印证。

（三）被告人高佑铭始终稳定供述抢劫致被害人死亡的犯罪事实，所供能够与在案证据相印证，并且能够排除串供、逼供、诱供等可能

被告人高佑铭自归案后第一次讯问到第一、二审庭审直至死刑复核提

讯中，始终稳定供认抢劫的犯罪事实，侦查期间供述均有同步录音录像印证讯问程序的合法性。高佑铭被抓获后即供认"我用砖头打了老太太后脑两下，先把项链拽走了，然后翻包，拿走200多元钱"，供述非常及时，且是在很自然的状态下交代，并在现场方位图上指认当晚与被害人的行进路线、捡方砖地点、打击被害人地点等，能够排除刑讯逼供的可能，且高佑铭供述稳定，至复核提讯仍供认犯罪。高佑铭归案后即带领公安人员指认其捡方砖地点和作案地点，在其指认的50街区×栋北侧路口捡方砖地点可见有多块方砖；其指认的抢劫地点与李淑珍被害地点一致。指认过程有全程录音录像。

（四）虽然被害人李淑珍是在其家楼下被害，系开放性场所，但根据在案证据，可以确认系高佑铭作案，并能排除其他合理怀疑

1. 从被害人李淑珍离开麻将馆到被害，最多只有30分钟的时间，时间十分紧凑，而高佑铭系当晚麻将散场后与李淑珍共同离开麻将馆，并一同走向现场方向的人。

2. 被告人高佑铭供述，其作案前实际上住在德惠路的旅馆，其为了预谋作案，和麻将馆的人说自己住在宽平大桥。证人高喜发证明，当晚高佑铭和李淑珍共同往安庆路方向走了。而安庆路方向系李淑珍家方向，与德惠路、宽平大桥均为相反方向。如果高佑铭非作案人，则不能解释其当晚为何走相反方向，以及为何出现在被害人所在的50街区×栋。

3. 根据在案证据，能够认定高佑铭在作案后次日出售了李淑珍的项链。如果考虑到最极端的情况，本案是否存在高佑铭不是作案人，其当晚仅是看见李淑珍被害后拿走李淑珍的项链的情况？按照常理，如果是看见陌生人被害倒是存在趁火打劫的可能性，而发现熟人被害却盗取财物，此种可能性极小，且明显不合常理。

4. 被告人高佑铭作案后有诸多反常表现。例如：房屋租赁合同证明，高佑铭在2014年11月25日更换住处，租住长春市朝阳区西安胡同15号803栋310室内的一单间，该租房时间恰为李淑珍被害次日；高佑铭供述，其以前使用的手机号是13844045640，该号码11月24日后就不用了，并把手机卡扔掉了，其被抓获时使用的手机号是15543668268，是作案后又购买的新手机

卡;高佑铭作案后将其作案当天所穿的外衣和鞋子均扔掉,等等。

综上,在本案中,确定被告人作案嫌疑的依据确实、充分;根据被告人的供述、指认提取到了被其出售的被害人李淑珍遇害时佩戴的项链等隐蔽性很强的物证;被告人供述取证程序合法,所供内容尤其是细节得到在案间接证据的印证,足以作为定案的根据;全案证据能够形成完整的证据链条,证明方向一致并能排除其他合理怀疑,足以认定被告人高佑铭抢劫致被害人死亡的犯罪事实。最高人民法院根据被告人高佑铭抢劫致人死亡的犯罪事实、性质、情节和对于社会的危害程度,依法核准高佑铭死刑是正确的。

(撰稿:最高人民法院刑三庭　王锋永　王婷婷

审编:最高人民法院刑三庭　周　川)

[第 1262 号]

王春红、徐满等抢劫案

——死刑复核程序中发现二审法院剥夺被告人上诉权的，如何处理

一、基本案情

被告人王春红，男，1954 年 5 月 2 日出生，无业。1991 年 9 月因犯拐卖人口罪被判处有期徒刑四年；2001 年 12 月 12 日因犯绑架罪被判处有期徒刑十年，剥夺政治权利二年，并处罚金人民币一千五百元，2009 年 2 月 26 日刑满释放。因涉嫌犯抢劫罪于 2013 年 5 月 4 日被逮捕。

被告人徐满，男，1962 年 2 月 5 日出生，无业。因涉嫌犯抢劫罪于 2013 年 7 月 3 日被逮捕。

（同案被告人杜买红的身份情况，略）

某省某市人民检察院以被告人王春红、徐满犯抢劫罪，同案被告人杜买红犯掩饰隐瞒犯罪所得罪，向某市中级人民法院提起公诉。

被告人王春红、徐满对指控的事实及罪名未作辩解。王春红的辩护人提出，王春红在抢劫作案中所起作用较小，认罪态度好，请求对其从轻处罚。徐满的辩护人提出，徐满所起作用小于王春红，认罪态度好。

某省某市中级人民法院经公开审理查明：

1. 2012 年 12 月，被告人王春红、徐满因经济拮据，商议抢劫租住于某省某市龙门镇北庄村的被害人侯某某。同月的一天晚上，二人以嫖娼为由进入侯某某住处，将侯某某捆绑、堵嘴后劫持到王春红租住房并向侯某某索要钱财。侯某某被劫持三天后，称有 8 000 元存折存放于其住处。二人获得存折及密码后将侯某某勒死，并将其尸体抛至一地窖内。后二人持侯某某身

份证到银行从侯某某的存折中支取8 000元并平分。

2. 2013年1月，被告人王春红、徐满又商议抢劫与王春红相识的被害人袁菊玲。同月19日晚，王春红、徐满与袁菊玲在王春红住处吃饭时，王春红向袁的杯内偷放安眠药。袁菊玲昏睡后，二人将其捆绑。徐满持刀威逼袁菊玲并索要10万元，遭拒后二人对袁进行殴打，逼问出袁的存折存放位置及密码。王春红找到袁的存折后用该存折向其本人的账户转账8万元。

3. 2013年春节后，被告人王春红、徐满共谋抢劫托徐满帮忙寻找房源的被害人樊向涛。同年3月4日11时许，徐满以购房为由将樊向涛骗至住处，王春红假扮卖房人试探樊向涛，二人确认樊向涛有钱后将其捆绑。樊向涛拒绝交钱后徐满以樊醉酒为由将樊的妻子刘买盈骗至住处捆绑起来。王春红、徐满通过逼问樊向涛获得樊的存单、身份证、户口本和存单密码后，用电线勒死樊向涛、刘买盈，将尸体埋在徐满租住院内事先挖好的坑中。王春红、徐满持抢得的存单、身份证多次支取存款共计9万余元，赃款二人均分。徐满还向连襟杜买红（被法院以掩饰隐瞒犯罪所得罪判处有期徒刑二年）谎称其有偷来的存单，要杜买红帮忙取款并许诺给杜好处费。后杜买红持徐满通过他人制作的假身份证从樊向涛的存单中支取1万元，杜买红分得1 000元。

某市中级人民法院认为，被告人王春红、徐满使用暴力劫持他人后劫取财产并杀死被害人，其行为均构成抢劫罪。王春红、徐满共同预谋，多次抢劫他人财物，数额巨大，且致三人死亡，情节恶劣，后果极其严重。二人在抢劫犯罪中行为积极主动，均系主犯，王春红又系累犯，应依法从严惩处。据此，依照《中华人民共和国刑法》第二百六十三条第（四）项、第（五）项，第六十五条第一款，第二十五条第一款，第二十六条第一款、第四款，第五十七条第一款之规定，以抢劫罪判处王春红、徐满死刑，剥夺政治权利终身，并处没收个人全部财产。

一审宣判时，被告人王春红、徐满口头提出上诉；同案被告人杜买红在法定期限内提交上诉状，上诉期满后又提出撤诉。某省高级人民法院依法裁定准予杜买红撤回上诉，并按复核程序审理了本案。

某省高级人民法院复核认为，原判定罪及适用法律正确，量刑适当，审判程序合法,裁定同意某市中级人民法院对被告人王春红、徐满均以抢劫罪判处死刑,剥夺政治权利终身,并处没收个人全部财产的刑事判决,并依法报请最高人民法院核准。

最高人民法院经复核认为,某省高级人民法院在审理本案过程中,未依法按照二审程序进行审理,剥夺了被告人的上诉权,侵犯了被告人的辩护权,严重违反法定诉讼程序,可能影响公正审判。依照《中华人民共和国刑事诉讼法》第二百三十五条①、第二百三十九条②和《最高人民法院关于适用〈中华人民共和国刑事诉讼法〉的解释》第三百五十条第(六)项、第三百五十三条第一款的规定,于2016年12月30日裁定不核准并撤销某省高级人民法院同意原审对被告人王春红、徐满以抢劫罪判处死刑,剥夺政治权利终身,并处没收个人全部财产的刑事裁定,发回某省高级人民法院重新审判。

二、主要问题

在死刑复核程序中发现二审法院剥夺被告人上诉权的,应如何处理?

三、裁判理由

最高人民法院在复核本案时发现,一审法院宣判时被告人王春红、徐满均表示提出上诉,宣判笔录明确记录了两人的上诉要求,但某省高级人民法院却以复核程序审理了本案,并报请最高人民法院核准。对高级人民法院以复核程序审理被告人口头提出上诉案件的,在最高人民法院死刑复核阶段应如何处理,形成两种意见。第一种意见认为,高级人民法院未依法适用二审程序公开开庭审理,剥夺了被告人的上诉权,侵犯了被告人的辩护权,严重违反法定诉讼程序,可能影响公正审判,依法应发回重审。第二种意见认为,某省高级人民法院虽未按照二审程序公开开庭审理,但提讯了王春红、徐满,充分听取了二人的意见,并为二人指定了辩护人,保障了辩护权的充分行使,并不影响案件的公正审判,不必发回重审,依法可核准死刑。我们同意第一种意见,具体理由如下:

---

① 2018年《中华人民共和国刑事诉讼法》第二百四十六条。

② 2018年《中华人民共和国刑事诉讼法》第二百五十条。

（一）被告人在法定期限内口头提出上诉的，应视为有效上诉

刑事诉讼法第二百二十七条第一款规定："被告人、自诉人和他们的法定代理人，不服地方各级人民法院第一审的判决、裁定，有权用书状或者口头向上一级人民法院上诉……"同时，该条第三款规定："对被告人的上诉权，不得以任何借口加以剥夺。"据此，被告人以书面或口头形式提出的上诉，均属于有效上诉表示，应当受到刑事诉讼法的严格保护。被告人的上诉权是刑事诉讼中的基本诉讼权利，不得以任何形式和借口予以剥夺。《最高人民法院关于适用〈中华人民共和国刑事诉讼法〉的解释》第三百条第一款规定："人民法院受理的上诉案件，一般应当有上诉状正本及副本。"此处规定"一般"应当有上诉状正本及副本，是出于更全面地了解和掌握被告人的上诉理由而作出的原则性规定，并不是否定被告人口头上诉的法律效力。

本案中，一审宣判时被告人王春红、徐满均明确表示上诉并被记录在案，同案被告人杜买红表示不上诉（后提交了上诉状）。但此后一审法院根据仅收到杜买红上诉状的情况认为只有杜买红提出上诉，制作案件移交材料后将案件上报至二审法院，二审法院亦因未收到王春红、徐满提交的上诉状而认为两人未提出上诉，并在裁定准许杜买红撤诉后直接以复核程序审理了本案。这种做法的错误在于，法院对被告人在法定期限内提出的口头上诉未予重视，单纯以是否提交上诉状作为认定被告人是否上诉的依据（王春红、徐满均称口头提出上诉后又通过看守所提交了上诉状，但法院未收到），忽视了口头上诉的法律效力。综上，王春红、徐满在一审宣判时已提出有效上诉，其后不论二人有无提交书面上诉状，均不影响两人提出上诉的法律效力。作为一审的上一级法院，在审理工作中应当重视审查被告人有无上诉情况。

（二）死刑上诉案件未开庭审理的，属于严重违反法定诉讼程序，可能影响公正审判，应依法发回重审

刑事诉讼法第二百三十四条第一款规定："第二审人民法院对于下列案件，应当组成合议庭，开庭审理……（二）被告人被判处死刑的上诉案件……"《最高人民法院关于适用〈中华人民共和国刑事诉讼法〉的解释》第三百一十七条第一款进一步明确了"被告人被判处死刑立即执行的上诉案

件”应当开庭审理。有意见认为，本案中某省高级人民法院提讯了一审被判处死刑的被告人王春红、徐满，听取了二人意见，并为二人指定了辩护人，听取了辩护人意见，虽未开庭审理，但充分保障了被告人的诉讼权利。中级人民法院、高级人民法院认定王春红、徐满犯抢劫罪的事实清楚，证据确实、充分，对二人均应判处死刑。因此，虽然某省高级人民法院未适用二审程序公开开庭审理违反法定诉讼程序，但实质上并不影响公正审判，依法可予核准。

我们认为，在一审法院判处被告人王春红、徐满死刑，两人均明确提出上诉的情况下，某省高级人民法院适用复核程序审理本案，不但剥夺了被告人申请回避的权利、当庭举证质证及辩护的权利，而且导致同级检察机关不能参与案件的二审程序，指控犯罪、监督审判的职能缺失，属于严重违反法定诉讼程序。开庭审理是刑事诉讼法规定的基本原则，是审判公正的制度保障，是法律的刚性规定，其目的是最大限度地保障被告人辩护权的充分行使，保障人权，彰显程序正义，确保实体公正。如果仅以实体公正为宗旨，完全抛开程序正义的要求，既不符合注重程序正义、充分保障人权的现代刑事司法理念，也可能为案件的实体处理埋下隐患。因此，对于依法应当开庭审理的案件未开庭审理的，原则上应认定此种做法“可能影响公正审判”，这也是刑事诉讼法规定二审开庭审理制度的应有之意，特别是对死刑案件，更要坚持最高标准、最严要求。

综上，最高人民法院认为某省高级人民法院适用复核程序审理了本应开庭审理的死刑案件，严重违反法定诉讼程序，可能影响公正审判，据此裁定不核准二被告人死刑，并撤销原判，发回某省高级人民法院重新审判。

值得注意的是，本案是一起性质十分恶劣的抢劫杀人案件，在政策上应当依法予以严惩，故本案发回重审纠正程序违法后，高级人民法院仍可以再次报请最高人民法院核准死刑。

（撰稿：最高人民法院刑五庭　范冬明

审编：最高人民法院刑五庭　徐　静）

[第 1263 号]

费明强、何刚抢劫案

——二审将原判数罪改为一罪并加重该罪的量刑，但未改变原判数罪决定执行的刑罚，是否违背上诉不加刑原则

一、基本案情

被告人费明强，男，1988 年 11 月 23 日出生，无业。2006 年 4 月 4 日因犯盗窃罪被判处有期徒刑一年，并处罚金人民币三千元，同年 12 月 23 日刑满释放。2008 年 5 月 16 日因涉嫌犯故意杀人罪、抢劫罪被逮捕。

被告人何刚，男，1987 年 4 月 11 日出生，无业。2008 年 5 月 16 日因涉嫌犯故意杀人罪、抢劫罪被逮捕。

某省某市人民检察院以被告人费明强、何刚犯抢劫罪、故意杀人罪，向某市中级人民法院提起公诉。

某市中级人民法院经审理查明：2008 年 4 月初，被告人费明强、何刚共谋将费明强认识的妇女李园香骗至费明强租房内实施抢劫，并事先准备了尖刀、胶带等作案工具。同月 11 日下午，费明强以让李园香帮忙办理安利营销卡为由，将李骗至其位于某省某市经济开发区的租房内，伙同何刚采用胶带捆手脚、毛巾和热水瓶塞堵嘴的暴力手段控制住李园香，从李随身携带的包内劫取人民币 400 元、手机及银行卡等物。接着，二被告人采用刀刺、言语威胁等手段逼李园香讲出其中一张银行卡密码，由何刚从某市商业银行取款机上取款人民币 5 000 元。当日 20 时许，在逼问李园香其他银行卡密码过程中，二被告人持尖刀捅刺李园香颈部，致李园香当场死亡。

某市中级人民法院经审理认为，被告人费明强、何刚以非法占有为目

的,采用暴力手段当场强行劫取他人财物,并故意非法剥夺他人生命,致被害人死亡,其行为均已分别构成抢劫罪、故意杀人罪。费明强在刑罚执行完毕后五年以内再犯应当判处有期徒刑以上刑罚之罪,系累犯,依法应从重处罚。案发后公安机关已经发现费明强具有犯罪嫌疑,其并非主动投案,到案后也未能如实供述自己的罪行,不构成自首。费明强的供述虽对于抓获何刚起到一定作用,但不属协助公安机关抓获同案犯的情形,不构成立功。费明强犯罪手段残忍,罪行极其严重,应予惩处。鉴于何刚认罪态度较好,作用相对于费明强较小,论罪应判处死刑,但尚不属必须立即执行。据此,依照《中华人民共和国刑法》第二百六十三条、第二百三十二条、第六十五条、第五十七条第一款、第五十九条第一款、第四十八条第一款、第六十九条、第二十五条第一款、第三十六条之规定,判决如下:

1. 被告人费明强犯抢劫罪,判处无期徒刑,剥夺政治权利终身,并处没收个人全部财产;犯故意杀人罪,判处死刑,剥夺政治权利终身;决定执行死刑,剥夺政治权利终身,并处没收个人全部财产。

2. 被告人何刚犯抢劫罪,判处无期徒刑,剥夺政治权利终身,并处没收个人全部财产;犯故意杀人罪,判处死刑,缓期二年执行,剥夺政治权利终身;决定执行死刑,缓期二年执行,剥夺政治权利终身,并处没收个人全部财产。

宣判后,被告人费明强提出上诉,请求对其从轻改判。

某省高级人民法院经审理后认为,原判认定被告人费明强、何刚以非法占有为目的,采用暴力手段强行劫取他人财物并致人死亡的事实清楚,证据确实、充分,但将费明强、何刚整体的抢劫、杀人行为分别认定为抢劫罪、故意杀人罪不当,应予纠正。据此,依照《中华人民共和国刑法》第二百六十三条、第六十五条、第五十七条第一款、第五十九条第一款、第四十八条第一款,《中华人民共和国刑事诉讼法》(1996年)第一百八十九条[①]第(二)项之规定,改判被告人费明强犯抢劫罪,判处死刑,剥夺政治权利终身,并处没收个人全部财产;被告人何刚犯抢劫罪,判处死刑,缓期二年执行,剥夺政治权利

① 2018年《中华人民共和国刑事诉讼法》第二百三十六条。

利终身，并处没收个人全部财产。将费明强的死刑判决依法报请最高人民法院核准。

最高人民法院经复核认为，被告人费明强以非法占有为目的，结伙采用暴力手段劫取他人财物，其行为已构成抢劫罪，且具有抢劫致人死亡的严重情节。犯罪性质恶劣，手段特别残忍，情节、后果严重，社会危害性极大，应当依法惩处。在共同犯罪中，费明强的作用大于同案被告人何刚，又系累犯，主观恶性深，依法应当从重处罚。第一、二审判决认定的事实清楚，证据确实、充分，审判程序合法。第二审判决定罪准确，量刑适当，审判程序合法。据此，依照《中华人民共和国刑事诉讼法》（1996 年）第一百九十九条①、《最高人民法院关于复核死刑案件若干问题的规定》第二条第一款之规定，裁定核准某省高级人民法院对被告人费明强以抢劫罪判处死刑，剥夺政治权利终身，并处没收个人全部财产的刑事判决。

二、主要问题

二审将原判数罪改为一罪并加重该罪的刑罚，但未改变原判认定的数罪决定执行的刑罚，是否违背"上诉不加刑"原则？

三、裁判理由

我国刑法第二百六十三条规定，以暴力、胁迫或者其他方法抢劫公私财物，致人重伤、死亡的，处十年以上有期徒刑、无期徒刑或者死刑，并处罚金或者没收财产。"抢劫致人死亡"发生在行为人实施暴力手段行为的过程当中，这就要求被害人的伤亡结果必须是行为人为了实现其劫财目的，在抢劫过程中使用的手段行为所直接造成。如果行为人在实施抢劫过程中，并非出于劫财目的而是出于报复、灭口等动机杀死被害人的，则同时构成抢劫罪和故意杀人罪，应以抢劫罪和故意杀人罪并罚。对此，最高人民法院 2001 年 5 月 23 日发布的《关于抢劫过程中故意杀人案件如何定罪问题的批复》（以下简称《批复》）指出："行为人为劫取财物而预谋故意杀人，或者在劫取财物

① 2018 年《中华人民共和国刑事诉讼法》第二百四十六条。

过程中,为制服被害人反抗而故意杀人的,以抢劫罪定罪处罚。行为人实施抢劫后,为灭口而故意杀人的,以抢劫罪和故意杀人罪定罪,实行数罪并罚。”本案中,两被告人是在逼问被害人信用卡密码的过程中杀害被害人,系在抢劫过程中杀人,一审分别判处抢劫罪与故意杀人罪,不符合《批复》规定。对被告人以抢劫(致人死亡)罪认定即可,无须另外认定故意杀人罪。

根据2018年刑事诉讼法第二百三十六条第一款第(二)项[对应1996年刑事诉讼法第一百八十九条第(二)项]规定,第二审人民法院对于上诉、抗诉案件,经过审理后,如果“原判决认定事实没有错误,但适用法律有错误,或者量刑不当的,应当改判”。在审判实践中,应按一罪处理而作数罪并罚,或应按数罪并罚而作一罪处罚的,均属于适用法律有错误的情形,二审法院有权改判。为此,二审改变了原判的定性,将致人死亡情节不再单独认定为故意杀人罪,而是纳入抢劫罪当中的做法是适当的。二审法院在改变原判定性之后,依法以抢劫罪判处被告人费明强死刑,单从抢劫罪来看似乎加重了原判的量刑,那么这种改判是否违背刑事诉讼法中“上诉不加刑”的原则呢?对此,在二审审理过程中,存在两种意见:

一种意见认为,根据2013年1月1日施行的《最高人民法院关于适用〈中华人民共和国刑事诉讼法〉的解释》(以下简称2013年《刑诉法解释》)第三百二十五条第一款第(三)项,对应1998年《最高人民法院关于执行〈中华人民共和国刑事诉讼法〉若干问题的解释》第二百五十七条规定,“原判对被告人实行数罪并罚的……也不得加重数罪中某罪的刑罚。”尽管一审故意杀人罪判处的是死刑,但抢劫罪所判刑罚是无期徒刑,二审改判后抢劫罪的刑罚变为死刑,违背了2013年《刑诉法解释》中“不得加重数罪中某罪的刑罚”的规定,即违背了“上诉不加刑”原则。

另一种意见认为,将杀人行为作为加重情节纳入抢劫罪中评价,直接以抢劫罪一罪对被告人判处死刑,剥夺政治权利终身,无论是从定罪还是量刑上均体现了有利于被告人原则,与“上诉不加刑”原则并不违背。

我们同意第二种意见,具体理由如下:

不加重上诉被告人的刑罚是刑事审判中应当坚持的一项重要司法原则。刑事诉讼法第二百三十七条规定的“上诉不加刑”原则,其目的有二:首先,有利于保障被告人的上诉权,保障被告人的合法权益。因为如果被告人提出上诉后,二审法院不仅没有减轻处罚或者宣告无罪,反而加重被告人的刑罚,不仅违背了被告人上诉的初衷,也会增加被告人上诉的顾虑,甚至在一审判决确有错误的情况下,由于担心二审可能加重刑罚而不敢上诉。因此,实行"上诉不加刑"原则,有助于消除被告人的顾虑,使其能够放心提起上诉,保证上诉制度的切实执行。其次,也有利于第二审法院全面审查第一审判决是否存在错误,保证国家法律的统一、正确实施。对于何为"不加刑",2013 年《刑诉法解释》第三百二十五条第一款进行了明确:"审理被告人或者其法定代理人、辩护人、近亲属提出上诉的案件,不得加重被告人的刑罚,并应当执行下列规定:(一)同案审理的案件,只有部分被告人上诉的,既不得加重上诉人的刑罚,也不得加重其他同案被告人的刑罚;(二)原判事实清楚,证据确实、充分,只是认定的罪名不当的,可以改变罪名,但不得加重刑罚;(三)原判对被告人实行数罪并罚的,不得加重决定执行的刑罚,也不得加重数罪中某罪的刑罚……(七)原判事实清楚,证据确实、充分,但判处的刑罚畸轻、应当适用附加刑而没有适用的,不得直接加重刑罚、适用附加刑,也不得以事实不清、证据不足为由发回第一审人民法院重新审判。必须依法改判的,应当在第二审判决、裁定生效后,依照审判监督程序重新审判。"

此外,在二审上诉案件中,为了防止以变相加刑为目的发回重审破坏"上诉不加刑"原则,刑事诉讼法第二百三十七条第一款进一步规定:"第二审人民法院审理被告人或者他的法定代理人、辩护人、近亲属上诉的案件,不得加重被告人的刑罚。第二审人民法院发回原审人民法院重新审判的案件,除有新的犯罪事实,人民检察院补充起诉的以外,原审人民法院也不得加重被告人的刑罚。"同样,2013 年《刑诉法解释》第三百二十七条亦明确规定:"被告人或者其法定代理人、辩护人、近亲属提出上诉的案件,第二审人民法院发回重新审判后,除有新的犯罪事实,人民检察院补充起诉的以外,原审人民法院不得加重被告人的刑罚。"言下之意就是,对于二审法院发回重审的案件,在犯罪事实没有增加的情况下,不能加重对被告人的量刑;但如果出现了新的犯罪事实,而且人民检察院补充起诉的,原审法院可以加重对被告人的刑罚。由此可见,上述规定在适用过程中实际上隐含了一个基本前提,即案件发回重审之后不能加重对被告人的量刑,是以事实没有变化为前提的。究其原因,在于刑罚的适用是建立在犯罪事实基础之上的,这就要求我们在比较一审、二审裁判对被告人的量刑轻重时,应当将这种比较建立在相同的事实基础之上,而不能脱离案件事实进行简单的比较。在数罪案件中,当其中某一罪名被纳入另一罪名当中作为加重情节时,后一罪名的犯罪事实就已经发生了重大改变。在这种情况下,一、二审判决在针对该罪名进行量刑比较时,应当将这种比较建立在相同的事实基础之上,即将二审一个罪名的量刑与一审两个罪名并罚后的量刑进行比较。

本案中,对于被告人费明强所实施的抢劫杀人行为,一审法院分别以抢劫罪和故意杀人罪认定并进行并罚,表明在原判认定的抢劫犯罪中并没有包括致人死亡这一部分犯罪事实,而是将这一部分事实单独评价为故意杀人罪。二审法院经审理后,纠正了原判的定性错误,在没有改变原判认定的整体事实的前提下,把原先分别以抢劫罪、故意杀人罪判处的两部分犯罪事实结合在一起,将原判的数罪并罚改为按一罪处理,统一以抢劫罪(致人死亡)判处。此时,尽管单从抢劫罪的量刑来看,似乎加重了对被告人的刑罚,但这种比较是建立在不同事实基础之上的,故不能简单地说二审加重了对被告人的处罚。从相同事实基础的前提出发,我们应当将二审裁判中包含了致人死亡情节的抢劫罪的量刑,与一审裁判中未包含致人死亡情节的抢劫罪与故意杀人罪并罚后的量刑进行比较,即只要二审抢劫罪的量刑没有超出一审抢劫罪与故意杀人罪并罚后决定执行的刑罚,就没有加重被告人的刑罚,不能认为违背了“上诉不加刑”的原则。不仅如此,这种做法也并不违背2013年《刑诉法解释》第三百二十五条第一款第(三)项即“原判对被告人实行数罪并罚的,不得加重决定执行的刑罚,也不得加重数罪中某罪的刑罚”的规定,因为该规定是针对二审仍然认定为数罪的情形,而本案二审是将数罪合并认定为一罪,故并不适用该规定。

(撰稿:浙江省高级人民法院　聂昭伟
审编:最高人民法院刑一庭　管应时)

[第 1264 号]

吴剑、张加路、刘凯诈骗案

——"网络关键词"诈骗犯罪中签订合同行为对案件性质的影响

一、基本案情

被告人吴剑,男,1991 年 11 月 5 日出生。2015 年 12 月 15 日因涉嫌犯诈骗罪、伪造国家机关证件罪被逮捕。

被告人张加路,男,1993 年 4 月 30 日出生。2015 年 12 月 15 日因涉嫌犯诈骗罪、伪造国家机关证件罪被逮捕。

被告人刘凯,男,1994 年 11 月 25 日出生。2015 年 12 月 15 日因涉嫌犯诈骗罪被逮捕。

江苏省无锡市高新技术产业开发区人民检察院以被告人吴剑、张加路犯诈骗罪、伪造国家机关证件罪,被告人刘凯犯诈骗罪向无锡高新技术产业开发区人民法院提起公诉。

无锡高新技术产业开发区人民法院经公开审理查明:被告人吴剑、张加路、刘凯经事先合谋,在无锡市新吴区通过网络指使他人伪造了无锡天宏网络科技有限公司、北京飞龙网络科技有限公司、深圳控股投资有限公司等单位企业法人营业执照和印章,用于实施"网络关键词"诈骗。诈骗过程中,吴剑、张加路、刘凯分别冒充上述公司工作人员,与"网络关键词"持有人取得联系,虚构有买家欲高价收购该"网络关键词"的事实,诱骗其前往谈判,在谈判过程中,继而虚构"网络关键词"资源需要制作网络监测报告、专利证书、国际端口申诉等配套产品才能交易的事实,骗取持有人签订"网络关键词"交易合同,支付有关制作费用。

2015年6月至10月间,被告人吴剑、张加路、刘凯时分时合,采用上述手法,先后5次骗取李某1、华某、李某2等人的制作费用共计人民币500 800元。其中,吴剑、张加路参与诈骗5次,涉案金额人民币500 800元;刘凯参与诈骗4次,涉案金额人民币245 800元。具体犯罪事实如下:

1. 2015年6月至8月间,被告人吴剑、张加路、刘凯采用上述手法,多次从李某1处骗得人民币36 000元。

2. 2015年6月至7月间,被告人吴剑、张加路、刘凯采用上述手法,多次从华某处骗得人民币48 800元。

3. 2015年6月至7月间,被告人吴剑、张加路、刘凯采用上述手法,多次从李某2处骗得人民币83 000元。

4. 2015年8月至9月间,被告人吴剑、张加路、刘凯采用上述手法,多次从刘某处骗得人民币78 000元。

5. 2015年9月至10月间,被告人吴剑、张加路采用上述手法,多次从乔某处骗得人民币255 000元。

案发后,被告人吴剑及其亲属退回赃款人民币39 100元,被告人张加路及其亲属退回人民币81 200元,被告人刘凯退回人民币50 000元。

无锡高新技术产业开发区人民法院经审理认为,被告人吴剑、张加路、刘凯结伙诈骗他人财物,其中,被告人吴剑、张加路诈骗数额特别巨大,被告人刘凯诈骗数额巨大,均已构成诈骗罪,且系共同犯罪。被告人吴剑、张加路结伙伪造国家机关证件,其行为均已构成伪造国家机关证件罪,且系共同犯罪。被告人吴剑、张加路一人犯数罪,应实行数罪并罚。被告人吴剑、张加路归案后如实供述了自己的主要罪行,被告人刘凯如实供述了自己的全部罪行,依法予以从轻处罚;被告人吴剑、张加路、刘凯归案后退出部分赃款,有一定的悔罪表现,酌情予以从轻处罚。依照《中华人民共和国刑法》第二百六十六条、第二百八十条第一款、第二十五条第一款、第六十七条第三款、第六十九条、第六十四条之规定,以诈骗罪、伪造国家机关证件罪,分别判处被告人吴剑有期徒刑十年并处罚金人民币十万元、有期徒刑六个月,决定执行有期徒刑十年三个月,并处罚金人民币十万元;判处被告人张加路有期徒刑十年并处罚金人民币十万元、有期徒刑六个月,决定执行有期徒刑十年三个月,并处罚金人民币十万元。以诈骗罪,判处被告人刘凯有期徒刑四年,并处罚金人民币四万元。被告人吴剑、张加路、刘凯退缴在案的人民币170 300元,由公安机关返还被害人。责令被告人吴剑、张加路、刘凯继续退赔违法所得的财物,并返还被害人。

一审宣判后,张加路不服,认为原审判决认定诈骗被害人华某的数额不实。上诉人张加路的辩护人还提出,本案应定性为合同诈骗罪。

江苏省无锡市中级人民法院经审理认为,原审判决认定上诉人张加路、原审被告人吴剑、刘凯犯诈骗罪,以及张加路、吴剑犯伪造国家机关证件罪的定罪和量刑事实清楚,证据确实、充分,适用法律正确,量刑适当,诉讼程序合法,应予维持,于2016年12月22日作出(2016)苏02刑终330号刑事裁定:驳回上诉,维持原判。

二、主要问题

"网络关键词"诈骗犯罪中签订合同行为对案件定性有何影响?

三、裁判理由

本案涉及"网络关键词"(以下简称关键词)诈骗。关键词是一种新兴互联网名称资源,是帮助网络用户通过输入中文关键词来直接访问目标网站的技术手段。关键词诈骗是近年来频频出现的诈骗形式,其利用关键词持有人的投资心理,虚构有买家需要购买关键词,从中编造借口要求持有人支付服务费用,骗取持有人钱款。在此类犯罪中,行为人往往会与关键词持有人签订所谓的收购合同,继而实施后续的诈骗活动,本案就属于这样的情形。由于犯罪人在犯罪过程中,与被害人签署了收购关键词合同,因此在本案审理过程中对案件定性出现了两种意见:第一种意见认为,应当以合同诈骗罪认定。理由是被告人与被害人签订了收购关键词合同,事后被告人以各种理由骗取被害人财物,应当认定为合同诈骗罪。第二种意见认为,应当构成诈骗罪。虽然被告人与被害人之间签订了收购合同,但该合同只是整个诈骗犯罪的一个环节,不能涵盖被告人的全部犯罪行为,因此不能认定为合同诈骗罪,而应以诈骗罪论处。

我们同意第二种意见,具体分析如下:

(一)诈骗罪与合同诈骗罪的联系与区别

关于合同诈骗罪与诈骗罪的分离,最早是在1997年新修订的刑法中,将合同诈骗罪从一般诈骗罪中单列出来,并置于破坏社会主义市场经济秩序罪一章中,这一修订将更有利于规范和打击社会主义市场经济条件下利用合同进行诈骗的违法犯罪活动。根据刑法第二百六十六条之规定,诈骗罪是指“诈骗公私财物,数额较大”的犯罪行为,而第二百二十四条规定的合同诈骗罪是指“以非法占有为目的,在签订、履行合同过程中,使用虚构事实、隐瞒真相等欺骗手段,骗取对方当事人财物,数额较大”的犯罪行为。一般认为,诈骗罪与合同诈骗罪的关系,是普通法与特别法的关系,是包容竞合的法条竞合关系,因此二者有许多共同点:诸如二者都是采取虚构事实、隐瞒真相的欺骗方法;行为人主观上都有非法占有公私财物的故意;都侵犯了他人的财产权,骗取了公私财物等。

但依据犯罪构成的理论,诈骗罪与合同诈骗罪仍有明显的区别之处,主要体现在两个方面:(1)在侵犯客体上,诈骗罪只侵犯了公私财产的所有权,是简单客体;而合同诈骗罪除了侵犯公私财产所有权外,还侵犯了市场交易秩序和国家合同管理制度,因此侵犯的是复杂客体,这也是为什么诈骗罪属于侵犯财产的犯罪,而合同诈骗罪属于破坏社会主义市场经济秩序犯罪的重要原因。(2)在犯罪客观方面,诈骗罪主要表现在行为人采取欺骗的行为,使受害人产生错误认识而交付财产。诈骗罪的手段多种多样,不限于签订、履行合同过程中,被害人受骗也并非主要基于合同的签订、履行。而合同诈骗罪是行为人在签订、履行合同过程中,采取虚构事实、隐瞒真相等欺骗手段,骗取合同对方当事人财物的行为;合同诈骗犯罪的行为人往往实施了与合同约定内容相关的经济活动,即具有与签订、履行合同相关的筹备、管理、经营活动,该签订、履行合同的行为是导致被害人陷入认识错误而作出财产处理的主要原因。

在司法实践中,区分诈骗和合同诈骗还应当注意两点:第一,不能简单以有无合同为标准来区分合同诈骗罪与诈骗罪。合同诈骗罪的“合同”是指被行为人利用,以骗取他人财物、扰乱市场秩序的合同。它是刑法意义上的合同,是以财产为内容的、体现了合同当事人之间财产关系的财产合同。因此,有关身份关系的合同、行政合同以及不能反映为经济活动的赠与合同、代理合同等,一般不能认定为合同诈骗罪中的“合同”。第二,不能简单以“签订合同+骗取财物”为标准来判断构成合同诈骗罪。而应当考察行为人骗取财物与合同本身的内在联系,只有行为人获取财物是基于合同,才能认定为合同诈骗罪;如果行为人虽然与被害人签订了合同,但最终获得财物与该合同并没有直接的联系,则不宜认定为合同诈骗罪。

(二)合同诈骗罪的本质是被害人基于合同陷入错误认识而交付财物

如前所述,在普通诈骗罪中也会存在以合同的名义实施诈骗的情形,从表面上看与合同诈骗罪的犯罪构成是相符的,使得司法机关在认定时在普通诈骗罪和合同诈骗罪之间徘徊。因为是否存在合同是认定普通诈骗罪和合同诈骗罪的重要区别,这就需要我们对利用合同进行认真解读。所谓“利用合同”,是指通过合同的虚假签订、履行使得相对方陷入错误认识,从而交付财物,实现其非法占有目的。换言之,该合同的签订、履行行为是导致被害人陷入认识错误而作出财产处理的主要原因。利用合同即是其诈骗行为的关键。而对那些即使行为人也采用了合同的形式,但是被害人之所以陷入错误认识并非主要基于合同的签订、履行,而是合同以外的因素使其陷入了错误认识而交付财物的,应认定为诈骗罪。

本案中,三名被告人经过合谋后,决定实施网络关键词诈骗活动,并且作了充分的犯罪准备与分工:首先准备了三张作案用的电话卡与手机卡。其次是制作了假的公司营业执照与公章。最后是三人作了明确的分工,由吴剑担任中介公司的角色,负责打电话联系关键词持有人,告知其有买家愿意高价购买关键词;由刘凯充当买家,与被害人签订收购关键词合同,诱骗被害人补充提供关键词检测报告等完善关键词的材料;张加路充当第三方公司技术服务人员,帮助被害人制作所谓的检测评估报告等材料。在这个过程中,被害人受高额收购价格的诱惑,一步步陷入被告人设置的陷阱,不断支付完善关键词的费用。

在整个犯罪过程中,涉及两个行为内容,第一个行为是被告人与被害人签订关键词收购合同,第二个行为是被告人要求被害人完善关键词,并提出很多完善的项目,包括制作关键词检测报告、申请专利、注册国际端口、制作B2B证书等,继而被告人再冒充第三方技术服务公司的人员诱使被害人交付有关制作费用,被害人被骗取的正是后者所谓完善关键词的费用。从收购关键词合同的内容来看,并不包括帮助被害人完善关键词并收取费用的内容,即签订收购合同与诱骗完善关键词是两个相对独立的行为,不存在包容关系。本案被告人的犯罪手法多样,通过签订收购合同——诱骗完善关键词——收取所谓的完善关键词制作费用,进而达到骗取财物的目的。可见,签订收购合同只是一个诱饵,被害人并非基于该收购合同交付费用(相反,基于收购合同,应该是被告人向被害人支付收购费),而是基于后续的完善包装关键词的环节,相应地支付了相关费用。因此,从整体评价的角度,被告人的多种犯罪手法互相配合,前面的行为都是犯罪过程的环节之一,最终目的就是骗取制作完善关键词的费用。换言之,被告人骗取财物的核心手段就是诱骗被害人完善关键词,而这个手段并不是基于合同,因此本案不符合合同诈骗罪的本质特征,而是由于被告人的其他欺骗行为,使被害人产生"需要完善关键词"的错误认识而交付财产,故而应认定为诈骗罪。

(撰稿:江苏省无锡市中级人民法院　楼炯燕
审编:最高人民法院刑二庭　王晓东)

[第 1265 号]

张菊、王福贵、周道会贩卖、运输毒品案

——重大毒品犯罪中,共同犯罪人及上下家之间如何适用刑罚

一、基本案情

被告人张菊,女,汉族,1976 年 2 月 21 日出生。2012 年 11 月 23 日因涉嫌贩毒、运输毒品罪被逮捕。

被告人王福贵,男,汉族,1968 年 12 月 9 日出生。2012 年 11 月 24 日因涉嫌贩毒、运输毒品罪被逮捕。

被告人周道会,男,汉族,1981 年 12 月 11 日出生。2012 年 11 月 24 日因涉嫌贩毒、运输毒品罪被逮捕。

河北省唐山市人民检察院以被告人张菊、王福贵、周道会犯贩卖毒品罪向唐山市中级人民法院提起公诉。

被告人张菊、周道会对公诉机关指控的事实供认不讳。被告人王福贵供述公诉机关指控的事实基本属实,但辩称在白石家园查获的 315 克毒品不是其所有,除被查获的 4 100 余克毒品外,其之前未提供给张菊毒品。

被告人张菊的辩护人提出:张菊系从犯,应当从轻、减轻处罚。被告人王福贵的辩护人提出:购买后分两批邮寄的共计 4 100 余克毒品应属王福贵非法持有,且认定其贩卖毒品数量证据不足,其主动供述周道会贩卖给其毒品的犯罪事实属立功,可以从轻、减轻处罚。被告人周道会的辩护人提出:周道会的行为只构成运输毒品罪,而非贩卖毒品罪;周道会系从犯,供述毒品"上线"个人信息及贩卖毒品事实属立功,可以从轻或减轻处罚。

唐山市中级人民法院经审理查明:

2011年11月至2012年10月，被告人张菊在河北省唐山市丰南区租借多处房屋作为贩卖毒品的窝点，以给付报酬或提供毒品吸食为利诱，先后纠集同案被告人马永帅、周海全、王海涛、贾春芳、张广永（均已判刑）等为其交接毒品，以每克500元左右的价格分别向吸毒人员孙兆伟（另案处理）等十二人出售毒品，共计贩卖甲基苯丙胺（冰毒）800余克。其间，2012年8月，张菊还和周海全共同出资5万元，由周海全与王海涛到安徽省阜南县购得甲基苯丙胺150克，张菊给付王海涛5 000元报酬及甲基苯丙胺60克，给付周海全甲基苯丙胺10克，将剩余80克甲基苯丙胺贩卖。

2012年6月，被告人王福贵找到被告人张菊，提出以优惠价格提供甲基苯丙胺，双方合作贩毒，张菊表示同意，后王福贵陆续批量购进毒品交给张菊贩卖。同年10月，王福贵、张菊商定将前期合作贩毒所得作为共同出资，扩大贩毒规模，获利共分。王福贵随即到广东省佛山市找到被告人周道会，商定以每克220元的价格购买甲基苯丙胺4 000克，并要求周道会分两批寄至河北省唐山市。王福贵向周道会支付现金80万元，又与张菊通过银行汇款付给周道会7.97万元。周道会接收毒资后向他人两次购得甲基苯丙胺，指使同案被告人周虎成（已判刑）将甲基苯丙胺伪装在茶具中分两批通过物流公司寄给张菊。当月17日10时许，张菊指派马永帅在唐山市一小区门口接收第一批送到的甲基苯丙胺，马永帅接到毒品准备交给张菊时被抓获，公安人员当场查获甲基苯丙胺1 980.26克，随即将张菊抓获，并查获甲基苯丙胺131.21克、甲基苯丙胺片剂（麻古）3.02克。随后，公安人员将王福贵抓获，查获甲基苯丙胺16.01克；并在王福贵指认下，在丰南区一小区查获甲基苯丙胺315克。当月19日，公安人员在物流公司查获周道会邮寄的第二批甲基苯丙胺2 149.45克。当月30日，公安人员在佛山市将周道会抓获。

唐山市中级人民法院认为，被告人张菊、王福贵、周道会贩卖毒品，其行为均已构成贩卖毒品罪，且贩卖数量大。三被告人及其辩护人的辩解、辩护意见理据不足，均不予采纳。综合考虑各被告人在毒品犯罪中的地位、作用、毒品数量、毒资来源、参与情节及社会危害程度，依法以贩卖毒品罪，分别判处三被告人死刑，剥夺政治权利终身，并处没收个人全部财产。

一审宣判后，张菊、周道会提出上诉。

被告人张菊上诉及其辩护人提出：一审认定张菊与王福贵在2012年共同出资购买4 000余克毒品证据不足，且此部分毒品未流向社会，危害性小；张菊受王福贵雇佣贩卖毒品，应认定为从犯；如实供述犯罪事实，有积极认罪情节，请求从轻、减轻处罚。

被告人周道会上诉及其辩护人提出：一审仅认定周道会自愿认罪，未认定系从犯；具有毒品未流向社会、坦白、立功、积极退赃、初犯偶犯等酌定从轻、减轻处罚情节；亲属有积极退赃的情节，请求从轻处罚。

被告人王福贵未提出上诉。其辩护人的意见是，一审认定王福贵与张菊共同出资情况和贩卖毒品的数量不清，证据不足；量刑过重，不应适用死刑。

河北省高级人民法院认为，上诉人张菊、周道会及原审被告人王福贵的行为构成贩卖毒品罪，且贩卖毒品数量大，罪行极其严重，均应依法惩处。相关上诉理由及辩护意见，均不能成立，不予采纳。原判认定的事实清楚，证据确实、充分，定罪准确，量刑适当，审判程序合法。据此，依法裁定驳回上诉，维持原判，并报请最高人民法院核准。

最高人民法院经复核认为，被告人张菊、王福贵为牟取非法利益，结伙贩卖甲基苯丙胺，其行为均已构成贩卖毒品罪；被告人周道会为牟取非法利益，与他人结伙贩卖、运输甲基苯丙胺，其行为已构成贩卖、运输毒品罪。被告人张菊、王福贵共同出资购买毒品并贩卖给他人，贩卖毒品数量巨大，均系共同犯罪中罪责严重的主犯，犯罪情节严重，社会危害极大，应依法惩处。被告人周道会居中倒卖毒品并通过物流运输，贩卖、运输毒品数量巨大，犯罪情节严重，社会危害大，应依法惩处。第一审判决、第二审裁定认定的事实清楚，证据确实、充分。审判程序合法。对被告人张菊、王福贵定罪准确、量刑适当。鉴于被告人周道会在毒品犯罪中，与王福贵、张菊相比，罪责相对较轻，对其判处死刑，可不立即执行。依照《中华人民共和国刑法》第三百四十七条第二款第（一）项、第二十五条第一款、第二十六条第一款、第五十七条第一款、第五十九条，《中华人民共和国刑事诉讼法》第二百三十五条①、

① 2018年《中华人民共和国刑事诉讼法》第二百四十六条。

第二百三十九条[①]和《最高人民法院关于适用〈中华人民共和国刑事诉讼法〉的解释》第三百五十二条的规定,判决如下:

1. 核准河北省高级人民法院刑事裁定中维持第一审以贩卖毒品罪分别判处被告人张菊、王福贵死刑,剥夺政治权利终身,并处没收个人全部财产的部分。

2. 撤销河北省高级人民法院刑事裁定和唐山市中级人民法院刑事判决中对被告人周道会以贩卖毒品罪判处死刑,剥夺政治权利终身,并处没收个人全部财产的部分。

3. 被告人周道会犯贩卖、运输毒品罪,判处死刑,缓期二年执行,剥夺政治权利终身,并处没收个人全部财产。

二、主要问题

毒品犯罪中,共同犯罪人、上下家均到案,且存在既是共同犯罪又是上下家关系的情况下,如何适用死刑?

三、裁判理由

从贩毒数量上看,本案查实被告人张菊贩卖毒品甲基苯丙胺5 000余克,被告人王福贵、周道会贩卖毒品甲基苯丙胺4 000余克,均已超过判处死刑的数量标准。从三人的关系来看,周道会与王福贵、张菊之间比较单纯,就是上下家关系,而王福贵和张菊的关系比较复杂,王福贵最初是张菊的上家,其购买毒品后加价交给张菊贩卖,各自获利,后王福贵与张菊又发展为共同贩毒,也就是说,二人既是共同犯罪,又是上下家。本案审理期间,基于对各被告人在共同犯罪中的地位和作用及作为上下家所起作用的不同认识,就三被告人如何适用死刑的问题,形成了四种意见。

第一种意见认为,本案应判处被告人张菊、王福贵死刑,判处被告人周道会死刑缓期二年执行。理由是:(1)王福贵用于购买4 000多克毒品的毒资主要来源于张菊;(2)张菊在唐山是毒品的重要源头,雇佣了很多马仔,在

① 2018年《中华人民共和国刑事诉讼法》第二百五十条。

共同犯罪中地位作用突出;(3)张菊贩卖毒品数量最多,且多次零包贩卖,下家达20多个,掌握着当地毒品贩卖网络,系严厉打击的重点;(4)周道会虽然是毒品上家,但在促成毒品交易中的作用较小。

第二种意见认为,本案应判处被告人王福贵、周道会死刑,判处被告人张菊死刑缓期二年执行。理由是:(1)虽然本案中贩卖毒品数量最大的是张菊,但张菊的绝大部分毒品来源均是王福贵,而王福贵的毒品来源是周道会,所以涉案绝大部分毒品和三被告人都有关系;(2)周道会和王福贵、张菊是上下家关系,根据《全国法院毒品犯罪审判工作座谈会纪要》(以下简称《武汉会议纪要》)的精神,对于下家主动约购毒品的情形下可以判下家死刑,但打击毒品源头历来也是重点,而且在本案贩毒数量已达巨大的情况下,不能认为周道会的作用小于王福贵和张菊;(3)王福贵控制毒资和毒品,在张菊前男友因贩卖毒品被抓后主动找张菊贩卖毒品,而且承诺保证货源、承担损失,故张菊具有一定的被动性。

第三种意见认为,本案应判处被告人张菊、王福贵、周道会三人死刑。理由是:(1)本案虽然只认定了周道会的两笔贩卖毒品事实,但其系毒品上家,动辄交易几千克毒品,系大毒贩,雇佣马仔周虎成,并通过邮寄等掩盖的方法运输毒品,反侦查能力很强,涉毒较深;(2)张菊和王福贵相比周道会而言,地位作用较小,但鉴于本案在当地影响较大,张菊是唐山销售毒品的总经销商,雇佣了很多马仔,贩卖毒品数量巨大,也系大毒贩,应当对三被告人均判处死刑。

第四种意见认为,本案只判处被告人王福贵一人死刑。理由是:(1)被告人周道会和王福贵是上下家,4 000多克毒品是在二人之间实施交易,根据《武汉会议纪要》的精神,王福贵主动联系上家周道会,上下家都在案的情况下,一般在犯罪中哪个主动判哪个死刑,所以应判王福贵死刑;(2)王福贵主动找张菊,利用张菊前男友的关系销售毒品,张菊作用低于王福贵,尽管张菊单独及合伙贩卖1 000多克冰毒,但放在共同犯罪和上下线网络中考虑,属于涉毒数量相对少的被告人。

《武汉会议纪要》规定,毒品共同犯罪案件的死刑适用应当与该案的毒品数量、社会危害及被告人的犯罪情节、主观恶性、人身危险性相适应。涉案毒品数量达到巨大以上,二名以上主犯的罪责均很突出,或者罪责稍次的罪犯具有法定、重大酌定从重处罚情节,判处二人以上死刑符合罪刑相适应原则,并有利于全案量刑均衡的,可以依法判处。根据该规定,本案涉案毒品数量已经达到了巨大以上,前述第四种意见认为只判处王福贵一人死刑不够妥当。而前述其他三种意见争议的焦点有两个:一是本案判处二人死刑还是三人死刑更合适;二是判处二人死刑的情况下,三被告人中谁的地位作用相对较小从而应当改判死缓刑。我们同意第一种意见,理由如下:

(一)对于既是共同犯罪又是上下家的被告人,要在分清主次的基础上根据各自的地位和作用依法确定是否适用死刑

从本案的贩毒事实来看,主要涉及两部分:一是张菊、王福贵、周道会等人实施的贩卖毒品事实;二是张菊、周海全、王海涛合伙购买毒品及张菊向多人出售毒品的事实。由于第一部分事实系涉及三被告人贩毒的主要事实,故对此予以重点分析。在被告人张菊、王福贵、周道会等人实施的贩卖毒品事实中,尽管王福贵、张菊均系周道会的下家,但二人的关系并不是单纯的共同犯罪,而是有一个发展变化的过程。最初王福贵是张菊的上家,提供毒品,加价交给张菊贩卖,各自获利,后来王福贵与张菊逐步发展成为共同贩毒,共同获利,主要表现是:二人以兄妹相称,王福贵持有张菊所租部分房屋的钥匙,二人协作完成贩毒事宜,商定共分利润。从具体作用来看,王福贵提供最初的毒品,交给张菊贩卖获利,二人使用贩毒回收的本金和利润继续购进毒品、扩大贩毒;张菊接收王福贵购进的毒品,自主联系在本地销售并组织多人为其运送,且租用多处房屋用于贩毒,除将少量贩毒利润留作日常支出外,将大部分收入交由王福贵继续购进毒品。从上述变化情况来看,二人的主要关系是共同犯罪。从二人在共同犯罪中的地位和作用来看,王福贵有稳定货源,张菊有流通渠道,二人均有各自的优势和较大的独立性,“强强联手”后扩大贩毒规模,二人在共同犯罪中均起主要作用,均系主犯,地位、作用基本相当。

被告人张菊结伙贩卖甲基苯丙胺5 145克,贩毒数量巨大;在与王福贵的共同犯罪中,如前所述,张菊系地位和作用突出的主犯;在与周海全、王海涛共同犯罪中,张菊系主要货主,不仅拍板确定赴安徽购毒,而且负责安排

毒资、提供路费、给予辛苦费等事宜，购买毒品的数量也是由其决定，其地位和作用在三人中最为突出。此外，本案中，张菊系唐山毒品销售网络的重要源头，拥有为数众多的下线买家，尽管每次销售数量不多，但因买家多、次数多，总量也不小，而且少量多销的方式更加隐蔽，流入社会危害更大。毒品零包贩卖，也是从严打击的重点。鉴于张菊犯罪情节严重，社会危害极大，罪行极其严重，结合其另有大量贩毒行为的实际情况，判处其死刑适当。被告人王福贵提议与张菊共同贩毒，承诺获利后与张菊年底分红，积极筹措毒资，主动联系上线周道会约购毒品，并事先交付毒资，亦系地位和作用突出的主犯，共查获其贩卖毒品 4 591 克，犯罪情节严重，社会危害极大，应依法惩处，结合其另有大量贩毒行为的实际情况，判处其死刑适当。

（二）对于单纯的上下家，要综合考虑各自在促成毒品交易中的作用大小，慎重决定适用死刑

被告人王福贵、张菊从被告人周道会处购进毒品，然后由张菊出售给他人，因此双方是上下家关系，即周道会是上家，王福贵、张菊是下家。对同一宗毒品的上下家，判处几人死刑、如何选择适用死刑，一直是司法实践中困惑的问题。为此，《武汉会议纪要》规定，对于买卖同宗毒品的上下家，涉案毒品数量刚超过实际掌握的死刑数量标准的，一般不能同时判处死刑；上家主动联络销售毒品，积极促成毒品交易的，通常可以判处上家死刑；下家积极筹款，主动向上家约购毒品，对促成毒品交易起更大作用的，可以考虑判处下家死刑。涉案毒品数量达到巨大以上的，也要综合上述因素决定死刑适用。

从本案情况来看，被告人周道会虽系王福贵的上家，但属于居中倒卖，其接收王福贵的毒资后又联系他人购进毒品加价贩卖，且雇用他人协助完成贩卖、寄运事宜，罪责严重，应依法惩处。但与张菊、王福贵相比，周道会的作用相对较小：首先，周道会贩卖毒品的数量少于张菊、王福贵贩卖毒品的数量，获利更是少之又少，尚不及王福贵从张菊处获取的差价，对此应在量刑时予以适当考虑；其次，周道会虽然是毒品上家，但其并不是持有毒品待价而沽，而是王福贵主动找他联系并先支付毒资，其才去联系毒品，故其在贩卖毒品的合意、联络等方面，均具有一定的被动性，也就是说，在促成毒品交易方面，周道会的作用明显要小于王福贵。根据《武汉会议纪要》的规

定以及周道会贩卖毒品的数量和情节,对其可以不判处死刑。

综上,最高人民法院核准一审、二审对被告人张菊、王福贵的死刑判决,并对被告人周道会改判死刑,缓期二年执行是适当的。

(撰稿:最高人民法院刑四庭　汪　雷

审编:最高人民法院刑四庭　陆建红)

[第 1266 号]

尹乐、李文颐非国家工作人员受贿案

——被告人在缓刑考验期内与行贿人达成贿赂合意，在缓刑执行期满后收取财物的，能否认定“在缓刑考验期内犯新罪”

一、基本案情

被告人尹乐，男，1968 年 4 月 7 日出生，原重庆红鼎实业发展有限责任公司总经理。2014 年 4 月 23 日因涉嫌犯非国家工作人员受贿罪被逮捕。

被告人李文颐，男，1958 年 7 月 20 日出生，原重庆红鼎实业发展有限责任公司副总经理。2014 年 4 月 23 日因涉嫌犯非国家工作人员受贿罪被逮捕。

重庆市北碚区人民检察院以被告人尹乐、李文颐犯非国家工作人员受贿罪向北碚区人民法院提起公诉。

被告人尹乐、李文颐对起诉书指控的事实和罪名无异议。尹乐的辩护人提出：尹乐收到贿赂款的时间在 2014 年 1 月，不在缓刑考验期内，不应认定为尹乐在缓刑考验期内犯新罪，不应当撤销缓刑，实行数罪并罚；尹乐受贿的金额应为 50 万元，收受另外 10 万元是在警方已经掌握信息并进行了布控的情况下实施的，系警方以“警察圈套”的方式诱使被告人受贿，被告人在收到财物时即被抓获，已丧失对该 10 万元的处分权，不应认定为受贿金额。李文颐的辩护人亦提出不应将该 10 万元计入受贿金额的辩护意见。

重庆市北碚区人民法院公开审理查明：

2010 年 5 月起，被告人尹乐、李文颐分别担任重庆红鼎实业发展有限责任公司（以下简称红鼎实业）总经理、副总经理职务。尹乐全面负责公司的开发建设及日常运营管理，李文颐负责公司的工程及合同预算。

2012年年初,红鼎实业在重庆市北碚区三溪口开发的红鼎高尔夫社区样板区一期2号地块项目需要安装中央空调,斯博瑞公司总经理程龙方欲承接该空调工程,找到被告人李文颐,李文颐考察斯博瑞公司产品后与被告人尹乐商定,将该空调工程交予斯博瑞公司承接,作为回报,程龙方需支付合同标的30%即140万元好处费,具体由李文颐出面向程龙方索要。2012年2月,李文颐与程龙方见面,李文颐允诺想办法将该工程确定给斯博瑞公司,并保证付款进度、验收支持,程龙方为得到该空调工程及以后能继续承接红鼎实业的工程,表示同意支付140万元好处费,双方同时谈好程龙方在拿到红鼎实业第一笔工程进度款后予以支付。同年2月29日,尹乐、李文颐通过变相执行招投标的形式,事先确定由斯博瑞公司中标。2012年3月28日,斯博瑞公司顺利与红鼎实业签订《红鼎高尔夫社区样板区一期2号地块中央空调工程合同》,合同总金额为5 738 900元。2013年年底,李文颐与程龙方再次见面,程龙方以人工费、材料费上涨以及资金困难等为由,要求降低好处费,双方通过协商,确定好处费为90万元,李文颐将此事向尹乐汇报,尹乐予以同意。之后,程龙方答应2014年春节前支付60万元,先付50万元,延后再支付10万元,李文颐将此事向尹乐汇报,尹乐也表示同意。2014年1月26日,程龙方安排其公司财务将50万元转入李文颐提供的事先由尹乐指定的署名张丽的平安银行重庆渝北支行账户。同日,尹乐从其招商银行重庆支行账户转账25万元到李文颐妻子的招商银行大连分行星海支行账户。

2014年3月17日下午5时左右,被告人李文颐与程龙方在重庆市渝北区天来大酒店附近的"茶莊王"茶楼见面。程龙方将装有10万元现金的纸袋交予李文颐,李文颐清点后离开茶馆,准备驱车时被公安民警当场抓获。同日,被告人尹乐被公安机关拘传到案。

另查明:2009年6月4日,山东省枣庄市中级人民法院依法作出(2009)枣刑二初字第2号刑事判决书,判决被告人尹乐犯受贿罪,判处有期徒刑三年,宣告缓刑四年。缓刑考验期为2009年6月4日至2013年6月3日。尹乐因前罪于2007年12月1日被刑事拘留,同年12月14日被逮捕,2009年6月4日被释放。

重庆市北碚区人民法院认为,被告人尹乐在缓刑考验期内索贿,与行贿人程龙方对索贿、行贿的具体内容达成共识，属于事先有约定的事后受财，应当以实施索要行为的时间作为受贿的犯罪构成认定时间点，故尹乐所犯非国家工作人员受贿罪的成立时间在其缓刑考验期内。同时，尹乐和李文颐收受10万元贿赂款是双方约定的索取财物行为的最终贯彻，并非基于警察或他人的引诱或欺骗，该行为并非"警察圈套"。尹乐、李文颐身为公司工作人员，利用职务上的便利，为他人谋取利益，共同索取他人财物共计人民币60万元，其行为均已构成非国家工作人员受贿罪。公诉机关指控的罪名成立，尹乐在缓刑考验期内犯新罪，应当撤销缓刑，对新犯的罪作出判决，把前罪和后罪所判处的刑罚数罪并罚。依据《中华人民共和国刑法》第一百六十三条第一款、第七十七条第一款、第六十七条第三款、第六十一条、第六十四条、第五十九条之规定，判决如下：

1. 撤销山东省枣庄市中级人民法院(2009)枣刑二初字第2号刑事判决中对被告人尹乐"宣告缓刑四年"的部分。

2. 被告人尹乐犯非国家工作人员受贿罪，判处有期徒刑五年，并处没收财产人民币一万元，与前罪判处的有期徒刑三年并罚，决定执行有期徒刑六年六个月，并处没收财产人民币一万元。

3. 被告人李文颐犯非国家工作人员受贿罪，判处有期徒刑五年，并处没收财产人民币一万元。

4. 对公安机关扣押在案的赃款人民币60万元依法予以追缴。

一审宣判后，尹乐、李文颐不服，均提出上诉。

尹乐、李文颐及其辩护人提出，受贿金额中有10万元系在公安机关的控制下交付，系警方以"警察圈套"的方式诱使犯罪，不应认定。尹乐的辩护人同时提出，尹乐在缓刑期间与李文颐共谋索取他人财物的行为属犯意流露，不应受处罚，收受50万元的实行行为是在缓刑考验期之后，系在缓刑期满后重新犯罪，故不应撤销缓刑。

重庆市第一中级人民法院经开庭审理查明的事实、证据与一审相同。

重庆市第一中级人民法院审理认为，上诉人尹乐、李文颐身为非国有公司的总经理和副总经理，利用职务上的便利，为他人谋取利益，共同索取他人财物共计60万元，数额较大，其行为均构成非国家工作人员受贿罪。尹乐在缓刑考验期内与李文颐共谋,由李文颐向程龙方索要工程好处费,且双方就贿赂金额和给付时间达成合意,该索要的行为属于已经着手实施的犯罪行为,并非犯意流露,该犯罪行为从李文颐索要贿赂款起,到其收受贿赂款止,已经构成一个完整的、不可分割的犯罪整体,尹乐在缓刑考验期内犯新罪,应当撤销缓刑,对新犯的罪作出判决,把前罪和后罪所判处的刑罚,实行数罪并罚。关于收受余下的10万元属"警察圈套"的意见,该索贿犯意的提出、商谈数额以及交易的实施均由其本人积极主动实施,并非在警察的引诱下完成,不属于"警察圈套"。鉴于最高司法机关对非国家机关工作人员受贿罪的犯罪数额已作出新的司法解释规定,尹乐、李文颐的犯罪数额属于较大,故对原判认定其犯罪数额属于巨大予以纠正。据此,依照《中华人民共和国刑法》第一百六十三条第一款、第七十七条第一款和第二款、第七十五条、第二十五条第一款、第六十九条第一款、第六十七条第三款、第六十一条、第六十四条、第五十九条之规定,改判:上诉人尹乐犯非国家工作人员受贿罪,判处有期徒刑二年八个月,与前罪判处的有期徒刑三年并罚,决定执行有期徒刑四年;上诉人李文颐犯非国家工作人员受贿罪,判处有期徒刑二年三个月。

二、主要问题

1. 被告人尹乐在缓刑考验期内与行贿人就贿赂的有关事项达成合意,在缓刑执行期满后收受钱款的,能否认定为其在缓刑考验期内犯新罪并据此撤销缓刑,实行数罪并罚?

2. 被告人索贿被举报后,在警察布控的场所内收受贿赂并被现场抓获,该笔贿赂款应否计入受贿犯罪数额?

三、裁判理由

(一)被告人在缓刑考验期内与行贿人达成贿赂合意,在缓刑执行期满后收取财物的,可以认定"在缓刑考验期内犯新罪"

刑法第一百六十三条规定的非国家工作人员受贿罪,是指公司、企业或者其他单位的工作人员利用职务上的便利,索取他人财物或者非法收受他人财物，为他人谋取利益，数额较大的行为。鉴于非国家工作人员受贿罪与受贿罪除主体身份和侵犯法益种类不同外，其他的构成要件包括犯罪手段等均与受贿罪相同，故对该二罪合并为类罪予以讨论。

在司法实践中，非国家工作人员受贿罪和受贿罪有以下三种表现形式：第一，事先受贿，即在为行贿人谋取利益之前先行收受贿赂款，之后再利用职务便利为行贿人谋取利益；第二，受贿人收受贿赂款的时间与为行贿人谋取利益的时间同步，即收受贿赂的时间与为请托人谋取利益的时间差较短，基本处于同步状态；第三，行贿人与受贿人先约定好请托事项和贿赂款数额，受贿人收受贿赂款的时间晚于为行贿人谋取利益的时间点，该种情况没有明确的法律规定期限，有的受贿人在案发时尚未来得及收取贿赂款，有的受贿人甚至在退休后才收取贿赂款等。由于“为他人谋取利益”与“收受他人财物”之间可能存在分离，何种情况下成立犯罪，何种情况下尚不能构成，这在个案中就有了不同的认识。有的观点把受贿人实际收到贿赂款作为犯罪成立的必备要件，有的观点则认为受贿人为行贿人谋取利益并就贿赂达成合议即可构成等。这些观点争议的实质在于对非国家工作人员受贿罪和受贿罪的犯罪构成要件齐备的理解上存在分歧。故对此问题应在分析该二罪的罪质基础上来准确界定该二罪的犯罪构成要件。

我国理论界关于受贿罪的侵害法益（客体）通说观点为国家工作人员职务行为的廉洁性，同理，非国家工作人员受贿罪侵犯的法益则为公司、企业工作人员职务的廉洁性。从受贿罪和非国家工作人员受贿罪的法益分析，该二罪既然侵犯的法益为职务廉洁性，那么对该二罪就应以职务廉洁性是否现实性地受到了侵害作为构罪标准进行分析判断。对于受贿犯罪，因利用职务便利为他人谋取利益行为和收受贿赂之间具有因果关联关系，所以不论事前受贿抑或事后受贿，凡是达成了明确的贿赂合意，并就此合意实施了行为，包括为行贿人实施了为他人谋取利益的行为和收受财物行为之一的，其职务廉洁性就受到了侵害，就应认定构成了该二罪，这也是该二罪的罪质构成要件的核心。至于是否现实地收到了贿赂款物只影响评价犯罪是否既遂，并不影响犯罪要件的齐备。即，典型的受贿犯罪是指受贿人收受了行贿人财物并为行贿人谋取了利益，但在非典型的受贿犯罪中，犯罪的构成要件齐备具体包括以下几种情况:第一,在索贿型犯罪中,凡是行为人索取到了他人财物,不论是否为他人谋取利益均构成犯罪,即使行为人和被索取贿赂的一方没有就谋取利益事项进行商谈和承诺也不影响犯罪的成立;第二,在主动行贿型犯罪中,行贿人和受贿人就行贿财物内容达成明确合意后,受贿人为行贿人谋取了利益,但尚未收取到财物,或者收到了财物但尚未为行贿人谋取利益的,均构成受贿罪或非国家工作人员受贿罪。实践中,在尚未收取到贿赂款时即案发的一般可认定为犯罪未遂,并不影响对其行为认定为犯罪的评价。

由以上分析可见,在司法实践中应注意区分受贿罪和非国家工作人员受贿罪的犯罪构成要件与犯罪事实组成要素的不同性质,不应将两者混为一谈。犯罪构成要件一般指的是认定构成犯罪的基本要件,一般包括适格的主体、犯意、实施行为以及是否有阻却事由等,犯罪要件齐备后就应认定构成犯罪,而在构成犯罪的前提下,一些犯罪行为的事实构成要素一般仅影响判断是否属于犯罪特殊形态及对行为人的刑罚裁量,如是否属于犯罪未遂、犯罪中止,是否有从轻、减轻情节等,并不影响对其犯罪成立与否的认定。例如,甲利用职务便利为他人谋取了利益并商定了受贿金额,在未收到贿赂款时即被举报并案发,甲构成受贿罪的时间应为其与行贿人达成贿赂合意并利用职务便利为行贿人谋取利益的时间,尚未收到财物仅评价为未遂,但并不影响甲在该时间点构成受贿罪。

具体到本案,被告人尹乐与行贿人商谈并就收受贿赂的金额达成合意的时间是在其缓刑考验期内,其为行贿人利用职务便利谋取利益的行为时间也是在缓刑考验期内,虽然其收受贿赂款的时间是在其缓刑考验期满后,但其犯罪的成立时间点仍应认定是在缓刑考验期内,其事后收受索贿款的行为仅为贯彻其事先与行贿人达成的收买职务行为的合意,其为行贿人谋取利益的行为已经现实性地对职务廉洁性造成了侵害,故其行为已构成非国家工作人员受贿罪。在这里,被告人收受贿赂款的行为并非是衡量其行为是否构罪的要件,而是犯罪构成的事实要素之一,仅对评价其行为既遂未遂有意义。故本案一审、二审认定被告人尹乐在缓刑考验期内犯罪,并据此撤销缓刑数罪并罚的处理是正确的。

(二)关于被告人在侦查人员的监控下收受10万元是否属于"侦查陷阱"的问题

本案中,被告人尹乐、李文颐上诉提出,受贿金额中有10万元系在公安机关的控制下交付,即以"警察圈套"的方式诱使犯罪,不应认定。

关于"侦查陷阱"或"警察圈套"的含义,一般是指侦查人员设置圈套,以实施某种行为有利可图为诱饵,暗示或诱使侦查对象暴露其犯罪意图并实施犯罪行为,待犯罪行为实施时或结果发生后,拘捕被诱惑者。① 侦查陷阱的基本特点是侦查人员主动、欺骗并且诱导他人实施"犯罪行为",而非行为人主动实施的犯罪行为,即,犯意的提起和行为的进展均是受侦查人员掌控并且诱惑、鼓动行为人实施。对于侦查陷阱,应视案件的不同情况判断是否构成犯罪和罪行轻重。2000年最高人民法院《全国法院审理毒品犯罪案件工作座谈会纪要》(以下简称《纪要》)曾规定,"犯意引诱"是指行为人本没有实施毒品犯罪的主观意图,而是在特情诱惑和促成下形成犯意,进而实施毒品犯罪。对这种情况的被告人,应当从轻处罚。但《纪要》仅明确了犯意引诱,没有对"侦查陷阱"或"警察圈套"进行进一步的区分规定,目前在司法实践中只有根据案件的具体情况结合刑法的基本理论对是否属于"侦查陷阱"进行分析判断并确定其罪责。

具体到本案,二被告人主动提出要求合同承包人需支付合同金额30%即140万元作为好处费,并要求对方在2014年春节前先支付50万元,延后再支付10万元,侦查人员是在二被告人准备接受贿赂款10万元时接到报案,布下监控并现场抓获了被告人,整个行为过程中并没有侦查人员的引诱、鼓动或欺骗,故二被告人收受10万元贿赂款的行为过程不属于"警察圈套"或"侦查陷阱",应属于侦查中的"控制下交付"。所谓"控制下交付",2000年通过的联合国《打击跨国有组织犯罪公约》中规定:"控制下交付系指在主管当局知情并由其进行监测的情况下允许非法或可疑货物运出、通过或运入一国或多国的领土的一种做法,其目的在于侦查某项犯罪并辨认参与该项犯罪的人员。"②"控制下交付"的特点是"静观其变",手段仅包括

① 龙宗智:《理论反对实践》,法律出版社2003年版,第186页。

② 陈光中主编:《21世纪域外刑事诉讼立法最新发展》,中国政法大学出版社2004年版,第2页。

采用技术手段沿途监控、派遣线人或侦查人员贴靠进行监控,或从内部策反成员进行监控。但犯罪计划和机会都是对象自己创造的,“控制下交付”本身并没有“诱惑”的成分,而仅仅是对其本来过程进行掌握而已。可见,它与“侦查陷阱”或“侦查诱惑”的不同在于前者体现为对犯罪过程的“监控性”,不对犯罪进程有任何改变和介入,仅为防止犯罪结果的扩大和便利抓获犯罪嫌疑人与缴获赃物,对定罪量刑影响不大。后者则有“诱导性”,即包括促使行为人的犯意产生、促成犯罪行为的进行等,侦查人员对犯意的产生和犯罪行为的进行有较大促成作用,但在“侦查陷阱”情况下是否构成犯罪和量刑仍需结合个案情况具体分析。

在本案中,因为索贿犯意的提出、商谈数额以及交易的实施均由二被告人积极主动实施,并没有侦查人员的引诱、鼓动或欺骗,不属于“警察圈套”,侦查人员仅是在交付贿赂款时接到报案,进行布控并抓获被告人,抓获被告人时其行为已经完成。所以,被告人尹乐和李文颐的辩解意见不能成立,一审、二审判决、裁定的定性准确。

(撰稿:最高人民法院刑四庭　李剑弢
重庆市北碚区人民法院　邓海燕
审编:最高人民法院刑二庭　韩维中)

中华人民共和国主席令

第三号

《中华人民共和国监察法》已由中华人民共和国第十三届全国人民代表大会第一次会议于2018年3月20日通过，现予公布，自公布之日起施行。

中华人民共和国主席　习近平

2018年3月20日

中华人民共和国监察法

（2018年3月20日第十三届全国人民代表大会第一次会议通过）

目　录

第一章　总　　则

第一条　为了深化国家监察体制改革，加强对所有行使公权力的公职人员的监督，实现国家监察全面覆盖，深入开展反腐败工作，推进国家治理体系和治理能力现代化，根据宪法，制定本法。

第二条　坚持中国共产党对国家监察工作的领导，以马克思列宁主义、毛泽东思想、邓小平理论、"三个代表"重要思想、科学发展观、习近平新时代中国特色社会主义思想为指导，构建集中统一、权威高效的中国特色国家监察体制。

第三条　各级监察委员会是行使国家监察职能的专责机关，依照本法对所有行使公权力的公职人员（以下称公职人员）进行监察，调查职务违法和职务犯罪，开展廉政建设和反腐败工作，维护宪法和法律的尊严。

第四条　监察委员会依照法律规定独立行使监察权，不受行政机关、社会团体和个人的干涉。

监察机关办理职务违法和职务犯罪案件，应当与审判机关、检察机关、执法部门互相配合，互相制约。

监察机关在工作中需要协助的，有关机关和单位应当根据监察机关的要求依法予以协助。

第五条　国家监察工作严格遵照宪法和法律，以事实为根据，以法律为准绳；在适用法律上一律平等，保障当事人的合法权益；权责对等，严格监督；惩戒与教育相结合，宽严相济。

第六条　国家监察工作坚持标本兼治、综合治理，强化监督问责，严厉惩治腐败；深化改革、健全法治，有效制约和监督权力；加强法治教育和道德教育，弘扬中华优秀传统文化，构建不敢腐、不能腐、不想腐的长效机制。

第二章　监察机关及其职责

第七条　中华人民共和国国家监察委员会是最高监察机关。

省、自治区、直辖市、自治州、县、自治县、市、市辖区设立监察委员会。

第八条 国家监察委员会由全国人民代表大会产生，负责全国监察工作。

国家监察委员会由主任、副主任若干人、委员若干人组成，主任由全国人民代表大会选举，副主任、委员由国家监察委员会主任提请全国人民代表大会常务委员会任免。

国家监察委员会主任每届任期同全国人民代表大会每届任期相同，连续任职不得超过两届。

国家监察委员会对全国人民代表大会及其常务委员会负责，并接受其监督。

第九条 地方各级监察委员会由本级人民代表大会产生，负责本行政区域内的监察工作。

地方各级监察委员会由主任、副主任若干人、委员若干人组成，主任由本级人民代表大会选举，副主任、委员由监察委员会主任提请本级人民代表大会常务委员会任免。

地方各级监察委员会主任每届任期同本级人民代表大会每届任期相同。

地方各级监察委员会对本级人民代表大会及其常务委员会和上一级监察委员会负责，并接受其监督。

第十条 国家监察委员会领导地方各级监察委员会的工作，上级监察委员会领导下级监察委员会的工作。

第十一条 监察委员会依照本法和有关法律规定履行监督、调查、处置职责：

（一）对公职人员开展廉政教育，对其依法履职、秉公用权、廉洁从政从业以及道德操守情况进行监督检查；

（二）对涉嫌贪污贿赂、滥用职权、玩忽职守、权力寻租、利益输送、徇私舞弊以及浪费国家资财等职务违法和职务犯罪进行调查；

（三）对违法的公职人员依法作出政务处分决定；对履行职责不力、失职失责的领导人员进行问责；对涉嫌职务犯罪的，将调查结果移送人民检察院依法审查、提起公诉;向监察对象所在单位提出监察建议。

第十二条 各级监察委员会可以向本级中国共产党机关、国家机关、法律法规授权或者委托管理公共事务的组织和单位以及所管辖的行政区域、国有企业等派驻或者派出监察机构、监察专员。

监察机构、监察专员对派驻或者派出它的监察委员会负责。

第十三条 派驻或者派出的监察机构、监察专员根据授权,按照管理权限依法对公职人员进行监督,提出监察建议,依法对公职人员进行调查、处置。

第十四条 国家实行监察官制度,依法确定监察官的等级设置、任免、考评和晋升等制度。

第三章 监察范围和管辖

第十五条 监察机关对下列公职人员和有关人员进行监察:

(一)中国共产党机关、人民代表大会及其常务委员会机关、人民政府、监察委员会、人民法院、人民检察院、中国人民政治协商会议各级委员会机关、民主党派机关和工商业联合会机关的公务员,以及参照《中华人民共和国公务员法》管理的人员;

(二)法律、法规授权或者受国家机关依法委托管理公共事务的组织中从事公务的人员;

(三)国有企业管理人员;

(四)公办的教育、科研、文化、医疗卫生、体育等单位中从事管理的人员;

(五)基层群众性自治组织中从事管理的人员;

(六)其他依法履行公职的人员。

第十六条 各级监察机关按照管理权限管辖本辖区内本法第十五条规定的人员所涉监察事项。

上级监察机关可以办理下一级监察机关管辖范围内的监察事项,必要时也可以办理所辖各级监察机关管辖范围内的监察事项。

监察机关之间对监察事项的管辖有争议的,由其共同的上级监察机关确定。

第十七条 上级监察机关可以将其所管辖的监察事项指定下级监察机关管辖，也可以将下级监察机关有管辖权的监察事项指定给其他监察机关管辖。

监察机关认为所管辖的监察事项重大、复杂，需要由上级监察机关管辖的，可以报请上级监察机关管辖。

第四章 监 察 权 限

第十八条 监察机关行使监督、调查职权，有权依法向有关单位和个人了解情况，收集、调取证据。有关单位和个人应当如实提供。

监察机关及其工作人员对监督、调查过程中知悉的国家秘密、商业秘密、个人隐私，应当保密。

任何单位和个人不得伪造、隐匿或者毁灭证据。

第十九条 对可能发生职务违法的监察对象，监察机关按照管理权限，可以直接或者委托有关机关、人员进行谈话或者要求说明情况。

第二十条 在调查过程中，对涉嫌职务违法的被调查人，监察机关可以要求其就涉嫌违法行为作出陈述，必要时向被调查人出具书面通知。

对涉嫌贪污贿赂、失职渎职等职务犯罪的被调查人，监察机关可以进行讯问，要求其如实供述涉嫌犯罪的情况。

第二十一条 在调查过程中，监察机关可以询问证人等人员。

第二十二条 被调查人涉嫌贪污贿赂、失职渎职等严重职务违法或者职务犯罪，监察机关已经掌握其部分违法犯罪事实及证据，仍有重要问题需要进一步调查，并有下列情形之一的，经监察机关依法审批，可以将其留置在特定场所：

（一）涉及案情重大、复杂的；

（二）可能逃跑、自杀的；

（三）可能串供或者伪造、隐匿、毁灭证据的；

（四）可能有其他妨碍调查行为的。

对涉嫌行贿犯罪或者共同职务犯罪的涉案人员，监察机关可以依照前款规定采取留置措施。

留置场所的设置、管理和监督依照国家有关规定执行。

第二十三条 监察机关调查涉嫌贪污贿赂、失职渎职等严重职务违法或者职务犯罪,根据工作需要,可以依照规定查询、冻结涉案单位和个人的存款、汇款、债券、股票、基金份额等财产。有关单位和个人应当配合。

冻结的财产经查明与案件无关的,应当在查明后三日内解除冻结,予以退还。

第二十四条 监察机关可以对涉嫌职务犯罪的被调查人以及可能隐藏被调查人或者犯罪证据的人的身体、物品、住处和其他有关地方进行搜查。在搜查时,应当出示搜查证,并有被搜查人或者其家属等见证人在场。

搜查女性身体,应当由女性工作人员进行。

监察机关进行搜查时,可以根据工作需要提请公安机关配合。公安机关应当依法予以协助。

第二十五条 监察机关在调查过程中,可以调取、查封、扣押用以证明被调查人涉嫌违法犯罪的财物、文件和电子数据等信息。采取调取、查封、扣押措施,应当收集原物原件,会同持有人或者保管人、见证人,当面逐一拍照、登记、编号,开列清单,由在场人员当场核对、签名,并将清单副本交财物、文件的持有人或者保管人。

对调取、查封、扣押的财物、文件,监察机关应当设立专用账户、专门场所,确定专门人员妥善保管,严格履行交接、调取手续,定期对账核实,不得毁损或者用于其他目的。对价值不明物品应当及时鉴定,专门封存保管。

查封、扣押的财物、文件经查明与案件无关的,应当在查明后三日内解除查封、扣押,予以退还。

第二十六条 监察机关在调查过程中,可以直接或者指派、聘请具有专门知识、资格的人员在调查人员主持下进行勘验检查。勘验检查情况应当制作笔录,由参加勘验检查的人员和见证人签名或者盖章。

第二十七条 监察机关在调查过程中,对于案件中的专门性问题,可以指派、聘请有专门知识的人进行鉴定。鉴定人进行鉴定后,应当出具鉴定意见,并且签名。

第二十八条 监察机关调查涉嫌重大贪污贿赂等职务犯罪，根据需要，经过严格的批准手续，可以采取技术调查措施，按照规定交有关机关执行。

批准决定应当明确采取技术调查措施的种类和适用对象，自签发之日起三个月以内有效；对于复杂、疑难案件，期限届满仍有必要继续采取技术调查措施的，经过批准，有效期可以延长，每次不得超过三个月。对于不需要继续采取技术调查措施的，应当及时解除。

第二十九条 依法应当留置的被调查人如果在逃，监察机关可以决定在本行政区域内通缉，由公安机关发布通缉令，追捕归案。通缉范围超出本行政区域的，应当报请有权决定的上级监察机关决定。

第三十条 监察机关为防止被调查人及相关人员逃匿境外，经省级以上监察机关批准，可以对被调查人及相关人员采取限制出境措施，由公安机关依法执行。对于不需要继续采取限制出境措施的，应当及时解除。

第三十一条 涉嫌职务犯罪的被调查人主动认罪认罚，有下列情形之一的，监察机关经领导人员集体研究，并报上一级监察机关批准，可以在移送人民检察院时提出从宽处罚的建议：

（一）自动投案，真诚悔罪悔过的；

（二）积极配合调查工作，如实供述监察机关还未掌握的违法犯罪行为的；

（三）积极退赃，减少损失的；

（四）具有重大立功表现或者案件涉及国家重大利益等情形的。

第三十二条 职务违法犯罪的涉案人员揭发有关被调查人职务违法犯罪行为，查证属实的，或者提供重要线索，有助于调查其他案件的，监察机关经领导人员集体研究，并报上一级监察机关批准，可以在移送人民检察院时提出从宽处罚的建议。

第三十三条 监察机关依照本法规定收集的物证、书证、证人证言、被调查人供述和辩解、视听资料、电子数据等证据材料，在刑事诉讼中可以作为证据使用。

监察机关在收集、固定、审查、运用证据时，应当与刑事审判关于证据的要求和标准相一致。

以非法方法收集的证据应当依法予以排除,不得作为案件处置的依据。

第三十四条 人民法院、人民检察院、公安机关、审计机关等国家机关在工作中发现公职人员涉嫌贪污贿赂、失职渎职等职务违法或者职务犯罪的问题线索,应当移送监察机关,由监察机关依法调查处置。

被调查人既涉嫌严重职务违法或者职务犯罪,又涉嫌其他违法犯罪的,一般应当由监察机关为主调查,其他机关予以协助。

第五章 监察程序

第三十五条 监察机关对于报案或者举报,应当接受并按照有关规定处理。对于不属于本机关管辖的,应当移送主管机关处理。

第三十六条 监察机关应当严格按照程序开展工作,建立问题线索处置、调查、审理各部门相互协调、相互制约的工作机制。

监察机关应当加强对调查、处置工作全过程的监督管理,设立相应的工作部门履行线索管理、监督检查、督促办理、统计分析等管理协调职能。

第三十七条 监察机关对监察对象的问题线索,应当按照有关规定提出处置意见,履行审批手续,进行分类办理。线索处置情况应当定期汇总、通报,定期检查、抽查。

第三十八条 需要采取初步核实方式处置问题线索的,监察机关应当依法履行审批程序,成立核查组。初步核实工作结束后,核查组应当撰写初步核实情况报告,提出处理建议。承办部门应当提出分类处理意见。初步核实情况报告和分类处理意见报监察机关主要负责人审批。

第三十九条 经过初步核实,对监察对象涉嫌职务违法犯罪,需要追究法律责任的,监察机关应当按照规定的权限和程序办理立案手续。

监察机关主要负责人依法批准立案后,应当主持召开专题会议,研究确定调查方案,决定需要采取的调查措施。

立案调查决定应当向被调查人宣布,并通报相关组织。涉嫌严重职务违法或者职务犯罪的,应当通知被调查人家属,并向社会公开发布。

第四十条 监察机关对职务违法和职务犯罪案件,应当进行调查,收集被调查人有无违法犯罪以及情节轻重的证据,查明违法犯罪事实,形成相互印证、完整稳定的证据链。

严禁以威胁、引诱、欺骗及其他非法方式收集证据，严禁侮辱、打骂、虐待、体罚或者变相体罚被调查人和涉案人员。

第四十一条 调查人员采取讯问、询问、留置、搜查、调取、查封、扣押、勘验检查等调查措施，均应当依照规定出示证件，出具书面通知，由二人以上进行，形成笔录、报告等书面材料，并由相关人员签名、盖章。

调查人员进行讯问以及搜查、查封、扣押等重要取证工作，应当对全过程进行录音录像，留存备查。

第四十二条 调查人员应当严格执行调查方案，不得随意扩大调查范围、变更调查对象和事项。

对调查过程中的重要事项，应当集体研究后按程序请示报告。

第四十三条 监察机关采取留置措施，应当由监察机关领导人员集体研究决定。设区的市级以下监察机关采取留置措施，应当报上一级监察机关批准。省级监察机关采取留置措施，应当报国家监察委员会备案。

留置时间不得超过三个月。在特殊情况下，可以延长一次，延长时间不得超过三个月。省级以下监察机关采取留置措施的，延长留置时间应当报上一级监察机关批准。监察机关发现采取留置措施不当的，应当及时解除。

监察机关采取留置措施，可以根据工作需要提请公安机关配合。公安机关应当依法予以协助。

第四十四条 对被调查人采取留置措施后，应当在二十四小时以内，通知被留置人员所在单位和家属，但有可能毁灭、伪造证据，干扰证人作证或者串供等有碍调查情形的除外。有碍调查的情形消失后，应当立即通知被留置人员所在单位和家属。

监察机关应当保障被留置人员的饮食、休息和安全，提供医疗服务。讯问被留置人员应当合理安排讯问时间和时长，讯问笔录由被讯问人阅看后签名。

被留置人员涉嫌犯罪移送司法机关后，被依法判处管制、拘役和有期徒刑的，留置一日折抵管制二日，折抵拘役、有期徒刑一日。

第四十五条 监察机关根据监督、调查结果，依法作出如下处置：

（一）对有职务违法行为但情节较轻的公职人员，按照管理权限，直接或者委托有关机关、人员，进行谈话提醒、批评教育、责令检查，或者予以诫勉；

（二）对违法的公职人员依照法定程序作出警告、记过、记大过、降级、撤职、开除等政务处分决定；

（三）对不履行或者不正确履行职责负有责任的领导人员，按照管理权限对其直接作出问责决定，或者向有权作出问责决定的机关提出问责建议；

（四）对涉嫌职务犯罪的，监察机关经调查认为犯罪事实清楚，证据确实、充分的，制作起诉意见书，连同案卷材料、证据一并移送人民检察院依法审查、提起公诉；

（五）对监察对象所在单位廉政建设和履行职责存在的问题等提出监察建议。

监察机关经调查，对没有证据证明被调查人存在违法犯罪行为的，应当撤销案件，并通知被调查人所在单位。

第四十六条 监察机关经调查，对违法取得的财物，依法予以没收、追缴或者责令退赔；对涉嫌犯罪取得的财物，应当随案移送人民检察院。

第四十七条 对监察机关移送的案件，人民检察院依照《中华人民共和国刑事诉讼法》对被调查人采取强制措施。

人民检察院经审查，认为犯罪事实已经查清，证据确实、充分，依法应当追究刑事责任的，应当作出起诉决定。

人民检察院经审查，认为需要补充核实的，应当退回监察机关补充调查，必要时可以自行补充侦查。对于补充调查的案件，应当在一个月内补充调查完毕。补充调查以二次为限。

人民检察院对于有《中华人民共和国刑事诉讼法》规定的不起诉的情形的，经上一级人民检察院批准，依法作出不起诉的决定。监察机关认为不起诉的决定有错误的，可以向上一级人民检察院提请复议。

第四十八条 监察机关在调查贪污贿赂、失职渎职等职务犯罪案件过程中，被调查人逃匿或者死亡，有必要继续调查的，经省级以上监察机关批准，应当继续调查并作出结论。被调查人逃匿，在通缉一年后不能到案，或者死亡的，由监察机关提请人民检察院依照法定程序，向人民法院提出没收违法所得的申请。

第四十九条 监察对象对监察机关作出的涉及本人的处理决定不服的,可以在收到处理决定之日起一个月内,向作出决定的监察机关申请复审,复审机关应当在一个月内作出复审决定;监察对象对复审决定仍不服的,可以在收到复审决定之日起一个月内,向上一级监察机关申请复核,复核机关应当在二个月内作出复核决定。复审、复核期间,不停止原处理决定的执行。复核机关经审查,认定处理决定有错误的,原处理机关应当及时予以纠正。

第六章 反腐败国际合作

第五十条 国家监察委员会统筹协调与其他国家、地区、国际组织开展的反腐败国际交流、合作,组织反腐败国际条约实施工作。

第五十一条 国家监察委员会组织协调有关方面加强与有关国家、地区、国际组织在反腐败执法、引渡、司法协助、被判刑人的移管、资产追回和信息交流等领域的合作。

第五十二条 国家监察委员会加强对反腐败国际追逃追赃和防逃工作的组织协调,督促有关单位做好相关工作:

(一)对于重大贪污贿赂、失职渎职等职务犯罪案件,被调查人逃匿到国(境)外,掌握证据比较确凿的,通过开展境外追逃合作,追捕归案;

(二)向赃款赃物所在国请求查询、冻结、扣押、没收、追缴、返还涉案资产;

(三)查询、监控涉嫌职务犯罪的公职人员及其相关人员进出国(境)和跨境资金流动情况,在调查案件过程中设置防逃程序。

第七章 对监察机关和监察人员的监督

第五十三条 各级监察委员会应当接受本级人民代表大会及其常务委员会的监督。

各级人民代表大会常务委员会听取和审议本级监察委员会的专项工作报告,组织执法检查。

县级以上各级人民代表大会及其常务委员会举行会议时，人民代表大会代表或者常务委员会组成人员可以依照法律规定的程序，就监察工作中的有关问题提出询问或者质询。

第五十四条 监察机关应当依法公开监察工作信息，接受民主监督、社会监督、舆论监督。

第五十五条 监察机关通过设立内部专门的监督机构等方式，加强对监察人员执行职务和遵守法律情况的监督，建设忠诚、干净、担当的监察队伍。

第五十六条 监察人员必须模范遵守宪法和法律，忠于职守、秉公执法，清正廉洁、保守秘密；必须具有良好的政治素质，熟悉监察业务，具备运用法律、法规、政策和调查取证等能力，自觉接受监督。

第五十七条 对于监察人员打听案情、过问案件、说情干预的，办理监察事项的监察人员应当及时报告。有关情况应当登记备案。

发现办理监察事项的监察人员未经批准接触被调查人、涉案人员及其特定关系人，或者存在交往情形的，知情人应当及时报告。有关情况应当登记备案。

第五十八条 办理监察事项的监察人员有下列情形之一的，应当自行回避，监察对象、检举人及其他有关人员也有权要求其回避：

（一）是监察对象或者检举人的近亲属的；

（二）担任过本案的证人的；

（三）本人或者其近亲属与办理的监察事项有利害关系的；

（四）有可能影响监察事项公正处理的其他情形的。

第五十九条 监察机关涉密人员离岗离职后，应当遵守脱密期管理规定，严格履行保密义务，不得泄露相关秘密。

监察人员辞职、退休三年内，不得从事与监察和司法工作相关联且可能发生利益冲突的职业。

第六十条 监察机关及其工作人员有下列行为之一的，被调查人及其近亲属有权向该机关申诉：

（一）留置法定期限届满，不予以解除的；

（二）查封、扣押、冻结与案件无关的财物的；

（三）应当解除查封、扣押、冻结措施而不解除的；

（四）贪污、挪用、私分、调换以及违反规定使用查封、扣押、冻结的财物的；

（五）其他违反法律法规、侵害被调查人合法权益的行为。

受理申诉的监察机关应当在受理申诉之日起一个月内作出处理决定。申诉人对处理决定不服的，可以在收到处理决定之日起一个月内向上一级监察机关申请复查，上一级监察机关应当在收到复查申请之日起二个月内作出处理决定，情况属实的，及时予以纠正。

第六十一条 对调查工作结束后发现立案依据不充分或者失实，案件处置出现重大失误，监察人员严重违法的，应当追究负有责任的领导人员和直接责任人员的责任。

第八章 法律责任

第六十二条 有关单位拒不执行监察机关作出的处理决定，或者无正当理由拒不采纳监察建议的，由其主管部门、上级机关责令改正，对单位给予通报批评；对负有责任的领导人员和直接责任人员依法给予处理。

第六十三条 有关人员违反本法规定，有下列行为之一的，由其所在单位、主管部门、上级机关或者监察机关责令改正，依法给予处理：

（一）不按要求提供有关材料，拒绝、阻碍调查措施实施等拒不配合监察机关调查的；

（二）提供虚假情况，掩盖事实真相的；

（三）串供或者伪造、隐匿、毁灭证据的；

（四）阻止他人揭发检举、提供证据的；

（五）其他违反本法规定的行为，情节严重的。

第六十四条 监察对象对控告人、检举人、证人或者监察人员进行报复陷害的；控告人、检举人、证人捏造事实诬告陷害监察对象的，依法给予处理。

第六十五条 监察机关及其工作人员有下列行为之一的，对负有责任的领导人员和直接责任人员依法给予处理：

（一）未经批准、授权处置问题线索，发现重大案情隐瞒不报，或者私自留存、处理涉案材料的；

（二）利用职权或者职务上的影响干预调查工作、以案谋私的；

（三）违法窃取、泄露调查工作信息，或者泄露举报事项、举报受理情况以及举报人信息的；

（四）对被调查人或者涉案人员逼供、诱供，或者侮辱、打骂、虐待、体罚或者变相体罚的；

（五）违反规定处置查封、扣押、冻结的财物的；

（六）违反规定发生办案安全事故，或者发生安全事故后隐瞒不报、报告失实、处置不当的；

（七）违反规定采取留置措施的；

（八）违反规定限制他人出境，或者不按规定解除出境限制的；

（九）其他滥用职权、玩忽职守、徇私舞弊的行为。

第六十六条 违反本法规定，构成犯罪的，依法追究刑事责任。

第六十七条 监察机关及其工作人员行使职权，侵犯公民、法人和其他组织的合法权益造成损害的，依法给予国家赔偿。

第九章 附 则

第六十八条 中国人民解放军和中国人民武装警察部队开展监察工作，由中央军事委员会根据本法制定具体规定。

第六十九条 本法自公布之日起施行。《中华人民共和国行政监察法》同时废止。

最高人民法院
最高人民检察院
公　告

《最高人民法院、最高人民检察院关于利用网络云盘制作、复制、贩卖、传播淫秽电子信息牟利行为定罪量刑问题的批复》已于2017年8月28日由最高人民法院审判委员会第1724次会议、2017年10月10日由最高人民检察院第十二届检察委员会第70次会议通过，现予公布，自2017年12月1日起施行。

最高人民法院

最高人民检察院

2017年11月22日

最高人民法院　最高人民检察院
关于利用网络云盘制作、复制、贩卖、传播淫秽电子信息牟利行为定罪量刑问题的批复

法释〔2017〕19号

各省、自治区、直辖市高级人民法院、人民检察院，解放军军事法院、军事检察院，新疆维吾尔自治区高级人民法院生产建设兵团分院、新疆生产建设兵团人民检察院：

近来，部分高级人民法院、省级人民检察院就如何对利用网络云盘制

作、复制、贩卖、传播淫秽电子信息牟利行为定罪量刑的问题提出请示。经研究,批复如下:

一、对于以牟利为目的,利用网络云盘制作、复制、贩卖、传播淫秽电子信息的行为,是否应当追究刑事责任,适用刑法和《最高人民法院、最高人民检察院关于办理利用互联网、移动通讯终端、声讯台制作、复制、出版、贩卖、传播淫秽电子信息刑事案件具体应用法律若干问题的解释》(法释〔2004〕11号)、《最高人民法院、最高人民检察院关于办理利用互联网、移动通讯终端、声讯台制作、复制、出版、贩卖、传播淫秽电子信息刑事案件具体应用法律若干问题的解释(二)》(法释〔2010〕3号)的有关规定。

二、对于以牟利为目的,利用网络云盘制作、复制、贩卖、传播淫秽电子信息的行为,在追究刑事责任时,鉴于网络云盘的特点,不应单纯考虑制作、复制、贩卖、传播淫秽电子信息的数量,还应充分考虑传播范围、违法所得、行为人一贯表现以及淫秽电子信息、传播对象是否涉及未成年人等情节,综合评估社会危害性,恰当裁量刑罚,确保罪责刑相适应。

此复。

最高人民法院
最高人民检察院
公　告

《最高人民法院、最高人民检察院关于涉以压缩气体为动力的枪支、气枪铅弹刑事案件定罪量刑问题的批复》已于2018年1月25日由最高人民法院审判委员会第1732次会议、2018年3月2日由最高人民检察院第十二届检察委员会第74次会议通过,现予公布,自2018年3月30日起施行。

最高人民法院

最高人民检察院

2018年3月8日

最高人民法院　最高人民检察院
关于涉以压缩气体为动力的枪支、气枪铅弹刑事案件定罪量刑问题的批复

法释〔2018〕8号

各省、自治区、直辖市高级人民法院、人民检察院,解放军军事法院、军事检察院,新疆维吾尔自治区高级人民法院生产建设兵团分院、新疆生产建设兵团人民检察院:

近来,部分高级人民法院、省级人民检察院就如何对非法制造、买卖、运输、邮寄、储存、持有、私藏、走私以压缩气体为动力的枪支、气枪铅弹(用铅、

铅合金或者其他金属加工的气枪弹)行为定罪量刑的问题提出请示。经研究,批复如下:

一、对于非法制造、买卖、运输、邮寄、储存、持有、私藏、走私以压缩气体为动力且枪口比动能较低的枪支的行为,在决定是否追究刑事责任以及如何裁量刑罚时,不仅应当考虑涉案枪支的数量,而且应当充分考虑涉案枪支的外观、材质、发射物、购买场所和渠道、价格、用途、致伤力大小、是否易于通过改制提升致伤力,以及行为人的主观认知、动机目的、一贯表现、违法所得、是否规避调查等情节,综合评估社会危害性,坚持主客观相统一,确保罪责刑相适应。

二、对于非法制造、买卖、运输、邮寄、储存、持有、私藏、走私气枪铅弹的行为,在决定是否追究刑事责任以及如何裁量刑罚时,应当综合考虑气枪铅弹的数量、用途以及行为人的动机目的、一贯表现、违法所得、是否规避调查等情节,综合评估社会危害性,确保罪责刑相适应。

此复。

《关于涉以压缩气体为动力的枪支、气枪铅弹刑事案件定罪量刑问题的批复》的理解与适用

最高人民法院研究室刑事处

日前,最高人民法院、最高人民检察院联合发布了《关于涉以压缩气体为动力的枪支、气枪铅弹刑事案件定罪量刑问题的批复》(法释〔2018〕8 号,以下简称《批复》),自 2018 年 3 月 30 日起施行。为便于司法实践中正确理解和适用,现就《批复》的制定背景与经过、起草中的主要考虑、主要内容等问题介绍如下。

一、《批复》的制定背景与经过

刑法第一百二十五条规定了非法制造、买卖、运输、邮寄、储存枪支、弹药、爆炸物罪,第一百二十八条规定了非法持有、私藏枪支、弹药罪,第一百五十一条规定了走私武器、弹药罪。为依法严惩涉枪涉爆犯罪,最高人民法院于 2001 年制定了《关于审理非法制造、买卖、运输枪支、弹药、爆炸物等刑事案件具体应用法律若干问题的解释》(以下简称《涉枪解释》),并于 2009 年修改后重新公布。2014 年,最高人民法院又会同最高人民检察院制定了《关于办理走私刑事案件适用法律若干问题的解释》(以下简称《走私解释》),对走私武器、弹药罪的定罪量刑标准作了规定。由于涉枪犯罪危害公共安全,社会危害性大,相关司法解释设置了较低的入罪门槛和升档量刑标准,以彰显严厉惩治此类犯罪的立场。例如,根据司法解释的规定,非法制造、买卖、运输、邮寄、储存、持有、私藏军用枪支一支以上的,或者非法制造、买卖、运输、邮寄、储存、持有、私藏以火药为动力发射枪弹的非军用枪支一支以上或者以压缩气体等为动力的其他非军用枪支二支以上的,即构成犯

罪;枪支数量达到上述标准五倍或者三倍以上的,要升档量刑,其中如认定为非法制造、买卖、运输、邮寄、储存枪支罪的,可以判处十年以上有期徒刑直至死刑。应当指出的是,上述司法解释的发布施行,对于有效惩治涉枪犯罪,保障人民群众的生命财产安全,确保国家安全和社会大局稳定发挥了重要作用。

枪支管理法第四十六条对“枪支”作了定义性规定,明确“本法所称枪支,是指以火药或者压缩气体等为动力,利用管状器具发射金属弹丸或者其他物质,足以致人伤亡或者丧失知觉的各种枪支”。同时,该法第四条规定,枪支管理工作由公安机关主管。由于枪支管理法只是明确了枪支的性能特征,实践中办理相关案件,一直按照有关部门制定的枪支鉴定标准认定是否属于枪支。《涉枪解释》是与公安部发布的《公安机关涉案枪支弹药性能鉴定工作规定》(公通字〔2001〕68号)确立的射击干燥松木板的枪支鉴定标准相衔接的。据了解,射击干燥松木板标准对应的枪口比动能在16焦耳/平方厘米左右。从多年的实践来看,按照射击干燥松木板标准和《涉枪解释》处理相关案件,未引发问题和争议。基于严控枪支的需要,加之射击干燥松木板标准本身存在缺陷,公安部于2007年发布了《枪支致伤力的法庭科学鉴定判据》(GA/T 718-2007,该标准为推荐标准),将枪支认定标准修改为枪口比动能1.8焦耳/平方厘米。2010年《公安机关涉案枪支弹药性能鉴定工作规定》(公通字〔2010〕67号)明确,对不能发射制式弹药的非制式枪支,“枪口比动能大于等于1.8焦耳/平方厘米时,一律认定为枪支”。

在枪支鉴定标准作出上述调整后,近年来,涉枪案件呈现出多样性、复杂性的特点。特别是,一些涉以压缩气体为动力且枪口比动能较低的枪支的案件,涉案枪支的致伤力较低,在决定是否追究刑事责任以及裁量刑罚时唯枪支数量论,恐会背离一般公众的认知,也违背罪责刑相适应原则的要求。司法实践中,个别案件的处理引发社会各界广泛关注,法律效果和社会效果不佳。

此外,在司法实践中,涉气枪铅弹案件同样存在类似问题。根据《涉枪解释》的规定,非法制造、买卖、运输、邮寄、储存气枪铅弹达到五百发以上的,即应当判处三年以上十年以下有期徒刑,达到二千五百发以上的,即应当判处十年以上有期徒刑直至死刑;非法持有、私藏气枪铅弹达到一千发以上的,即应当判处三年以下有期徒刑、拘役或者管制,达到五千发以上的,即应当判处三年以上七年以下有期徒刑。《走私解释》对走私气枪铅弹定罪量刑的入罪门槛和法定刑升档标准同样很低。而从司法实践来看,此类案件涉案铅弹往往数量大,通常一小盒铅弹的数量即超过五百发,达到入罪标准。因此,在决定是否追究刑事责任以及裁量刑罚时唯铅弹数量论,也会出现刑事打击范围过大和量刑畸重的不合理现象。

针对非法制造、买卖、运输、邮寄、储存、持有、私藏、走私以压缩气体为动力且枪口比动能较低的枪支、气枪铅弹案件的新情况、新特点,最高人民法院会同最高人民检察院,在公安部、海关总署等有关部门的大力支持下,经过深入调查研究、广泛征求意见,起草了《批复》。2018 年 1 月 25 日最高人民法院审判委员会第 1732 次会议、2018 年 3 月 2 日最高人民检察院第十二届检察委员会第 74 次会议审议通过了《批复》。

二、《批复》起草中的主要考虑

为确保《批复》的内容科学合理,能够适应形势发展、满足实践需要,在起草过程中,着重注意把握了以下几点:

一是坚持严控枪支与妥善处理案件并重。一方面,坚持严格管控枪支,依法严惩涉枪犯罪,有效维护公共安全和社会秩序,保障国家长治久安;另一方面,坚持实事求是原则,考虑到不同类型枪支、弹药的致伤力存在重大差异,对涉及以压缩气体为动力且枪口比动能较低的枪支、气枪铅弹案件实行差别化的定罪量刑标准,以确保相关案件处理实现法律效果与社会效果的有机统一,确保人民群众在每一个涉枪犯罪案件的处理中感受到公平正义。

二是保持涉枪犯罪案件定罪量刑标准的相对连贯性。根据动力的不同,枪支主要分为以火药为动力的枪支和以压缩气体为动力的枪支。从实践反映的情况看,以火药为动力的枪支案件的定罪量刑不存在问题。但是,以压缩气体为动力的枪支的枪口比动能范围很宽,高则能达上百焦耳/平方厘米,危害性不小于以火药为动力的枪支;低则可能刚刚达到枪支的认定标准,致伤力较低。对于涉此类枪支案件的刑事责任追究和刑罚裁量,如不作区别,明显不符合宽严相济刑事政策和罪责刑相适应原则的基本要求。有鉴于此,《批复》仅对涉以压缩气体为动力且枪口比动能较低的枪支案件的定罪量刑标准作出调整,对于以火药为动力的枪支以及以压缩气体为动力但枪口比动能较高的枪支的案件,仍然适用《涉枪解释》和《走私解释》的标准不变,从严惩治,确保司法标准和裁判尺度的连贯性、一致性。

三是彰显宽严相济刑事政策的基本要求。根据宽严相济刑事政策的要求,就枪支犯罪而言,当前应当针对边境走私、网络贩卖枪支案件高发的新特点,突出打击重点、切实提升打击的针对性、实效性。就涉以压缩气体为动力且枪口比动能较低的枪支、气枪铅弹案件而言,应当重点打击以牟利、实施其他犯罪为目的,或者涉案枪支易于通过改制提升致伤力,以及行为人具有前科情节等情形。对于以收藏、娱乐为目的,涉案枪支致伤力极低,主观上难以认识到系枪支,行为人系初犯、偶犯等情形的,应当体现从宽的精神。有鉴于此,《批复》要求对此类案件的处理坚持宽严相济刑事政策,从枪支数量、致伤力大小、行为人认知等主客观方面综合考量,避免唯枪支数量论。

三、《批复》的主要内容

《批复》共两条,规定对于涉以压缩气体为动力的枪支、气枪铅弹案件的定罪量刑,应当根据案件情况综合评估社会危害性,坚持主客观相统一,确保罪责刑相适应。

(一)非法制造、买卖、运输、邮寄、储存、持有、私藏、走私以压缩气体为动力且枪口比动能较低的枪支的定罪量刑

《批复》规定:“对于非法制造、买卖、运输、邮寄、储存、持有、私藏、走私以压缩气体为动力且枪口比动能较低的枪支的行为,在决定是否追究刑事责任以及如何裁量刑罚时,不仅应当考虑涉案枪支的数量,而且应当充分考虑涉案枪支的外观、材质、发射物、购买场所和渠道、价格、用途、致伤力大小、是否易于通过改制提升致伤力,以及行为人的主观认知、动机目的、一贯表现、违法所得、是否规避调查等情节,综合评估社会危害性,坚持主客观相

统一,确保罪责刑相适应。”据此,对于非法制造、买卖、运输、邮寄、储存、持有、私藏、走私以压缩气体为动力且枪口比动能较低的枪支案件,在决定是否追究刑事责任以及如何裁量刑罚时,不应当唯枪支数量论,而应当根据案件情况综合评估社会危害性。具体而言,除涉案枪支的数量外,还应当充分考虑如下情况:

一是涉案枪支的外观、材质、发射物、购买场所和渠道、价格。这主要是考虑到实践中一些以压缩气体为动力且枪口比动能较低的枪支,虽然经鉴定枪口比动能达到了枪支认定标准,但是从其外观看一般人明显不会认识到系枪支(如玩具枪),材质通常不同于一般枪支(如使用材质较差的塑料),发射物明显致伤力较小(如发射BB弹),就购买场所和渠道而言一般人认为购买不到枪支的地方(如玩具市场),就价格而言一般人认为不可能是枪支的对价(如仅花费了几十元钱)。对于上述情形,在决定是否追究刑事责任以及如何裁量刑罚时,就应当根据相应情节作出特别考虑。

二是涉案枪支的致伤力大小、是否易于通过改制提升致伤力。以压缩气体为动力的枪支的枪口比动能区间较大,且由于发射物不同,枪支致伤力存在明显差异。因此,在办理具体案件时,应当要求公安机关做好涉案枪支的鉴定工作,涉案枪支的鉴定意见要载明枪支的数量、发射物、枪口比动能的具体数值等情况,以便判断其致伤力大小。此外,此类枪支中的部分枪支,其本身致伤力不大,但易于通过改制达到较大致伤力,具有更大的社会危害性。对于是否易于通过改制提升致伤力,应当由公诉机关予以证明,必要时可以通过鉴定人、有专门知识的人出庭作证的方式作进一步判断。

三是涉案枪支的用途和行为人的主观认知、动机目的、一贯表现、违法所得、是否规避调查等情节。这主要侧重从行为人角度对社会危害性进行考量。特别是,要坚持主客观相统一,防止“客观归罪”,即只要涉案枪支经鉴定认定为枪支即追究刑事责任,而对行为人主观上是否明知涉案物品系枪支置之不顾。根据主客观相统一原则的要求,对于此类案件的处理,要根据在案证据对行为人主观明知作出准确认定,对于不能认定行为人主观上明知涉案物品系枪支的,不认定为犯罪。例如,赵某某、朱某某夫妇在集贸市场内销售“玩具枪”,公安机关从其作为玩具出售的枪状物中起获四十三支，经鉴定均为以弹簧为动力转化为压缩气体发射球形弹丸，其中有十八支符合枪支标准。在本案的审查起诉阶段，检察机关认为，对赵某某、朱某某夫妇在集贸市场内销售“玩具枪”的行为，没有充分的证据证明其主观上明知出售的物品系枪支并具有非法买卖枪支的故意，故依法作出存疑不起诉处理。该案的处理，正是从主观明知方面作了准确判断，体现了主客观相统一原则的基本要求。

此外，对行为人的动机目的、违法所得的考量，主要考虑以牟利或者实施其他违法犯罪为目的，非法制造、买卖、运输、邮寄、储存、持有、私藏、走私枪支的行为，社会危害性较大。相反，对于以收藏、娱乐为目的，非法购买、持有以压缩气体为动力、枪口比动能较低且不属于易于通过改制提升致伤力的枪支的，社会危害性相对较小，应当依法从宽处罚；如果行为人系初犯，确有悔改表现，没有造成严重后果的，可以依法不起诉或者免予刑事处罚；情节显著轻微危害不大的，不以犯罪论处；确有必要判处刑罚的，可以非法持有枪支罪依法从宽处罚。对行为人是否规避调查的考量，主要考虑行为人是否采用伪装、隐藏等有意规避有关部门调查的方式实施上述涉枪违法犯罪的行为。

需要注意的是，在《批复》起草过程中，对于是否应当明确“枪口比动能较低”的具体数值，存在不同认识。经慎重研究认为，涉以压缩气体为动力的枪支的案件情况非常复杂，在决定是否追究刑事责任以及如何裁量刑罚时，需要考虑枪口比动能这一重要因素，但更需根据案件情况综合考量。在此背景下，如对“枪口比动能较低”的具体数值作出规定，恐会导致对具体案件的处理陷入“一刀切”的困境，不符合《批复》所确立的综合考量精神。例如，涉案枪支的枪口比动能虽然较低，但是易于通过改制提升致伤力，社会危害性大，如受制于“枪口比动能较低”的具体数值，可能难以依法严惩；相反，涉案枪支的枪口比动能虽然达到一定数值，比如达到11焦耳/平方厘米，但综合考虑购买场所和渠道、价格、用途等因素，综合评估认为社会危害性不大的，若受制于“枪口比动能较低”的具体数值，可能出现处理过苛、处罚过严的问题。基于上述考虑，《批复》最终未对“枪口比动能较低”的具体数值作出明确，司法实践中，应当根据案件具体情况，在综合考虑其他相关情节的基础上,妥当把握"枪口比动能较低"的认定。

顺带提及的是,司法实践中对于涉"火柴枪"等其他致伤力较低的枪支的案件的处理,同样存在类似的问题。鉴于相关问题尚待进一步总结司法经验,《批复》未作明确规定。但是,处理具体案件时,可以根据《批复》的精神,在决定是否追究刑事责任以及如何裁量刑罚时,综合评估社会危害性,坚持主客观相统一,实现罪责刑相适应。

(二)对于非法制造、买卖、运输、邮寄、储存、持有、私藏、走私气枪铅弹的定罪量刑

《批复》规定:"对于非法制造、买卖、运输、邮寄、储存、持有、私藏、走私气枪铅弹的行为,在决定是否追究刑事责任以及如何裁量刑罚时,应当综合考虑气枪铅弹的数量、用途以及行为人的动机目的、一贯表现、违法所得、是否规避调查等情节,综合评估社会危害性,确保罪责刑相适应。"据此,对于非法制造、买卖、运输、邮寄、储存、持有、私藏、走私气枪铅弹的行为,也要避免唯数量论,而应当根据案件情况综合评估社会危害性,妥当决定是否追究刑事责任以及如何裁量刑罚,确保罪责刑相适应。

除气枪铅弹外,用其他金属加工的气枪弹与气枪铅弹可能具有大致相当的致伤力。因此,为避免司法实践中对"气枪铅弹"作机械把握,《批复》明确气枪铅弹是指"用铅、铅合金或者其他金属加工的气枪弹"。

最高人民法院
关于充分发挥审判职能作用为企业家创新创业营造良好法治环境的通知

（2017年12月29日　法〔2018〕1号）

各省、自治区、直辖市高级人民法院，解放军军事法院，新疆维吾尔自治区高级人民法院生产建设兵团分院：

2017年9月8日，中共中央、国务院印发《关于营造企业家健康成长环境弘扬优秀企业家精神更好发挥企业家作用的意见》（以下简称《意见》），这是推进供给侧结构性改革、实施创新发展战略、促进经济持续平稳健康发展的重要举措。为深入贯彻党的十九大精神和《意见》的要求，充分发挥审判职能作用，依法平等保护企业家合法权益，为企业家创新创业营造良好法治环境，现通知如下。

一、深刻认识依法平等保护企业家合法权益的重大意义。企业家是经济活动的重要主体。改革开放以来，一大批优秀企业家在市场竞争中迅速成长，为积累社会财富、创造就业岗位、促进经济社会发展、增强综合国力做出了重要贡献。人民法院充分发挥审判职能作用，依法平等保护企业家合法权益，为企业家创新创业营造良好法治环境，对于增强企业家人身及财产财富安全感，稳定社会预期，使企业家安心经营、放心投资、专心创业，充分发挥企业家在建设现代化经济体系、促进经济持续平稳健康发展中的作用具有重大意义。

二、依法保护企业家的人身自由和财产权利。严格执行刑事法律和司法解释，坚决防止利用刑事手段干预经济纠纷。坚持罪刑法定原则，对企业家在生产、经营、融资活动中的创新创业行为，只要不违反刑事法律的规定，不得以犯罪论处。严格非法经营罪、合同诈骗罪的构成要件,防止随意扩大适用。对于在合同签订、履行过程中产生的民事争议,如无确实充分的证据证明符合犯罪构成的,不得作为刑事案件处理。严格区分企业家违法所得和合法财产,没有充分证据证明为违法所得的,不得判决追缴或者责令退赔。严格区分企业家个人财产和企业法人财产,在处理企业犯罪时不得牵连企业家个人合法财产和家庭成员财产。

三、依法保护诚实守信企业家的合法权益。妥善认定政府与企业签订的合同效力,对有关政府违反承诺,特别是仅因政府换届、领导人员更替等原因违约、毁约的,依法支持企业的合理诉求。妥善审理因政府规划调整、政策变化引发的民商事、行政纠纷案件,对于确因政府规划调整、政策变化导致当事人签订的民商事合同不能履行的,依法支持当事人解除合同的请求。对于当事人请求返还已经支付的国有主体使用权出让金、投资款、租金或者承担损害赔偿责任的,依法予以支持。对企业家财产被征收征用的,要综合运用多种方式进行公平合理的补偿。

四、依法保护企业家的知识产权。完善符合知识产权案件特点的诉讼证据规则,着力破解知识产权权利人"举证难"问题。推进知识产权民事、刑事、行政案件审判三合一,增强知识产权司法保护的整体效能。建立以知识产权市场价值为指引,补偿为主、惩罚为辅的侵权损害司法认定机制,提高知识产权侵权赔偿标准。探索建立知识产权惩罚性赔偿制度,着力解决实践中存在的侵权成本低、企业家维权成本高的问题。坚持依法维护劳动者合法权益与促进企业生存发展并重的原则,依法保护用人单位的商业秘密等合法权益。

五、依法保护企业家的自主经营权。加强金融审判工作,促进金融服务实体经济。对商业银行、典当公司、小额贷款公司等金融机构以不合理收费变相收取高息的,参照民间借贷利率标准处理,降低企业融资成本。加强破产案件审理,对于暂时经营困难但是适应市场需要具有发展潜力和经营价值的企业,综合运用重整、和解等手段,促进生产要素的优化组合和企业转型升级。对违法违规向企业收费或者以各种监督检查的名义非法干预企业自主经营权的,依法予以纠正。严格依法采取财产保全、行为保全等强制措施,防止当事人恶意利用保全手段,侵害企业正常生产经营。对资金暂时周转困难、尚有经营发展前景的负债企业,慎用冻结、划拨流动资金等手段。加强对虚假诉讼和恶意诉讼的审查力度,对于恶意利用诉讼打击竞争企业,破坏企业家信誉的,要区分情况依法处理。

六、努力实现企业家的胜诉权益。综合运用各种强制执行措施,加快企业债权实现。强化对失信被执行人的信用惩戒力度,推动完善让失信主体“一处失信、处处受限”的信用惩戒大格局。同时,营造鼓励创新、宽容失败的社会氛围。对已经履行生效裁判文书义务或者申请人滥用失信被执行人名单的,要及时恢复企业家信用。对经营失败无偿债能力但无故意规避执行情形的企业家,要及时从失信被执行人名单中删除。

七、切实纠正涉企业家产权冤错案件。进一步加大涉企业家产权冤错案件的甄别纠正工作力度,对于涉企业家产权错案冤案,要依法及时再审,尽快纠正。准确适用国家赔偿法,及时启动国家赔偿程序,公正高效审理涉及企业家的国家赔偿案件,加大赔偿决定执行力度,依法保障企业家的合法权益。

八、不断完善保障企业家合法权益的司法政策。进一步加快“智慧法院”建设,充分利用信息技术,深入调研涉企业家案件的审判执行疑难问题,及时总结审判经验,健全裁判规则。加大制定司法解释、发布指导性案例工作力度,统一司法尺度和裁判标准。在制定有关司法政策、司法解释过程中要充分听取企业家的意见、建议。

九、推动形成依法保障企业家合法权益的良好社会氛围。进一步通过公开开庭等生动直观的形式,大力宣传党和国家依法平等保护企业家合法权益弘扬优秀企业家精神的方针政策。持续强化以案释法工作,及时公布一批依法保护企业家合法权益的典型案例和好做法、好经验,推动形成企业家健康成长良好法治环境和社会氛围。

十、增强企业家依法维护权益、依法经营的意识。加大对企业家的法治宣传和培训力度,提高企业家依法维护自身合法权益的意识和能力。依法打击破坏市场秩序、不正当竞争等违法行为,积极引导企业家在经营活动中遵纪守法、诚实守信、公平竞争、恪尽责任,弘扬优秀企业家精神。

各级人民法院要加强组织领导，制定工作方案，切实将依法保障企业家合法权益的工作落到实处。在审判执行工作中遇到新情况新问题的，请及时层报最高人民法院。

最高人民法院
关于加强和规范裁判文书释法说理的指导意见

（2018年6月1日 法发〔2018〕10号）

为进一步加强和规范人民法院裁判文书释法说理工作，提高释法说理水平和裁判文书质量，结合审判工作实际，提出如下指导意见。

一、裁判文书释法说理的目的是通过阐明裁判结论的形成过程和正当性理由，提高裁判的可接受性，实现法律效果和社会效果的有机统一；其主要价值体现在增强裁判行为公正度、透明度，规范审判权行使，提升司法公信力和司法权威，发挥裁判的定分止争和价值引领作用，弘扬社会主义核心价值观，努力让人民群众在每一个司法案件中感受到公平正义，切实维护诉讼当事人合法权益，促进社会和谐稳定。

二、裁判文书释法说理，要阐明事理，说明裁判所认定的案件事实及其根据和理由，展示案件事实认定的客观性、公正性和准确性；要释明法理，说明裁判所依据的法律规范以及适用法律规范的理由；要讲明情理，体现法理情相协调，符合社会主流价值观；要讲究文理，语言规范，表达准确，逻辑清晰，合理运用说理技巧，增强说理效果。

三、裁判文书释法说理，要立场正确、内容合法、程序正当，符合社会主义核心价值观的精神和要求；要围绕证据审查判断、事实认定、法律适用进行说理，反映推理过程，做到层次分明；要针对诉讼主张和诉讼争点、结合庭审情况进行说理，做到有的放矢；要根据案件社会影响、审判程序、诉讼阶段等不同情况进行繁简适度的说理，简案略说，繁案精说，力求恰到好处。

四、裁判文书中对证据的认定，应当结合诉讼各方举证质证以及法庭调查核实证据等情况，根据证据规则，运用逻辑推理和经验法则，必要时使用推定和司法认知等方法，围绕证据的关联性、合法性和真实性进行全面、客观、公正的审查判断，阐明证据采纳和采信的理由。

五、刑事被告人及其辩护人提出排除非法证据申请的，裁判文书应当说明是否对证据收集的合法性进行调查、证据是否排除及其理由。民事、行政案件涉及举证责任分配或者证明标准争议的，裁判文书应当说明理由。

六、裁判文书应当结合庭审举证、质证、法庭辩论以及法庭调查核实证据等情况，重点针对裁判认定的事实或者事实争点进行释法说理。依据间接证据认定事实时，应当围绕间接证据之间是否存在印证关系、是否能够形成完整的证明体系等进行说理。采用推定方法认定事实时，应当说明推定启动的原因、反驳的事实和理由，阐释裁断的形成过程。

七、诉讼各方对案件法律适用无争议且法律含义不需要阐明的，裁判文书应当集中围绕裁判内容和尺度进行释法说理。诉讼各方对案件法律适用存有争议或者法律含义需要阐明的，法官应当逐项回应法律争议焦点并说明理由。法律适用存在法律规范竞合或者冲突的，裁判文书应当说明选择的理由。民事案件没有明确的法律规定作为裁判直接依据的，法官应当首先寻找最相类似的法律规定作出裁判；如果没有最相类似的法律规定，法官可以依据习惯、法律原则、立法目的等作出裁判，并合理运用法律方法对裁判依据进行充分论证和说理。法官行使自由裁量权处理案件时，应当坚持合法、合理、公正和审慎的原则，充分论证运用自由裁量权的依据，并阐明自由裁量所考虑的相关因素。

八、下列案件裁判文书，应当强化释法说理：疑难、复杂案件；诉讼各方争议较大的案件；社会关注度较高、影响较大的案件；宣告无罪、判处法定刑以下刑罚、判处死刑的案件；行政诉讼中对被诉行政行为所依据的规范性文件一并进行审查的案件；判决变更行政行为的案件；新类型或者可能成为指导性案例的案件；抗诉案件；二审改判或者发回重审的案件；重审案件；再审案件；其他需要强化说理的案件。

九、下列案件裁判文书，可以简化释法说理：适用民事简易程序、小额诉讼程序审理的案件；适用民事特别程序、督促程序及公示催告程序审理的案件;适用刑事速裁程序、简易程序审理的案件;当事人达成和解协议的轻微刑事案件;适用行政简易程序审理的案件;适用普通程序审理但是诉讼各方争议不大的案件;其他适宜简化说理的案件。

十、二审或者再审裁判文书应当针对上诉、抗诉、申请再审的主张和理由强化释法说理。二审或者再审裁判文书认定的事实与一审或者原审不同的,或者认为一审、原审认定事实不清、适用法律错误的,应当在查清事实、纠正法律适用错误的基础上进行有针对性的说理;针对一审或者原审已经详尽阐述理由且诉讼各方无争议或者无新证据、新理由的事项,可以简化释法说理。

十一、制作裁判文书应当遵循《人民法院民事裁判文书制作规范》《民事申请再审诉讼文书样式》《涉外商事海事裁判文书写作规范》《人民法院破产程序法律文书样式(试行)》《民事简易程序诉讼文书样式(试行)》《人民法院刑事诉讼文书样式》《行政诉讼文书样式(试行)》《人民法院国家赔偿案件文书样式》等规定的技术规范标准,但是可以根据案件情况合理调整事实认定和说理部分的体例结构。

十二、裁判文书引用规范性法律文件进行释法说理,应当适用《最高人民法院关于裁判文书引用法律、法规等规范性法律文件的规定》等相关规定,准确、完整地写明规范性法律文件的名称、条款项序号;需要加注引号引用条文内容的,应当表述准确和完整。

十三、除依据法律法规、司法解释的规定外,法官可以运用下列论据论证裁判理由,以提高裁判结论的正当性和可接受性:最高人民法院发布的指导性案例;最高人民法院发布的非司法解释类审判业务规范性文件;公理、情理、经验法则、交易惯例、民间规约、职业伦理;立法说明等立法材料;采取历史、体系、比较等法律解释方法时使用的材料;法理及通行学术观点;与法律、司法解释等规范性法律文件不相冲突的其他论据。

十四、为便于释法说理,裁判文书可以选择采用下列适当的表达方式:案情复杂的,采用列明裁判要点的方式;案件事实或数额计算复杂的,采用附表的方式;裁判内容用附图的方式更容易表达清楚的,采用附图的方式;证据过多的,采用附录的方式呈现构成证据链的全案证据或证据目录;采用其他附件方式。

十五、裁判文书行文应当规范、准确、清楚、朴实、庄重、凝练，一般不得使用方言、俚语、土语、生僻词语、古旧词语、外语；特殊情形必须使用的，应当注明实际含义。裁判文书释法说理应当避免使用主观臆断的表达方式、不恰当的修辞方法和学术化的写作风格，不得使用贬损人格尊严、具有强烈感情色彩、明显有违常识常理常情的用语，不能未经分析论证而直接使用“没有事实及法律依据，本院不予支持”之类的表述作为结论性论断。

十六、各级人民法院应当定期收集、整理和汇编辖区内法院具有指导意义的优秀裁判文书，充分发挥典型案例释法说理的引导、规范和教育功能。

十七、人民法院应当将裁判文书的制作和释法说理作为考核法官业务能力和审判质效的必备内容，确立为法官业绩考核的重要指标，纳入法官业绩档案。

十八、最高人民法院建立符合裁判文书释法说理规律的统一裁判文书质量评估体系和评价机制，定期组织裁判文书释法说理评查活动，评选发布全国性的优秀裁判文书，通报批评瑕疵裁判文书，并作为监督指导地方各级人民法院审判工作的重要内容。

十九、地方各级人民法院应当将裁判文书释法说理作为裁判文书质量评查的重要内容，纳入年度常规性工作之中，推动建立第三方开展裁判文书质量评价活动。

二十、各级人民法院可以根据本指导意见，结合实际制定刑事、民事、行政、国家赔偿、执行等裁判文书释法说理的实施细则。

二十一、本指导意见自 2018 年 6 月 13 日起施行。

《关于加强和规范裁判文书释法说理的指导意见》的理解与适用

最高人民法院司改办　胡仕浩　刘树德

2018年6月1日最高人民法院公布的《关于加强和规范裁判文书释法说理的指导意见》(以下简称《意见》),是裁判文书改革征程中具有承上启下功能的关键举措,是新时代推进国家治理体系和治理能力现代化的基础工程。此文主要从目的价值论、本体论、技术方法论三重维度对《意见》进行解说。

一、引论:《意见》的制定背景、经过及思路

党的十八届三中全会通过的《关于全面深化改革若干重大问题的决定》提出,“增强法律文书说理性,推动公开法院生效裁判文书”。党的十八届四中全会通过的《关于全面推进依法治国若干重大问题的决定》提出,“加强法律文书释法说理,建立生效法律文书统一上网和公开查询制度”。为贯彻落实两个《决定》的前述内容,《最高人民法院关于全面深化人民法院改革的意见——人民法院第四个五年改革纲要(2014－2018)》专门列出“推动裁判文书说理改革”条目,提出“根据不同审级和案件类型,实现裁判文书的繁简分流。加强对当事人争议较大、法律关系复杂、社会关注度较高的一审案件,以及所有的二审案件、再审案件、审判委员会讨论决定案件裁判文书的说理性。对……事实清楚、证据确实充分、被告人认罪的一审轻微刑事案件,使用简化的裁判文书,通过填充要素、简化格式,提高裁判效率。重视律师辩护代理意见,对于律师依法提出的辩护代理意见未予采纳的,应当在裁判文书中说明理由。完善裁判文书说理的刚性约束机制和激励机制,建立裁判

文书说理的评价体系,将裁判文书的说理水平作为法官业绩评价和晋级、选升的重要因素”。

裁判文书释法说理改革涉及方方面面的理论与实践问题、不同的诉讼领域、众多的文书种类、系列的配套机制建设,从“一五改革纲要”提出题目,到“四五改革纲要”必须落地,确实是司法改革项目中一块“难啃的骨头”。按照院“四五改革纲要分工方案”,司改办承担此项改革任务。按照院领导的指示,我办成立调研起草小组,制定调研方案,经过广泛调研、在吸收本院各审判部门和地方法院意见、征求专家意见的基础上,数易其稿,形成《最高人民法院关于人民法院裁判文书说理的若干规定(征求意见稿)》,再向中央政法委、全国人大常委会法工委、中国法学会征求意见。在充分吸收各方意见建议基础上,修改形成《最高人民法院关于人民法院裁判文书说理若干问题的意见(送审稿)》,报请院领导提请审判委员会讨论。2018 年 4 月 2 日,院审判委员会第 1735 次会议讨论了《意见(送审稿)》。现根据审委会的讨论决议“将《意见》作为改革指导性文件”,修改形成《最高人民法院关于加强和规范裁判文书释法说理的指导意见(送审稿)》(以下简称《指导意见(送审稿)》)。最高人民法院于 2018 年 6 月 1 日发布《最高人民法院关于加强和规范裁判文书释法说理的指导意见》(法发〔2018〕10 号),《意见》于 2018 年 6 月 13 日起施行。

裁判文书释法说理,事关司法公开的实质性深化,事关审判权的严格规范行使,事关司法责任制的全面落实,事关裁判文书定分止争功能的发挥,事关司法公信力的不断提升。《意见》作为未来一个时期指导全国法院裁判文书释法说理改革的指导性文件,契合党的十九大报告提出的“深化司法体制综合配套改革,全面落实司法责任制,努力让人民群众在每一个司法案件中感受到公平正义”的精神和要求。

《意见》起草主要遵循以下几个思路:

一是坚持合法性原则。从裁判说理的立法化来看,域外一些国家在民事诉讼法和刑事诉讼法中加以具体规定,如德国、韩国、日本、俄罗斯。我国 2017 年修正的民事诉讼法第一百五十二条针对民事判决书的记载内容明确规定,“判决书应当写明判决结果和作出该判决的理由”;第一百五十四条针对民事裁定书的记载内容明确规定,“裁定书应当写明裁定结果和作出该裁定的理由”。2017年修正的行政诉讼法第四十三条第二款规定,“……对未采纳的证据应当在裁判文书中说明理由”;2012年修正的刑事诉讼法没有作出明文规定,但2013年1月1日《最高人民法院关于适用〈中华人民共和国刑事诉讼法〉的解释》第二百四十六条规定,“裁判文书应当写明裁判依据,阐释裁判理由,反映控辩双方的意见并说明采纳或者不予采纳的理由”,等等。这些法律和司法解释规定是《意见》的主要制定依据。

二是坚持问题导向。无论是学术界的学理研究还是实务界的实证分析,均表明我国当下的裁判文书依然存在“不愿说理”“不会说理”“不敢说理”“不善说理”“说不好理”等方面的问题。《意见》以解决一些重点问题为出发点和落脚点,提出有针对性的意见和要求。

三是坚持从实际出发。我国当下司法实践中,裁判文书存在不同的种类,包括判决书、裁定书、决定书、调解书;适用于不同的审判领域,包括刑事审判、民事审判、行政审判、国家赔偿、执行;适用于不同的诉讼阶段,包括立案、一审、二审、再审、执行;适用于不同的诉讼程序,包括普通程序、简易程序、特别程序、督促程序、公示催告程序,等等;适用于不同的案件,包括简单案件、复杂案件;适用于不同层级法院,包括基层人民法院、中级人民法院、高级人民法院和最高人民法院。案件难易、讼争事实、审判程序、案情影响大小、文书种类等因素,均会直接或者间接地影响裁判文书的释法说理。《意见》不追求“大而全”,而是重点解决一些宏观层面的共性问题,至于刑事裁判文书释法说理、民事裁判文书释法说理、行政裁判文书释法说理等方面的个性问题,可在总结审判实践经验的基础上再分别作出细则性的规定(《意见》第二十条)。同时,针对一些实践中尚存在较大争议的问题,例如,合议庭成员不同意见及其理由是否在全部或者部分裁判文书中公开、裁判文书是否附加法官寄语等,《意见》未予明确,有待司法实践的进一步探索。

四是坚持系统整体协同。裁判文书释法说理是一项机制性改革,关联着司法责任制改革、多元化纠纷解决机制改革、繁简分流机制改革、以审判为中心的刑事诉讼制度改革等。《意见》注重与2015年《最高人民法院关于完善人民法院司法责任制的若干意见》(法发〔2015〕13号)、2016年《最高人民法院关于人民法院进一步深化多元化纠纷解决机制改革的意见》(法发〔2016〕14 号)、2016 年《最高人民法院、最高人民检察院、公安部、国家安全部、司法部关于推进以审判为中心的刑事诉讼制度改革的意见》(法发〔2016〕18 号)、2016 年《最高人民法院关于进一步推进案件繁简分流优化司法资源配置的若干意见》(法发〔2016〕21 号)等改革文件内容的照应与配套,最大程度地提高改革集成度和优化整体改革效能。

《意见》共二十一条,主要包括以下内容:裁判文书释法说理应当遵守的基本原则;裁判文书释法说理的四个方面即证据采信说理、事实认定说理、法律适用说理、自由裁量权说理;裁判文书释法说理的繁简分流;裁判文书遵循的技术规范、法律引用、裁判辅助论据、表达方式、语言规范;裁判文书释法说理应当健全的配套机制,包括指导机制、考核机制、评估监督机制、评查机制。

二、裁判文书释法说理的目的和价值功能

《意见》第一条就裁判文书释法说理的目的和价值功能作了规定,即"裁判文书释法说理的目的是通过阐明裁判结论的形成过程和正当性理由,提高裁判的可接受性,实现法律效果和社会效果的有机统一;其主要价值体现在增强裁判行为公正度、透明度,规范审判权行使,提升司法公信力和司法权威,发挥裁判的定分止争和价值引领作用,弘扬社会主义核心价值观,努力让人民群众在每一个司法案件中感受到公平正义,切实维护诉讼当事人合法权益,促进社会和谐稳定"。

裁判文书是人民法院依照法律规定独立行使审判权,审理民事、刑事、行政等案件过程中制作的法律文书,记录裁判过程、公开裁判理由,是彰显司法公正、弘扬法治精神、维护社会公平正义的载体。裁判文书释法说理是独任法官或者合议庭在制作裁判文书过程中围绕审查判断证据、认定案件事实、法律适用等方面的争议焦点、裁判论点和推理过程,论证裁判主文的合法性和正当性的活动。裁判文书释法说理的目的就是提高裁判文书的可接受性,实现法律效果和社会效果的统一。

裁判文书释法说理的价值功能主要体现在以下几个方面:

（一）裁判文书释法说理是深化依法治国实践和提升国家治理能力的基础工程。党的十八届三中全会决定提出，“全面深化改革的总目标是完善和发展中国特色社会主义制度，推进国家治理体系和治理能力现代化”。党的十八届四中全会决定强调，“法治建设还存在许多不适应、不符合的问题，主要表现为：……执法司法不规范、不严格、不透明、不文明现象较为突出”。无论是深化依法治国实践还是提升国家治理能力，均离不开严格司法，离不开公正、高效、权威的社会主义司法制度的强有力支撑。裁判文书释法说理，事关审判权的严格规范行使，事关司法责任制的全面落实，事关裁判文书定分止争功能的发挥，事关司法公信力的不断提升。裁判文书的说理，在某种程度上是检测全面深化司法改革最终成效的重要指数，是助推人民法院审判能力现代化的重要切口，是促进国家治理能力现代化的重要途径。

（二）裁判文书释法说理是展示法院公正形象的载体工程。党的十八届四中全会决定强调，“公正是法治的生命线。司法公正对社会公正具有重要引领作用，司法不公对社会公正具有致命破坏作用”。习近平总书记指出，“司法是维护社会公平正义的最后一道防线”。按照中央的部署，为确保法院依法独立公正行使审判权，此轮司法体制改革中推出的系列举措，例如，建立领导干部干预司法活动、插手具体案件处理的记录、通报和责任追究制度、建立健全司法人员履行法定职责保护机制等，着重从外围建立确保司法公正的“防火墙”。“司法公正不仅要实现，而且要以看得见的方式实现”，裁判文书释法说理则是人民法院从内部增加的倒逼司法公正的“加压器”，是以“让人感觉到的方式”来呈现司法公正的重要环节和关键载体。

（三）裁判文书释法说理是提高司法产品质量和审判效率的优化工程。当前世界主要法治国家均面临一个共同的现实问题，即民众既要求严格司法，实现正义，又要求快速审判，提高效率，节约成本。随着经济社会的发展和人民群众法治意识、权利意识的增强，全国法院案件数量近年来持续大幅增长，始终保持高位运行。特别是随着立案登记制的实施和行政诉讼法等许多法律的修改或制定，“案多人少”矛盾在部分地区法院越发凸显。裁判文书释法说理专门提出“繁简适度”的要求，不仅强调法官应当根据案情是否重大复杂、诉讼各方争议程度、审判程序类型、案件社会影响大小、文书种类等不同情况进行繁简适度的说理，而且详细列举了“应当加强说理”和“可以简化说理”的情形，确保“简案快审、繁案精审”“该繁则繁，当简则简，繁简适度”原则在裁判文书制作和说理环节的落实，从而更好地实现更高层次的司法公正与效率的有机统一。如果把公正的判决比作一份合格的司法产品，那么裁判文书释法说理在很大程度上决定着这份产品的质量和性价比。人民法院通过建立健全积极引导法官“愿说理”“敢说理”“说好理”的机制，不断地优化裁判文书释法说理，必将为人民群众提供优质、高效的司法产品。

（四）裁判文书释法说理是推进司法公开的升华工程。审判公开作为我国宪法规定的一项重要原则，是社会主义司法民主政治的要求，是司法文明的标志，是司法公正的保障。党的十八届四中全会决定强调，“构建开放、动态、透明、便民的阳光司法机制，推进审判公开、检务公开、警务公开、狱务公开，依法及时公开执法司法依据、程序、流程、结果和生效法律文书，杜绝暗箱操作。加强法律文书释法说理，建立生效法律文书统一上网和公开查询制度”。最高人民法院近年来以此为动力，以上率下，统筹谋划，一体部署，强有力地采取了系列深化司法公开制度改革的工作举措，包括推进审判流程公开、庭审活动公开、裁判文书公开、执行信息公开四大平台建设，开通最高人民法院英文网站，法院政务网站、12368 诉讼服务平台、法院微博、微信、移动新闻客户端的建设与升级等，使得我国的司法公开水平迅速地迈入世界先进行列。司法公开是一面镜子，是一块试金石，更是一缕阳光。《意见》强调的裁判文书释法说理公开、审判委员会讨论案件适用法律的理由公开、裁判文书释法说理如实反映庭审过程等，必将促进司法的实质化公开迈上新台阶。

（五）裁判文书释法说理是改善人民群众公平正义获得感的民生工程。在司法权运行的各个环节中，裁判文书全景展现司法裁判的内容，直接影响当事人和社会公众对公平正义的感受。司法个案的案情不同，难易有别，具体当事人自然会存在不同的需求。对于简单案件，当事人对诉讼程序的需求更偏重于及时、便捷、低成本、高效益，不希望因为程序复杂导致诉讼拖延；而对于复杂程序，当事人往往更愿意法院严格适用普通程序进行实质化或者优质化审理,更期待法官进行精准到位的裁判文书释法说理,切实发挥司法裁判定分止争的功能。当前,一些法院的审判工作存在繁简不分、简案办不快、难案办不精等突出问题,不能充分满足人民群众的不同司法需求。《意见》深入贯彻以人民为中心的发展思想,充分关注有限司法资源与多元司法需求的冲突,根据案件的不同情形合理配置司法资源,即"说理支出"不是广撒"胡椒面儿",而是有重点地"聚焦",真正地把需要说的理说透讲明,不需要说的理绝不"无病呻吟",不断地提升裁判文书对不同受众的说服效果,切实地"让人民群众在每一个司法案件中感受到公平正义"。

三、裁判文书释法说理的基本要求和具体原则

《意见》第二条对裁判文书释法说理的基本内容和要求作了规定,即"裁判文书释法说理,要阐明事理,说明裁判所认定的案件事实及其根据和理由,展示案件事实认定的客观性、公正性和准确性;要释明法理,说明裁判所依据的法律规范以及适用法律规范的理由;要讲明情理,体现法理情相协调,符合社会主流价值观;要讲究文理,语言规范,表达准确,逻辑清晰,合理运用说理技巧,增强说理效果"。具体包括以下几个方面:

(一)阐明事理。此处的"事理"就是案件的来龙去脉、本来面目和前因后果。阐明事理,就是说明裁判所认定的案件事实及其根据和理由。显然,经审判查明和认定的事实不是纯本源意义上的客观事实,而是经由各诉讼参与人和法官的系列诉讼活动加工和"重塑"而成的法律事实。考虑到法律事实只能无限地趋近于客观事实,阐明事理必须展示案件事实认定的客观性、公正性和准确性。

(二)释明法理。此处的"法理"就是法律根据,即裁判所依凭的法律、行政法规、司法解释、地方性法规等。释明法理就是要说明裁判所依据的法律规范以及适用法律规范的理由。就法律适用简单的案件而言,仅需列明所适用的法律就可;而针对实践中的以下几种情况而言,既需说明裁判所依据的法律规范,也需要适用法律规范的理由:一是法律条文里规定了多种情形,如果案件只符合其中的一种情形,裁判文书就必须说明本案符合该种情形,不能简单地引用条文了事。二是法律规定了很多种处罚方法,法官如果

只选择其中的一种处罚方法，裁判文书必须说明为什么只选择其中的一种处罚方法。例如，如果一个刑法条文规定的犯罪有死刑、无期徒刑和有期徒刑，法官选择了死刑，裁判文书就必须说明判决选择死刑而不选择其他刑罚方法的理由。三是法律条文本身模糊和抽象，甚至包容多种含义，而判决选择的是其中的一种理解或含义，在这种情况下，裁判文书就必须说清为何这样而不那样解释法律的道理，以告诉当事人采纳该种理解的理由。四是法律条文存在冲突或者竞合的情形，裁判文书就要说明裁判所选择的法律规范及其选择理由。五是法律存在漏洞的情形，裁判文书就要说明采用填补漏洞等法律方法所"发现"和最终适用的法律规范，并通过法律论证来确保裁判的正当性和可接受性。

（三）讲明情理。从理的普遍性来看，事理、法理与情理都是相通的，任何道理都是通人情的。中国人是情感最发达的民族，中国传统法律是最讲人情的。现代中国的立法和司法都不能排斥人情。讲情理的裁判文书，更能打动人、说服人。裁判文书讲明情理，要体现法理情相协调，符合社会主流价值观。裁判文书对情理的运用，应注意两点：一是情理能否被法律所包容。凡是已被法律包容或者能为法律所包容的人情，裁判文书就应当把法律所包容或者与法律相协调的人情阐发出来，以展示法律的可亲可近之情；凡是不为法律所包容的人情，就不能以情废法。二是要区分集体人情、大众人情和极少数人的人情。集体人情、大众人情就是社情和民情，裁判文书释法说理时应当予以格外的尊重，不得伤害正当的民情；当民情的舆论取向与判决的结论不一致时，更要注重说理方式，有效引导和化解不当或者错误的民情。

（四）讲究文理。此处的"文理"主要指说理的语言、形式和技巧，其往往反映一个人的说理能力特别是文字能力、思维能力、逻辑能力等。裁判文书讲究文理，既要做到语言规范、表达准确、逻辑清晰，也要合理运用说理技巧，增强说理效果。其中，逻辑清晰、严密方面的要求，主要包括以下三个方面的内容：

其一，裁判文书释法说理应遵循形式逻辑和非形式逻辑。形式逻辑要求裁判文书以案件事实和法律适用为基础，严格按照逻辑学三段论的推理规则进行说理，充分论证和阐明法律规范与案件事实之间的内在联系，使事实、理由和判决结果相互联系，思路清晰，层次分明，做到理由与事实一致，理由与判决结果一致。形式逻辑的基本原理包括同一律、矛盾律、排中律和充足理由律。同一律要求在论证过程中，实际证明的判断要和需要证明的判断同一；矛盾律要求裁判文书释法说理不能前后矛盾；排中律要求法官的判决要观点鲜明，是非明确，不能观点含糊，模棱两可；充足理由律要求每一个判断都要有充足的理由。非形式逻辑是逻辑的一个分支，其任务是讲述日常生活中分析、解释、评价、批评和论证建构的非形式标准、尺度和程序。非形式逻辑要求裁判文书释法说理不可以违背日常经验法则、常识判断等，在依据法律、司法解释规定外，法官可以运用公理、情理、经验法则、交易习惯、职业伦理等论据论证裁判理由，以提高裁判结论的正当性和可接受性。

其二，裁判文书释法说理应遵循法律逻辑。法律逻辑要求裁判文书释法说理在形式上遵守裁判文书制作规范；语言表述上符合法律规范、严谨科学；在证据审查和认定事实的过程中严格遵守证据规则；在法律适用和形成裁判结论过程中进行法律解释和法律推理。

其三，裁判文书释法说理应遵循诉讼逻辑和审判逻辑。诉讼逻辑要求裁判文书对诉讼各阶段全面反映和记录，对诉讼各方在法庭辩论中的主张与抗辩、举证与质证、论证与反驳等进行回应，并阐明理由。不同审判领域的裁判文书释法说理各自应当遵循民事诉讼逻辑、刑事诉讼逻辑和行政诉讼逻辑。审判逻辑要求裁判文书释法说理过程必须全面反映人民法院的审理过程和结果，不得遗漏案件审理的程序性事项、诉讼各方的诉讼主张、公诉及辩护意见等。

《意见》第三条对裁判文书释法说理的具体原则作了规定，即“裁判文书释法说理，要立场正确、内容合法、程序正当，符合社会主义核心价值观的精神和要求；要围绕证据审查判断、事实认定、法律适用进行说理，反映推理过程，做到层次分明；要针对诉讼主张和诉讼争点、结合庭审情况进行说理，做到有的放矢；要根据案件社会影响、审判程序、诉讼阶段等不同情况进行繁简适度的说理，简案略说，繁案精说，力求恰到好处”。具体包括以下几方面：

（一）合法性原则。裁判文书释法说理应合乎法律，做到“有法必依”。

党的十八届三中全会决定强调“推进严格司法。坚持以事实为根据、以法律为准绳,健全事实认定符合客观真相、办案结果符合实体公正、办案过程符合程序公正的法律制度”。合法性原则贯穿于裁判文书释法说理的方方面面,具体来说裁判文书释法说理的合法性原则主要体现在以下四个方面:第一,对审查判断证据的说理应严格遵守《关于民事诉讼证据的若干规定》《关于行政诉讼证据若干问题的规定》《关于办理刑事案件严格排除非法证据若干问题的规定》等相关证据规则的规定。第二,对认定案件事实的说理应在审查判断证据的基础上,结合庭审举证、质证、法庭辩论等情况,严格遵守民事诉讼法、刑事诉讼法、行政诉讼法的相关规定认定案件事实。第三,对适用法律的说理应当严格遵守立法法、《关于裁判文书引用法律、法规等规范性法律文件的规定》等适用法律的相关法律法规以及民法、刑法、行政法等实体法律法规的相关规定。第四,对行使自由裁量权的说理应当遵守相关法律规定。

(二)正当性原则。其包括以下四个层面:第一,裁判文书释法说理的内容要正当合理,传达社会正能量,宣扬正确的价值观,将法理和情理融为一体。如“狼牙山五壮士”名誉侵权案一、二审裁判文书有力地维护了英雄形象,弘扬了社会主义核心价值观。于欢故意伤害案二审刑事判决书坚持法治、道德与伦理相结合,体现了法理情的有机统一。朱振彪追赶交通肇事逃逸者案支持鼓励见义勇为,捍卫善良风俗。第二,裁判文书释法说理要遵守“禁止向一般条款逃逸”的规则,不能借口符合情理来突破法律规定。第三,裁判文书释法说理应平等对待诉讼各方,回应诉讼各方的意见。第四,裁判文书释法说理应符合“正当程序原理”和“程序正义”的基本要求和内在精神。

(三)层次性原则。裁判文书要围绕证据审查判断、事实认定、法律适用进行说理,并反映出推理过程。具体来说,第一,审查判断证据说理。审查判断证据是法官进行裁判的第一道程序,更是准确认定案件事实、正确适用法律、恰当运用自由裁量权的基础和依据,因此,裁判文书释法说理的首要要求就是对“审查判断证据”进行说理。第二,认定案件事实说理。案件事实是裁判的前提和基础,是法官在诉讼过程中基于审查判断后所采信的证据而认定的有关案件的具有法律意义的事实。认定案件事实说理是法的适用过程中承上启下的环节,要以法律关系的构成要件为指导,在证据的支撑下抽象概括事实要素,分析认定案件性质。第三,法律适用说理。法律适用是在查明案件事实的基础上寻找合适的法律规范,并在法律规范和案件事实的基础上进行推理而形成裁判结论。

(四)针对性原则。裁判文书释法说理要注意针对具体对象和具体问题,做到有的放矢。一方面,随着当事人主义诉讼模式的逐步完善,法官更需要对诉讼各方的意见进行回应,尤其是要对不予采纳的观点说明理由,从而淡化裁判文书的威权色彩。另一方面,繁简分流要求法官应当在裁判文书中围绕争议焦点分配说理资源,集中笔墨解决有争议事项。具体来说,裁判文书释法说理的针对性原则主要包括以下三个方面的内容:第一,裁判文书释法说理应针对诉讼各方的主张来进行。对是否支持当事人的诉辩主张明确表态,分清是非,明确责任。如“薄熙来案”二审裁定书针对薄熙来提出的十一条上诉意见、律师提出的四条辩护意见,逐一进行分析、论证、判断。第二,裁判文书释法说理应针对诉讼各方的争点来进行,既包括诉讼各方对证据“三性”(关联性、合法性和真实性)的争论,也包括事实认定方面的争论,还包括法律适用方面的争论,甚至是某个量刑情节是否存在的问题。第三,裁判文书释法说理应针对不同的受众来进行,案件当事人、与案件程序流转相关的法官、法律职业共同体、社会普通大众均会或多或少地直接或者间接地影响法官的裁判文书释法说理。以刑事案件为例,一审裁判文书释法说理主要针对公诉方的指控意见和被告方的辩护意见;二审裁判文书释法说理主要针对上诉人的上诉意见或检察机关的抗诉意见;改判发回案件的裁判文书释法说理,还要针对下级法院的原审判决。

(五)必要性原则。裁判文书释法说理要“繁简分流”和“适可而止”。具体来说,裁判文书释法说理的必要性原则主要包括以下几个方面:第一,法官应根据案件难易、讼争事实、庭审情况的不同进行繁简适度的说理。简单案件简化说理,繁难案件需要强化说理。第二,法官在判决书、裁定书、调解书、决定书中的说理应存有差别。实体类的判决书、裁定书要求说理的程度较高,程序类的裁定书和决定书一般说理要求不高,调解书因双方当事人的合意处分因素自然地会减少说理的必要性。第三,从协同性、配套性角度来说,不同的诉讼程序往往需要不同的裁判文书样式,其中就包括对裁判说理作出不同的安排,普通程序需要制作"要式裁判文书",简易程序需要制作"简式裁判文书"。第四,就不同层级法院功能的角度而言,四级法院制作的裁判文书的说理理应有别。基层人民法院和中级人民法院应该更加注重解决纠纷,高级人民法院和最高人民法院则应该更加偏重确立规则。党的十八届四中全会决定提出,"完善审级制度,一审重在解决事实认定和法律适用,二审重在解决事实法律争议、实现二审终审,再审重在解决依法纠错、维护裁判权威"。按照此种一审、二审、再审的功能定位,单纯审理一审案件的基层法院的裁判文书释法说理要求有别于中级、高级、最高人民法院制作的裁判文书,同时中级、高级、最高人民法院各自制作的一审裁判文书的说理要求也有别于二审、再审裁判文书。第五,裁判文书释法说理应注意"度"的把握,一方面,就论点和论据的关系而言,既要求整个裁判文书的论据对于最终的裁判结论而言是充分的,也要求裁判文书中的每个论点均有充分的论据;另一方面,就具体标准而言,裁判文书既不能说理不到位、有欠缺,也不能烦琐说理、啰唆说理、"表演式"说理,而要谨守"中庸之道",力争"恰到好处"。

四、裁判文书释法说理的具体类型及聚焦重点

《意见》第四条至第七条对裁判文书释法说理的具体类型和重点作了规定。裁判文书释法说理具体包括审查判断证据说理、认定案件事实说理、适用法律说理和运用自由裁量权说理四种类型或者四个方面。

(一)审查判断证据说理。《意见》第四条规定:"裁判文书中对证据的认定,应当结合诉讼各方举证质证以及法庭调查核实证据等情况,根据证据规则,运用逻辑推理和经验法则,必要时使用推定和司法认知等方法,围绕证据的关联性、合法性和真实性进行全面、客观、公正的审查判断,阐明证据采纳和采信的理由。"

从法的适用阶段来看,"审查判断证据"是第一道环节,缺乏对证据的认证分析,既不能展示法官心证的过程,也无从知晓证据与待证事实之间的关

联性。审查判断证据说理的重点主要包括以下方面:

1.关于“举证”、“质证”和法庭“调查核实证据”的情况。证据必须在法庭上出示,并经过质证,才可以作为认定案件事实的根据。法庭调查的过程就是诉讼各方在法官的主持下进行举证、质证的过程。《关于适用〈中华人民共和国刑事诉讼法〉的解释》第六十三条规定:“证据未经当庭出示、辨认、质证等法庭调查程序查证属实,不得作为定案的根据,但法律和本解释另有规定的除外。”我国三大诉讼法都不同程度地赋予法院依职权调查取证的权利。法院依职权调取的证据不是质证的对象。在庭审中,法官应当将依职权调取的证据予以出示,诉讼各方可以对法院调查收集证据的合法性、真实性和关联性提出质疑,法庭也可以就调查收集证据的情况对当事人进行说明。法官应当将调查收集证据的情况以及庭审出示情况在裁判文书中加以说明。

2.关于运用证据规则和司法证明方法的情况。证据规则是指在诉讼中,规范证据的收集、证据的审查以及证据的评价等诉讼证明活动的准则。从通常意义上说,证据规则有利于查明案件事实,实现实体公正,有利于约束裁判者的自由裁量权,有利于提升诉讼效率。在三大诉讼法中,证据规则的设定和要求有很大不同。刑事证据规则不仅具有发现事实,增强程序的可操作性功能,还具有保障人权和增进特定社会利益保护的功能。典型的刑事证据规则有:关联性规则、非法证据排除规则、补强证据规则、传闻证据规则、最佳证据规则、意见证据规则等。通常认为,关联性规则、补强证据规则属于调整证明力的规则,而非法证据排除规则、传闻证据规则、意见证据规则、最佳证据规则都属于调整证据能力的规则。民事诉讼尊重当事人意思自治,为促进当事人和解、使诉讼更有效率,民事诉讼法规定了举证期限、证据交换等规则。《关于民事诉讼证据的若干规定》和《关于适用〈中华人民共和国民事诉讼法〉的解释》对于无须证明的事实、举证责任分配和证明标准等规则作出了系统规定。行政诉讼的特殊证据规则主要集中在《关于行政诉讼证据若干问题的规定》中,典型证据规则是“被告负举证责任”的证明责任分配原则和行政案卷排除规则。

根据证据裁判主义与正当程序原则的要求,法官在认定案件事实时,首先以直接证据认定事实；只有以直接证据来认定事实存有疑问时，方可运用逻辑推理、经验法则、司法认知、推定等司法证明方法，且运用的过程必须透明、公开，确保司法的合法性与正当性。具体来说：

其一，逻辑推理是司法证明中最基本的方法，是指从已知事实或者判断出发，按照一定的逻辑规律或者规则，推导出新的认识或者判断。在逻辑推理中必须遵循的逻辑规律一般包括同一律、矛盾律和排中律等。在司法裁判中，常用的推理方式为演绎推理和归纳推理。在民事、行政诉讼中，当案件缺乏请求权基础时，会运用到类比推理方式；在刑事案件中，类比推理间或也会被运用。在演绎推理中，法官应当围绕大前提与小前提的涵摄关系，对案件事实是否满足法律规范的事实构成并产生法律规范效果进行论证。在归纳推理中，法官应着重对归纳推理的前提与结论之间的必要性关系进行论证。在类比推理中，法官应当对案件事实缺乏法律规定、案件事实与拟类推适用的法律要件事实之间的相似性、拟类推适用的法律规范的立法本意进行充分论证。

其二，经验法则，是指人们从生活经验中归纳获得的关于事物因果关系或属性状态的法则或知识。我国《关于民事诉讼证据的若干规定》和《关于行政诉讼证据若干问题的规定》均确立了经验法则在诉讼过程中的法律地位和作用。在刑事诉讼中，《关于办理死刑案件审查判断证据若干问题的规定》第五条界定“证据确实、充分”的证明标准时，其中一项要求就是根据证据认定案件事实的过程符合逻辑和经验规则，由证据得出的结论为唯一结论。经验法则在决定证据能力、评价证据价值、事实推定中的推理、引导当事人证明活动的进行以及为证明标准的适用提供判断依据等方面起决定性作用。另外，经验法则也存在较大的局限性，具体表现为法官运用较低程度盖然性的经验法则推出的结论容易出错，经验法则的适用需建立在案件具体情况基础之上、具有适用的针对性与复杂性，经验法则属于主观判断活动范畴等。由于经验法则本身在证明案件事实上具有一定的盖然性，同时法官适用经验法则受个体条件的影响和制约，因此，法官运用经验法则认定案件事实时，应当在裁判文书中阐述理由，并对当事人或控辩双方就适用经验法则认定案件事实提出的意见进行评判和分析，增强裁判的说服力，规范法官自由裁量权的行使。

其三,推定是作为证据证明的一种补充手段而存在。法学理论将推定分为法律推定和事实推定。其划分标准是推定所依凭的根据,法律推定是指立法者按照特定的立法意图,依据立法程序在成文法条文中所设置的推定规范,规定以某一事实的存在为基础,据以认定另一事实或权利的存在;事实推定又称司法上的推定或诉讼上的推定,是指司法者在具体的诉讼过程中,在自由心证范围内根据有关证据和经验法则对有关证明对象所作出的一种推论。法官应当在裁判文书中公开推定的过程,以展示如何适用推定认定案件事实的心证过程,说明运用证据认定基础事实的过程、推定依据的经验法则和法律规定的有效性以及适用推定的合理性,同时对提出异议一方的反驳理由进行分析,增强推定的说服力,提高司法裁判的认同度。

其四,司法认知是指法院在审理过程中依申请或依职权,对特定事实的真实性直接予以确认的事实认定方法。法院对一定事实无须当事人举证即确认真实性,及时排除当事人无合理根据的争议,以确保审理高效有序地进行。从立法上看,目前在我国的法律规范中并没有明确出现司法认知这一概念,只有最高人民法院2002年发布的《关于民事诉讼证据的若干规定》规定了六类免证事实的内容。学界认为,采用司法认知之前,应当保障当事人的程序参与权,当事人有权对是否采用司法认知表达意见,特别是要保障对方当事人提出反证机会;在保障当事人程序参与权和进行必要调查的基础上,对方当事人没有提出反证的情况下,法官才能采用司法认知的事实。在裁判文书中,法官应当注重阐述司法认知的形成过程,对这一司法证明的必要性、合法性进行充分论证。

3. 关于审查判断证据的情况。审查判断证据是认定案件事实的前提,包括证据能力和证明力的审查判断两个方面。审查判断证据能力适用证据的关联性、合法性和真实性三项标准,审查判断证明力则适用证据的确实性和充分性两项标准。《关于民事诉讼证据的若干规定》第五十条规定:"质证时,当事人应当围绕证据的真实性、关联性、合法性,针对证据证明力有无以及证明力大小,进行质疑、说明与辩驳。"《关于行政诉讼证据若干问题的规定》第三十九条第一款规定:"当事人应当围绕证据的关联性、合法性和真实性，针对证据有无证明效力以及证明效力大小，进行质证。"与之相应，我国的现行立法中确立了一些审查判断证据能力和证明力的规则，前者主要包括非法证据排除规则、电子证据的可采性规则、民事诉讼的最佳证据规则、行政案卷排他性规则、特定人员作证特免权规则等；后者主要包括补强证据规则、复制件证明力规则与证据证明力高的确认规则等。

法官首先根据证据能力的审查判断规则，对证据的合法性、关联性和真实性进行全面判断，从而界定证据有无证据资格，并阐述理由。证据的合法性决定了一项证据是否具有证据资格或证明能力。只有具有合法性的证据才具有证据能力，才存在进一步对其证明力作出判断的可能。具备合法性的证据，在形式上必须是客观存在的，在内容上必须是真实的。法官可以从证据的来源和内容以及是否与其他证据之间存在矛盾来判断证据是否真实可靠。判断证据是否具有关联性，需要考察的是证据与待证事实之间是否有联系以及联系是否密切。证据与案件事实联系越密切，证据的证明力就越强；联系越疏远，证据的证明力就越弱；无联系的，无证明力。实践中，对于案件争议焦点所涉及的关键证据、当事人提出异议的证据尤其应当注重强化说理。

证明力的审查判断是对案件中各种证据的认识活动，应该从个别到整体，循序渐进地进行。法官对单一证据可以从下列方面进行审核认定：证据是否原件、原物，复印件、复制品与原件、原物是否相符；证据与本案事实是否相关；证据的形式、来源是否符合法律规定；证据的内容是否真实；证人或者提供证据的人，与当事人有无利害关系。对于案件的全部证据，法官应当从各证据与案件事实的关联程度、各证据之间的联系等方面进行综合审查判断。就数个证据对同一事实的证明力，通常认为，国家机关、社会团体依职权制作的公文书证的证明力一般大于其他书证；物证、档案、鉴定意见、勘验笔录或者经过公证、登记的书证，其证明力一般大于其他书证、视听资料和证人证言；原始证据的证明力一般大于传来证据；直接证据的证明力一般大于间接证据；证人提供的对与其有亲属或者其他密切关系的当事人有利的证言，其证明力一般小于其他证人证言。

4. 裁判文书阐明是否采纳证据及其理由。《关于民事诉讼证据的若干规定》和《关于行政诉讼证据若干问题的规定》均规定,“人民法院应当在裁判文书中阐明证据是否采纳的理由”。在刑事诉讼中,裁判文书阐明证据是否采纳的理由,是刑事司法正当程序原则的基本要求。法官撰写裁判文书不应简单罗列证据后直接给出认定结论,而是应当注重对证据进行详略得当、有主有次的分析和说理。对于诉讼各方无争议的证据可以简化说理,对于关键证据和争议证据应当强化说理,充分阐述证据采纳或不予采纳的理由,公开法官心证形成的过程,提升裁判文书公信力。

5. 关于“非法证据排除”的说理要求。《意见》第五条规定:“刑事被告人及其辩护人提出排除非法证据申请的,裁判文书应当说明是否对证据收集的合法性进行调查、证据是否排除及其理由……”非法证据排除规则,是指在刑事诉讼中,以非法手段取得的证据,不得被采纳为认定被告人有罪的根据。2010年以来,我国非法证据排除规则在两大方面得以完善:一是确立了以强制性排除、裁量性排除与瑕疵证据补正三元并立的非法证据排除模式,特别是确立了较为明确的非法证据排除对象;二是非法证据排除程序具备了大体稳定的制度框架,对于非法证据排除的启动、初步审查、庭前会议、庭审调查、裁判方式、救济途径等,确立了一系列具有可操作性的规则。根据本条规定,凡是当事人及其辩护人、诉讼代理人提出非法证据申请的,法官应当说明是否对证据收集的合法性进行调查,阐明是否排除证据及其相关理由,实际上系要求法官在裁判文书中对非法证据排除程序的全过程即启动、调查、认定结论,进行全面说理。

法官在审查排除非法证据申请时,首先需要判断被告人及其辩护人申请排除的证据是否属于非法证据排除规则的适用范围。刑事诉讼法第五十六条第一款规定:“采用刑讯逼供等非法方法收集的犯罪嫌疑人、被告人供述和采用暴力、威胁等非法方法收集的证人证言、被害人陈述,应当予以排除。收集物证、书证不符合法定程序,可能严重影响司法公正的,应当予以补正或者作出合理解释;不能补正或者作出合理解释的,对该证据应当予以排除。”我国非法证据排除规则的适用范围包括非法言词证据和非法实物证据。两类非法证据的构成条件不同。

非法证据排除调查程序的启动包括两种方式:其一是依职权启动方式,

即在法庭审理过程中，审判人员认为可能存在某一证据系侦查人员以非法方法所获取的证据，依据职权启动对该证据收集的合法性进行调查的程序。其二是依申请启动方式，即经当事人及其辩护人、诉讼代理人申请启动，法院经审查认为符合法定条件才启动排除非法证据程序。此处的法定条件是“提供相关线索或者材料”，其中“线索”是指内容具体、指向明确的涉嫌非法取证的人员、时间、地点、方式等；“材料”是指能够反映非法取证的伤情照片、体检记录、医院病历、讯问笔录、讯问录音录像或者同监室人员的证言等。实践中，绝大多数案件的非法证据排除程序系经被告人及其辩护人申请启动的方式。为保障被告人充分行使诉权，同时又避免被告方滥用诉权，我国法律确立了在开庭审理前提出排除非法证据申请的基本原则。被告方在开庭审理前提出排除非法证据的申请，人民法院经审查，对证据收集的合法性有疑问的，应当召开庭前会议，就非法证据排除等问题了解情况，听取意见，公诉人、被告人及其辩护人在庭前会议中对证据收集是否合法未达成一致意见的，法院应当开展庭审调查。对于被告方在开庭审理前未申请排除非法证据，在庭审过程中提出申请的，应当说明理由；法院经审查，对证据收集的合法性有疑问的，应当进行调查；没有疑问的，应当驳回申请。对于被告方申请排除非法证据，因不具备法定条件而未启动非法证据排除调查程序的情形，尤其应当注重在裁判文书中对被告方提供线索的情况进行说明，并阐述不启动非法证据排除程序的理由。

在法院启动对证据收集合法性的调查程序后，检察院对控诉证据的合法性负有证明责任，应当达到的证明标准是：证明至排除该证据系非法取得的可能性。经过法庭审理，确认或者不能排除存在刑事诉讼法第五十六条规定的以非法方法收集证据情形的，对有关证据应当予以排除。对于庭审调查过程和认定结果，法官应当在裁判文书中针对检察院提供证据的质证结果、录音录像播放、侦查人员出庭等关键情况进行充分说明，并详细阐述证据应否排除的理由。申言之，对于检察院出示的讯问笔录、提讯登记、体检记录、采取强制措施或者侦查措施的法律文书、侦查终结前对讯问合法性的核查材料等证据材料，详细阐述法庭举证、质证情况。对于讯问录音录像，详细说明对于讯问录音录像是否依法制作，讯问录音录像是否完整，讯问录音录像是否同步制作,讯问录音录像与讯问笔录的内容是否存在差异等内容的审查结论。

6.关于“举证责任分配或证明标准争议”的说理要求。《意见》第五条规定:“……民事、行政案件涉及举证责任分配或者证明标准争议的,裁判文书应当说明理由。”证明责任,又称举证责任,是指当作为裁判基础的法律要件事实在诉讼中处于真伪不明的状态时,一方当事人因此而承担的诉讼上的不利后果。法院在裁判案件争议时,首先确定作为裁判基础的事实关系是否存在,然后才能适用相应的法律作出裁判。在民事诉讼和行政诉讼中,即使案件事实真伪不明,法院也必须作出裁判,而且裁判后果总是对其中一方当事人不利。证明责任是一种不利的后果,这种后果只在作为裁判基础的主要事实真伪不明时才发生作用。

在事实真伪不明时,法律上规定由谁承担由此带来的不利后果就是所谓的证明责任分配。民事诉讼和行政诉讼实行不同的证明责任分配规则。民事诉讼证明责任分配一般贯彻“谁主张,谁举证”原则,同时存有证明责任的转移、证明责任的倒置、证明责任的司法裁量等特殊规则。《关于民事诉讼证据的若干规定》第二条第一款规定:“当事人对自己提出的诉讼请求所依据的事实或者反驳对方诉讼请求所依据的事实有责任提供证据加以证明。”同时,该规定对合同案件、特殊侵权案件、劳动争议案件的证明责任分配作出了比较明确的规定。实践中的问题是,在法律没有明确规定时,哪些事实是诉讼请求所依据的事实并不明确,需要法官针对个案进行判断。

行政诉讼中,证据论证主要围绕被诉行政行为合法性展开,证明责任分配原则是“被告负举证责任”。行政诉讼法第三十四条第一款规定:“被告对作出的行政行为负有举证责任,应当提供作出该行政行为的证据和所依据的规范性文件。”行政诉讼的原告也要承担一定的证明责任,在不作为、行政赔偿案件中,应当提供曾经提交过申请、自己遭受损害的证据。《关于行政诉讼证据若干问题的规定》第四条规定:“公民、法人或者其他组织向人民法院起诉时,应当提供其符合起诉条件的相应的证据材料。在起诉被告不作为的案件中,原告应当提供其在行政程序中曾经提出申请的证据材料……”第五条规定:“在行政赔偿诉讼中,原告应当对被诉具体行政行为造成损害的事实提供证据。”

证明标准是指法院在诉讼中认定案件事实所要达到的证明程度。民事诉讼法和行政诉讼法均没有关于证明标准的明确规定，但在相关条款中均有所涉及。2017 年修正的民事诉讼法第一百七十条规定：“第二审人民法院对上诉案件，经过审理，按照下列情形，分别处理：（一）原判决、裁定认定事实清楚，适用法律正确的，以判决、裁定方式驳回上诉，维持原判决、裁定；（二）原判决、裁定认定事实错误或者适用法律错误的，以判决、裁定方式依法改判、撤销或者变更；（三）原判决认定基本事实不清的，裁定撤销原判决，发回原审人民法院重审，或者查清事实后改判；（四）原判决遗漏当事人或者违法缺席判决等严重违反法定程序的，裁定撤销原判决，发回原审人民法院重审。原审人民法院对发回重审的案件作出判决后，当事人提起上诉的，第二审人民法院不得再次发回重审。”该规定采取否定表述方式规定民事诉讼的证明标准为“事实清楚，证据充分”。《关于民事诉讼证据的若干规定》第七十三条规定：“双方当事人对同一事实分别举出相反的证据，但都没有足够的依据否定对方证据的，人民法院应当结合案件情况，判断一方提供证据的证明力是否明显大于另一方提供证据的证明力，并对证明力较大的证据予以确认。因证据的证明力无法判断导致争议事实难以认定的，人民法院应当依据举证责任分配的规则作出裁判。”该条规定表明，在我国司法解释中确认了民事诉讼“优势证据”的标准。《关于适用〈中华人民共和国民事诉讼法〉的解释》第一百零八条规定：“对负有举证证明责任的当事人提供的证据，人民法院经审查并结合相关事实，确信待证事实的存在具有高度可能性的，应当认定该事实存在。对一方当事人为反驳负有举证证明责任的当事人所主张事实而提供的证据，人民法院经审查并结合相关事实，认为待证事实真伪不明的，应当认定该事实不存在。法律对于待证事实所应达到的证明标准另有规定的，从其规定。”该条规定表明，在我国司法解释中，结合举证责任，确认了民事诉讼“高度盖然性”的证明标准。

2017 年行政诉讼法第六十九条规定：“行政行为证据确凿，适用法律、法规正确，符合法定程序的，或者原告申请被告履行法定职责或者给付义务理由不成立的，人民法院判决驳回原告的诉讼请求。”第八十九条第一款规定：

“人民法院审理上诉案件,按照下列情形,分别处理:(一)原判决、裁定认定事实清楚,适用法律、法规正确的,判决或者裁定驳回上诉,维持原判决、裁定……(三)原判决认定基本事实不清、证据不足的,发回原审人民法院重审,或者查清事实后改判……”这从正反两方面阐述了行政诉讼的证明标准是“案件事实清楚,证据确凿(实)、充分”。

(二)认定案件事实说理。《意见》第六条对认定案件事实说理的重点作了规定,即“裁判文书应当结合庭审举证、质证、法庭辩论以及法庭调查核实证据等情况,重点针对裁判认定的事实或者事实争点进行释法说理。依据间接证据认定事实时,应当围绕间接证据之间是否存在印证关系、是否能够形成完整的证明体系等进行说理。采用推定方法认定事实时,应当说明推定启动的原因、反驳的事实和理由,阐释裁断的形成过程”。

1. 裁判文书结合庭审对认定事实及事实争点的说理要求。

法官在审查判断证据的基础上认定案件事实。法院实务上最主要、最困难的工作,在于认定事实,以适用法律。因此,法院必须调查证据,发现事实真相,并判断何者与法律的适用有关,何者无关。作为在裁判文书中被以文字形式表述的案件事实,系基于当事人主张,由法官对其提供证据进行审查判断的基础上予以认定的。认定案件事实,必须以证据为根据。案件事实的认定是司法裁判活动的重要组成部分,法官进行审判的首要步骤,是裁判活动的逻辑起点。

学界和实务界通常使用客观事实与法律事实来表述案件所涉事实,一般认为客观事实是指生活中实际发生的“原汁原味”的案件事实,不依赖人们的主观意识而存在于过去的事实真相;法律事实是指法官在审判程序中,依据法律规范认定的具有法律效果的案件事实。对于法律事实的定义,学术界从不同角度分别有“构成要件说”“因果关系说”“法律所规范之事实说”“实证法规范说”“法律事实的客观说”“法律适用前提说”“法律关系说”等不同认识,每个角度都有其合理性。客观事实真实存在,但由于存在于过去,在现实审判中就需要予以证明,因此,客观事实在诉讼中是通过当事人的陈述、主张、举证、质证来呈现的。法官基于当事人的主张进一步审查判断证据,实际上就是按照法定程序对客观事实予以“再现”或者“复原”,可以说法律事实是法官在审判程序中认定的案件事实。

法官应当在审查判断证据的基础上认定案件事实，亦即法官审查判断证据是认定案件事实的前提和基础。刑事、民事、行政三大诉讼法均规定法官对证据的查明判断是认定事实的根据，反之，没有查明判断的证据不能作为认定事实的根据，这是司法证明活动的基本原则。民事诉讼法第六十三条规定，证据必须查证属实，才能作为认定事实的根据；第六十四条规定，人民法院应当按照法定程序，全面地、客观地审查核实证据。行政诉讼法第三十三条规定，证据经法庭审查属实，才能作为认定案件事实的根据；第四十三条规定，人民法院应当按照法定程序，全面、客观地审查核实证据。对未采纳的证据应当在裁判文书中说明理由。刑事诉讼法第五十条规定，证据必须经过查证属实，才能作为定案的根据。上述诉讼法对证据必须查证属实的规定，赋予了法官对证据进行审查判断的权力和职责。立法者解释认为，只有经过人民法院认真、细致地调查和分析，查证属实后，这些证据才能作为认定事实的根据。未查证属实的证据，不得作为认定事实的根据。在法官审查判断证据的基础上进行案件事实的认定，实践中主要涉及两方面的问题：第一是区分不同法定形式的证据与遵守相应的证据规则进行审查判断。刑事、民事、行政三大诉讼法规定的法定证据形式，主要有陈述、书证、物证、视听资料、鉴定意见、勘验笔录、证人证言等，不同形式的证据遵守不同的证据规则进行审查判断。第二是从证明对象构成角度分析，对证据能否证明案件事实进行认定。证明对象，是指证明主体进行证明活动所指向的对象。在诉讼中，其是指公安司法机关以及当事人等在诉讼过程中运用证据加以证明的案件事实及有关情况，又称为“待证事实”、“要证事实”、“证明标的”或者“证明客体”。如刑事诉讼处理的是犯罪行为，其证明对象包括犯罪行为构成要件的事实；与犯罪行为轻重有关的量刑情节事实；排除行为违法性、可罚性的事实；具有免除或减轻刑事责任的事实，等等。民事诉讼处理的是有关民事权利义务关系的纠纷，其证明对象主要是民事法律关系发生、变更和消灭的事实；行政诉讼处理的是具体行政行为合法性合理性的争议，其证明对象主要是与被诉具体行政行为合法性和合理性有关的事实。

在裁判文书中,案件事实常表现为主要事实或者争议事实。主要事实是指当事人对引发案件的事实本身无争议,而对该事实产生的法律效果有争议。此类案件在审理中,法官不能因当事人承认而简单认定,而是有责任通过庭审审查证据判断主要事实的存在,并予以认定。实践中,存在一些表面上当事人对主要事实无争议,实际是通过恶意串通,共谋虚构事实的手段进行虚假诉讼,因此,实践中对主要事实进行查明是必要的。争议事实是指当事人对引发案件的事实存在争议,包括事实存在与否,以及事实构成、情节、程度、状态等方面的争议。此类案件在审理中,法官基于当事人之间就事实存在争议,因而依诉讼程序,运用证据规则进行事实的查明和认定。

主要事实或者争议事实包括的范围,因案件性质不同而有所区别,但基本内容在各诉讼法中均有所规定。诉讼法及其司法解释还对哪些事实需要运用证据证明作出了规定,这些事实即是案件的主要事实,或者是争议事实。如刑事案件的主要事实,应当根据《关于适用〈中华人民共和国刑事诉讼法〉的解释》第六十四条认定,即应当运用证据证明的案件事实包括:(1)被告人、被害人的身份;(2)被指控的犯罪是否存在;(3)被指控的犯罪是否为被告人所实施;(4)被告人有无刑事责任能力,有无罪过,实施犯罪的动机、目的;(5)实施犯罪的时间、地点、手段、后果以及案件起因等;(6)被告人在共同犯罪中的地位、作用;(7)被告人有无从重、从轻、减轻、免除处罚情节;(8)有关附带民事诉讼、涉案财物处理的事实;(9)有关管辖、回避、延期审理等的程序事实;(10)与定罪量刑有关的其他事实。民事诉讼法和行政诉讼法基于案件类型特征确定需查明的事实范围,如婚姻类型案件必须查明婚姻登记时间、感情状况、子女情况、财产与债务情况,以及前后提起离婚诉讼的间隔时间等;公司担保纠纷必须查明公司章程、担保决议及程序、担保对象是股东或对外担保、担保合同内容;建设工程纠纷必须查明承包资质、招标备案、工程价款、竣工验收等事实。

庭审中对事实的证明活动由举证、质证、认证三个基本环节组成。第六条规定"裁判文书应当结合庭审举证、质证、法庭辩论以及法庭调查核实证据等情况,重点针对裁判认定的事实或者事实争点进行释法说理"的内容,体现了裁判文书力求将审判中的程序正义与实体正义相结合的要求。该条规定要求法官在认定事实时,严格遵守诉讼程序进行庭审的举证、质证、辩论、调查核实,并进一步提出在认定事实时说明理由,其实质上是要求法官具备运用证据规则的能力,并通过裁判文书说理来向当事人和社会公开展示运用证据规则得出结论的方法,从而取信于众。实践中,法官应当在证据规则体系中把握以下三个方面的内容:一是举证规则的运用与说理。举证规则包含了证明责任分配规则、举证时限与责任规则、举证程序规则、申请证人和申请鉴定规则等,其核心是通过确定举证程序和证明责任分配为查明事实提供条件。如民事案件中,大陆法系国家在举证责任分配理论中,提出待证事实分类说和法律要件分类说,前者根据待证事实证明难易决定举证责任的分配,后者从法律规范要件分类出发,在对实体法律规范结构分析的基础上,从权利发生与权利妨碍规范角度证明事实。《关于适用〈中华人民共和国民事诉讼法〉的解释》第九十一条规定了举证的规则,即人民法院应当依照下列原则确定举证证明责任的承担,但法律另有规定的除外:(1)主张法律关系存在的当事人,应当对产生该法律关系的基本事实承担举证证明责任;(2)主张法律关系变更、消灭或者权利受到妨害的当事人,应当对该法律关系变更、消灭或者权利受到妨害的基本事实承担举证证明责任。在裁判文书中对涉及上述举证规则的事实认定时,应当依该法条说明理由。二是质证规则。质证的本质特征是"质",即对证据进行质疑,具有当面对抗的性质,程序上要求在法庭上公开对质,如行政诉讼法第四十三条和民事诉讼法第六十八条均规定,证据应当在法庭上出示,并由当事人互相质证;刑事诉讼法第六十条规定,证据必须经过当庭出示、辨认、质证等法庭调查程序查证属实,否则不能作为定案的根据。质证不限于法庭调查阶段发表的质证意见,也包括在法庭辩论过程中对证据的运用、采信和适用法律的意见。质证的内容主要是证据的三性,即真实性、合法性和关联性,如《关于适用〈中华人民共和国民事诉讼法〉的解释》第一百零四条规定,人民法院应当组织当事人围绕证据的真实性、合法性以及与待证事实的关联性进行质证,并针对证据有无证明力和证明力大小进行说明和辩论。在裁判文书中,对当事人的质证意见以及证据三性应当予以回应并说明理由。三是认证规则。法官在审判活动中对证据进行审查评判,确认其证明力需依照相应的程序和证明标准进行,其主要包括证据审核的法定程序,证明力判断的逻辑推理和日常经验法则等标准。如《关于适用〈中华人民共和国民事诉讼法〉的解释》第一百零五条规定,人民法院应当按照法定程序,全面、客观地审核证据,依照法律规定,运用逻辑推理和日常生活经验法则,对证据有无证明力和证明力大小进行判断,并公开判断的理由和结果。

2. 依据间接证据认定事实需判断印证关系,形成完整证明体系并说理。从证据与案件事实之间的证明关系划分,可将证据划分为直接证据与间接证据。直接证据是能够单独直接证明案件事实的证据,间接证据以间接方式与案件事实相关联,不能单独、直接证明事实,因此必须与其他证据共同形成证据链或相互印证才可证明案件事实。运用间接证据认定案件事实比运用直接证据更为困难和复杂,较易出现差错。

运用间接证据证明案件事实的过程具有复杂性。在每个单独的间接证据均无法证明案件事实时,只有将若干间接证据相互结合,加以论证分析,形成一个相互依赖、连接的证据体系时,方具有较强的证明力,而这个由间接证据组成的证据体系通常被称为证据链。这些间接证据成为证据链中环环相扣的一环。依据间接证据认定事实,需要结合间接证据的特点,遵守相应的证据运用规则。《关于适用〈中华人民共和国刑事诉讼法〉的解释》对间接证据运用有较为明确规定,其第一百零五条规定,没有直接证据,但间接证据同时符合下列条件的,可以认定被告人有罪:(1)证据已经查证属实;(2)证据之间相互印证,不存在无法排除的矛盾和无法解释的疑问;(3)全案证据已经形成完整的证明体系;(4)根据证据认定案件事实足以排除合理怀疑,结论具有唯一性;(5)运用证据进行的推理符合逻辑和经验。显然,运用间接证据定案与直接证据定案规则有所不同。除了强调单个间接证据要查证属实、相互印证以外,司法解释还要求间接证据形成完整的证明体系,并且达到了"结论唯一""排除合理怀疑"的证明程度。运用间接证据,首先,应当审查每个间接证据的真实性、合法性,真实性是所有证据客观存在的基础,在证据法上强调不得作伪证、伪造证据都是为了满足证据的真实性要求,而合法性要求对非法方法收集的证据依法予以排除,如民事诉讼中以侵害他人合法权益或者违反法律禁止性规定的方法取得的证据,不能作为认定案件事实的依据,刑事诉讼中严禁刑讯逼供和以威胁、引诱、欺骗以及其他非法方法收集证据。当间接证据不具备真实性、合法性时,应当予以排除。其次,应当审查间接证据之间的关联性,判断各间接证据之间是否存在印证关系。在证据链中,证据与案件事实存在关联性,审判中通过庭审的举证、质证环节,对证据互相衔接、互相印证进行辨别,将其中相互矛盾、相互脱节之处进行查明,确定不存在无法排除的矛盾和无法解释的疑问,以确定间接证据之间的印证关系。最后,应当审查间接证据是否形成完整的证明体系。将间接证据结合起来,经过推理符合逻辑分析和经验判断,能够形成完整的证据链,运用间接证据组成的证据体系得出的结论具有确定性,而且能够排他,依该间接证据所构成的证据体系可以通过判断和推理得出案件事实。上述间接证据的运用、论证过程在裁判文书中应当予以充分说理。

3. 采用推定方法认定事实的需要阐释说明推定相关事项。根据证据裁判原则,认定案件事实需要证据证明,无证据不能认定事实。但在诉讼中受到事过境迁、证据灭失、审理期限、调查方法等因素限制,难以取证,出现事实真假不明、难以查清的情况,未知事实导致诉讼陷入僵局,此时推定作为例外,也是证据制度的重要组成部分,在诉讼中发挥着不可替代的作用。一般认为,推定乃指由法律规定或者由法院按照经验法则,从已知的前提事实、基础事实推断未知的结果事实(又称推定事实)存在,并允许当事人举证推翻的一种证据法则。通说认为,推定通常包含基础事实、推定事实以及从基础事实到推定事实的推论过程三个要素。推定的发生依据包括法律规定和经验法则,可划分为法律推定和事实推定。法律推定是通过法律明文确立下来的推定,即在诉讼活动中法官依据法律规定,依法审查某特定事实符合法律规定的条件,从而推断认定该案件事实。事实推定,是在法律没有明文规定情况下推定事实,法官在诉讼活动中依据已知事实,根据经验法则进行逻辑上的演绎,判断待证事实存在与真伪,从而推断认定该案件事实。

推定毕竟只是一种辅助性的证明方法,并存在一定的局限性。在运用推定规则时,应当注意以下几点:一是推定属于证据制度的例外,其运用是现有证据无法证明事实;二是推定反映的是已知事实和未知事实,前提事实和推定事实之间的关系,因此已知事实是前提;三是防止滥用推定,对因果关系盖然率不高的事件和经验法则不能验证的，均不得运用推定，因此，此条规定在裁判文书中应当说明推定启动的原因，阐释裁断的形成过程，以求运用推定的理由正当；四是允许对法律推定和事实推定进行反驳，通过对反驳意见的判断分析和理由论证，求证待证事实的真实性。

（三）适用法律说理。《意见》第七条对适用法律说理及其重点作了规定，即“诉讼各方对案件法律适用无争议且法律含义不需要阐明的，裁判文书应当集中围绕裁判内容和尺度进行释法说理。诉讼各方对案件法律适用存有争议或者法律含义需要阐明的，法官应当逐项回应法律争议焦点并说明理由。法律适用存在法律规范竞合或者冲突的，裁判文书应当说明选择的理由。民事案件没有明确的法律规定作为裁判直接依据的，法官应当首先寻找最相类似的法律规定作出裁判；如果没有最相类似的法律规定，法官可以依据习惯、法律原则、立法目的等作出裁判，并合理运用法律方法对裁判依据进行充分论证和说理”。具体包括以下几点：

1. 诉讼各方对案件法律适用无争议情况下的裁判文书说理要求。司法裁判必须以事实为依据，以法律为准绳。法官对案件事实的正确认定是适用法律进行公正裁判的前提和基础。在法学方法论中，认定事实与适用法律通常被认为属于司法三段论的运用，即将法律规范作为大前提，将具体案件事实通过涵摄过程，归属于法律构成要件，形成小前提，然后通过三段论的逻辑推理以发生的法律效果为结论。在认定事实的基础上正确适用法律，就是根据司法裁判活动的特点，将事实这一小前提，涵摄于法律适用的构成要件中。

实践中运用司法三段论方法，构建事实、寻找法律以及进行涵摄操作时，应当考虑以下问题：第一，司法三段论以演绎推理的形式逻辑为基础，法律大前提与事实小前提均应为真。法律推理主要采用归纳推理与演绎推理，而司法三段论采取从一般到个别的方法进行演绎推理，这要求法官在运用演绎推理时，必须确定大小前提都是真实的，否则会得出错误结论，因此查明事实和准确找法两者缺一不可。第二，司法三段论以涵摄为核心，在法律大前提与事实小前提间建立有效衔接。当人们说在这一案件中具体的事实被涵摄到抽象的法定事实构成当中时，人们即是把一个司法上的思维过程纳入了一个(肯定前件)推理的逻辑结构。从具体事实到法定事实,从法定事实到法律规范,从法律规范到法律适用,存在认定、构成、解释、漏洞等诸多不确定性。因此,审判中需要不断细致反复地进行审查、推敲、衡量、解释、判断,运用司法三段论推理,在大小前提间进行涵摄操作,也就是法官的"目光往返流转"于事实与法律之间,运用法律思维作出符合逻辑与经验判断结论的过程。

诉讼中各方当事人对案件的法律适用无争议时,法官应审查该法律适用是否正确,法律含义是否需要阐明解释。随着社会生活的丰富发展,法律规则不断完善和增多,这导致法官们一方面在审理案件时面对不断增加和更新的更专业、更细致、更庞杂的法规范,另一方面为解决纷繁复杂、变化多端的现实生活而产生的纠纷,需要在浩瀚如海的法条中"找法",准确娴熟地进行法律适用。司法三段论法确实提供了法律适用的一般方法,但并不意味案件事实和法律适用均得到认可时,只要运用三段论法即可得出裁判结果。实践中,法官在运用三段论进行法律适用时,必然对法律适用是否正确和法律含义是否明确进行判断。上述判断的前提是对所适用法律条文的认知和对法律适用方法的掌握。

首先,法律由法条构成,正确适用法律需要法官掌握理解法规范、法条的功能。法规范是由法律规定组成,而非由法条组成。法规范本身构成一个体系,其下又分成各个较小的规范单元或体系,所以法规范必须被整体地了解。法条只是组成各种法律规定之成员,而法律规定则又是组成法规范之单位,几乎没有一个法条是完全的。法条具体分为完全法条和不完全法条两类,其中完全法条兼备构成要件与法律效果这两个部分,并将该法律效果系于该构成要件,当然完全法条是为法律适用设计的理想目标。不完全法条较为常见,包括说明性法条、限制性法条、引用性法条和拟制性法条。如合同法第三十九条规定(格式条款是当事人为了重复使用而预先拟定,并在订立合同时未与对方协商的条款,都属于说明性法条)、第四十条规定(格式条款具有本法第五十二条和第五十三条规定情形的,或者提供格式条款一方免除其责任、加重对方责任、排除对方主要权利的,该条款无效)属于引用性法条,而第四十一条规定(对格式条款的理解发生争议的,应当按照通常理解予以解释。对格式条款有两种以上解释的,应当作出不利于提供格式条款一方的解释。格式条款和非格式条款不一致的,应当采用非格式条款)属于限制性法条。裁判中运用对法规范、法条的理解,准确找到并识别法条性质,将法条组合成兼备构成要件与法律效果的法规范加以适用。

其次,法官应当掌握有效的法律适用方法。法律适用方法是一种系统性的方法,国内外许多学者对此都进行了系统和深入的研究,在司法实践中也为法官们所应用。就民事审判而言,一是请求权基础分析的法律适用方法;二是法律关系分析的法律适用方法。王泽鉴先生在《法律思维与民法实例》提出请求权基础理念体系源于德国。在德国法学家的大量著作中,以及近年国家法官学院与德国国际合作机构引入的法律适用方法中,都阐述了该方法。请求权关系之基本模式为"谁得向谁,依据何种法律规范,主张何种权利",在于探寻得支持一方当事人,向他方当事人有所主张的法律规范。这是围绕诉讼请求与权利基础让当事人提供法律规范依据,并加以审查的方法。法律关系分析法,是指通过理顺不同的法律关系,确定其要素及变动情况,从而全面地把握案件的性质和当事人的权利义务关系,并在此基础上通过司法三段论的适用以准确适用法律,作出正确判决的一种案例分析方法。在法律关系分析法中,法官需要熟练掌握不同类型案件的法律关系,从而判断当事人主张的权利义务与适用法律规范。上述两种方法,从法官的视角观察,请求权基础的方法是以"诉"为中心进行法律适用,法律关系分析法则是以"审"为中心进行法律适用。当法官运用正确法律适用方法完成"找法"之后,就可以直接援引相关法律规定作出裁判,并集中围绕裁判内容和尺度进行充分说理。

2. 诉讼各方对案件法律适用存有争议或者法律含义需要阐明的裁判文书说理要求。审理具体案件时,诉讼各方基于各自主张和对法律的理解不同,而对案件法律适用存在争议,或者法律含义有需要予以阐明的内容,法官在裁判文书中应当予以回应,阐明法律含义及法律适用的理由。阐明法律含义与说明法律适用的理由,均涉及法律解释。法律解释无疑是法律适用中一个至关重要的环节。法律条文是抽象的,案件事实是具体的,司法过程就是将抽象的法律条文适用到具体的案件事实的过程。对抽象的法律条文含义进行阐明,决定法律规范适用具体案件并说明理由的过程就是法律解释。此条要求法官应当阐明法律含义及法律适用的理由,针对的是有法律条文规定情况下进行法律解释,不包括出现法律漏洞的情形。学者对法律解释考虑的因素或方法有不同的称谓与分类。萨维尼区分“文法”、“逻辑”、“历史”及“体系”的解释因素。德国法学家卡尔·拉伦茨考虑的是解释的标准,即字义;法律的意义脉络;历史上的立法者之规定意向、目标及规范想法;客观的目的论;合宪法性解释的要求;各种解释标准之间的关系;解释法律与解释法律行为之比较。我国大陆法学家梁慧星对法律解释方法分类为文义解释;论理解释;比较法解释;社会学解释。其中论理解释包括:体系解释;法意解释;扩张解释;限缩解释;当然解释;目的解释;合宪性解释。我国台湾地区法学家黄茂荣提出法律解释的因素,分为五大类,即文义因素、历史因素、体系因素、目的因素及合宪性因素,并认为上述只是法律解释时必须考虑到的因素,它根本就不是解释的方法。上述这些学者提出的解释因素或方法,都是从不同角度为完成法律解释的任务而探求法律意旨。解释法律意味着对法律用词的含义进行探究,也就是说,探究法律用词所表达的事实、价值和应然观念。实践中,具体裁判文书并不会清晰地指明运用哪种解释方法或考虑哪些因素、标准,法律适用的过程主要是一种内在的思维分析活动,最终以文字方式在裁判文书上予以表达。

司法实践主要运用以下几种解释方法:(1)文义解释,对法律条文字面含义的解释是法律适用的基础,是法律解释中最常用、最基本的解释方法。法官在进行文义解释时,必须尊重文本,不能脱离文本进行解释,否则就会导致裁判权的滥用。(2)历史解释,也称为立法解释、法意解释或沿革解释。其意在探求立法者或准立法者在制定法律时所作的价值判断及其所欲实现的目的,以推知立法者的意思。其重要的手段是引用立法过程中的记录、文件资料等,当前许多立法形成的资料以及参与立法者出版的书籍都成为解释的依据。历史解释与目的解释有交集,均涉及法律所追求的目的,历史解释更侧重于立法者意思的客观化,特定的历史环境背景是解释时考虑的因素。(3)目的解释,是指在解释法律文本时,将法律所追求的目的价值取向化,不拘泥于文字本身,考量法律规范所要达到的效果,使法律解释适应社会需求。学者指出,一个法律规整通常以一种关于社会过程控制的特定法律政治模式为基础:当立法者对特定行为方式作出了有约束力的规定,他是要以此实现特定的目的。对法律的解释要服务于法律的目的。客观解释理论并不停留于法律的发生过程及其发生史。客观解释理论更倾向于认为,法律的含义会随着时代精神的变迁而变迁。(4)体系解释,要将个别的法律观念放在整个法律秩序的框架当中,或者在所有法律制度和法律规范连接成为一个大统一体的内在关联当中来考察。运用体系解释时,法官将法律作为合理、符合逻辑的完整体系,对法律条文进行解释。从外在体系上考虑条文在法律体系中的地位,即哪部法律、哪些章节等逻辑结构安排;再从内在体系上整体地理解法律制度之间的基本价值联系,与其同位阶和更高位阶的法规范不矛盾;最后观察法条所组成的法规范,各法条之间的联系与作用,从而作出解释。体系解释使法官不再孤立地观察某个法律规范,而是强调法律体系和价值目标的完整性,因此有利于更全面地验证法律适用的正确性。

法官在裁判文书中针对法律含义进行阐明以及说明法律适用的理由时,需要掌握上述解释因素、标准和方法。诉讼活动中,各方当事人常常会面临法律解释问题,并据此提出法律适用意见,这些意见在不同程度上与司法裁判中的法律适用相联系,对裁判构成大小不同的影响。诉讼各方所提出的法律适用意见,如何影响裁判者的判断,这些意见对错与否,法官对这些法律意见是否采纳,对裁判结果发生什么样的作用,都需要在裁判文书中予以回应,从而让法院的裁判文书真正能够做到以理服人。在司法公开、公正的要求下,法官对诉讼各方(尤其是公诉人、公益诉讼人、律师)所提出的法律适用意见,是如何进行采纳与判断的,应当逐项予以回应并说明理由。

3.法律规范竞合或者冲突时的说理要求。法律适用的过程中常常会遇到法律规范竞合或者冲突,由于同一法律事实为不同的法律规范所调整,而适用不同的法律规范可能产生不同的法律效果,因此,法官在进行判断和选择后,应当对选择的理由予以公开说明。法律规范竞合或者冲突,有别于请求权竞合的解决。请求权竞合时,当事人因同一目的而产生数个请求权并存,其可选择其中一个请求权,并因选择请求权使目的达到而消灭时,其他请求权因此消灭。法律规范竞合或者冲突时,因一法律规范的适用而排除另一法律规范的适用,两者不可并存,亦不可自由选择,必须遵守一定的法律适用规则。一般而言,从法律体系位阶上遵循以下规则:第一,在法律体系位阶上,异位阶之间遵循上位法优于下位法的原则判断;第二,在同位阶法律规范之间,分别依据后法优于前法或者特别法优于一般法的原则判断。比如,民法总则于 2017 年 10 月 1 日起施行后,民法总则与民法通则有关诉讼时效的规定同时存在,在一定范围内存在法律适用上的冲突。民法通则规定的二年普通诉讼时效期间与民法总则规定的三年普通诉讼时效期间均属于在同一法律事实上作出的不同规定,一旦产生争议,法官必须在该法律规范冲突时作出判断,并写明选择的理由。

在选择理由上,法官会分析,因为民法通则与民法总则均属于基本法,在效力等级上处于同一位阶,故根据新法优于旧法的原则,在民法总则施行后,普通诉讼时效期间应为三年。再举例说明,民法总则规定的诉讼时效期间与民事单行法中有关诉讼时效期间亦会产生冲突。对此,民法总则第一百八十八条明确规定,法律对于诉讼时效期间另有规定的,依照其规定。因此,在出现法律规范冲突时,法官会分析,民法总则有关诉讼时效期间的规定与民事单行法中有关诉讼时效期间的规定属于一般法与特别法的关系,应按照特别法优于一般法的原则判断,在民法总则施行后仍应优先适用民事单行法中有关诉讼时效期间的规定。

4. 没有明确法律规定作为裁判直接依据时的说理要求。本条针对“无法可司”的情形下如何进行裁判说理作了规定。在法律适用过程中,由于找不到相应的法条而陷入“无法可司”的局面,但基于法官不得拒绝裁判的裁判原则,在不涉及法外空间的情形下,必须找到某类裁判依据进行裁判。

本条规定的特殊情形必然要求充分说理论证。在裁判说理中,应当注意区分裁判依据和说理依据。在一般案件中,裁判依据通常就是法律规则或司法解释,说理依据一般指如何解释、支持规则,属于规则的正当性论证过程,比如,以法律解释方法、政策、道德、案例、学术观点等作为说理依据,支持法律规则的具体适用。因此,一般案件(有规则可适用的案件)的说理可能存在两种类型:一是引出论证结论的说理,即裁判依据,它们是得出裁判结论所依赖的论证,直接影响裁判结论,作为法律适用的理由;二是强化论证效果的说理,即说理依据,这类说理只是在必要的情况下加强论证效果。但在特殊案件中,由于缺乏明确的规则,裁判的依据不再是明确的法条,而可能采取类推的方法、习惯、原则的运用进行裁判,在这种特殊情形下,裁判依据与说理依据不可分,说理的目标就是要找寻到裁判依据,发现裁判依据的过程就必然伴随充分说理。

(1)什么是"真正的法律漏洞"。从法理学的发展来看,对于法律漏洞的认识不一,比如自然法学派认为,法律的空白之处能够依靠一般原则进行填补,因此不存在法律漏洞的问题;分析法学派对规范体系的信赖而淡化了法律漏洞的问题;而法社会学派承认广泛存在法律漏洞,并以"社会福利"作为衡量法律适用正确与否的标准。总体而言,自从利益法学派对概念法学全面批判之后,法学界基本已经认可法律漏洞的存在。

学术界对法律漏洞的定义颇多,比如,王泽鉴认为,"所谓法律漏洞指的是以现行法律规范之基本思想及内在目的,对某项问题,可期待有规定而未有规定之谓"。杨仁寿先生认为,"法律规范对于应规范之事项,由于立法疏忽、未预见,或者情况变更,致就某一法律事实未设规定时,审判官应探求其规范目的,就此漏洞加以补充,斯为漏洞补充"。杨解君认为,"法律漏洞是指由于各种主客观原因使法律规定在内容上出现欠缺或不周密,从而造成法律适用的困难"。从法律漏洞的分类来看,也不统一,比如,卡纳里斯将法律漏洞分为禁止拒绝裁判式漏洞、目的性漏洞、原则漏洞;拉伦茨将法律漏洞分为开放的漏洞和隐藏的漏洞、自始的漏洞和嗣后的漏洞等。以上分类都有意义,但本条所规定的就是"无法可司"的情形,而非"法律适用困难"的情形,因此,仅指"禁止拒绝裁判式漏洞"或"开放的漏洞",并不包含目的性漏洞(目的限缩或目的扩张)、碰撞型漏洞(规则冲突)、原则性漏洞(规则与原则冲突)等。

(2)填补真正漏洞的方法。司法实践中,填补真正漏洞的方法主要包括以下几种:一是类推适用的方法。所谓类推适用,是指将法律明文之规定,适用到该法律规定所未直接加以规定,但其规范上之重要特征与该规定所明文规定者相同的案型。需要指出的是,本条所规定的类推适用与类比推理有一定区别，类比推理一般采用个案之间的类比，在判例法国家较为常用，而本条并非是论证“后案”与“前案”相似，而是一种类型化思维，其主要论证的是个案事实是否类属于法律条文中对案件事实的抽象化规范。首先是考察能否被规范涵摄。如果可以通过法律解释予以涵摄，则不属于“真正的漏洞”。如果在文义上根本没有涵摄的可能性，则会考虑进行类推。其次要判断类推适用的可行性，某些法律规范因其自身特点而不具有进行类推的可能性，比如规范本身就是特殊规范，不具有一般性，是故要予以排除。最后是对案件事实的可类推性进行判断，其判断重点乃是规范事实构成与案件具体事实之间的相似性问题，由于类推说理已经排除了文义、体系、目的扩张、限缩等法律体系内的解释方法，此处的说理应当追求事物本质与法规范的一致性，通过探求法律的真意进行判断，该相似性的论证就是类推说理的核心。

二是习惯的方法。在现今各国法制，在民事方面，不论其法典本身有无明文规定，几无不承认习惯为法源之一种。习惯要成为民法渊源，其一是要具有稳定性和内心确信性的特点。所谓稳定性，是指习惯应当有一定的历史积淀并被反复使用；所谓内心确信性，是指该习惯应当被所涉及的圈子认为具有拘束力，这是习惯能够作为裁判依据的核心属性。其二是要具有具体行为规则属性，否则无法予以适用。其三是习惯要符合公序良俗，不得违反法律的强制性规定。

三是法律原则、立法目的方法。依法律原则、立法目的进行裁判均需进行相应的法益考量。在运用法律原则、立法目的作为裁判依据时，需要注重原则、目的之间的利益衡量问题。在存在多个原则、目的相互冲突的情形，选取哪个原则、目的作为裁判依据，就需要进行充分的论证说理。此处需要强化论证的是通过利益衡量的方法。利益的衡量方法应采取比例原则，衡量哪种利益具有明显的价值优越性；哪种利益受影响的程度更高；对哪种利益保护更具有紧迫性；假如某种利益需要做出让步，其受害程度如何；选择保护哪种利益能使相对利益的损害程度最低；利益并存时，可否使其各自实现一部分。参照生活常情或“事物本质”确立原则、目的之间的优先条件，通过具体的优先条件确立优先原则、目的 ，继而适用于个案。

(3)填补真正的法律漏洞要加强法律论证。审判实践中,要注意以下几点:其一,要在庭审中以方法适用作为辩论的焦点。一般来说,裁判说理具有三条基本的进路:一是逻辑进路;二是修辞进路;三是商谈进路。在"填补真正法律漏洞"时,要充分重视商谈程序的运用。在"填补真正漏洞"的情形下,类推的适用、习惯的确认、原则的运用都直接关涉法律适用,只有通过庭审、经过充分的辨法析理,对各方提出的观点进行汇总,才能够辨明方法运用的可取性,比如,对于某类习惯的确认,就需要在听取双方当事人观点基础上形成判断。在这一过程中,要尽可能塑造庭审中的"理想交谈情境"(哈贝马斯语);对于方法适用的讨论,要更为开放自由,在充分听取双方观点基础上形成裁断。其二,要在裁判文书中对方法适用进行充分说理。在类推适用中,要寻找法律规范欲以保护的法益,以此论证规范事实构成与案件具体事实之间的相似性问题。在习惯的运用中,要抓住习惯的本质特征,对待证习惯进行论证,是否具有稳定性以及在某个范围内具有普遍的内心确认与约束力。在原则的运用中,应对该项原则本身进行阐明,在出现"原则冲突"的情形下,要通过优先条件论证出某原则的优先性。

(四)运用自由裁量权说理。《意见》第七条规定,"法官行使自由裁量权处理案件时,应当坚持合法、合理、公正和审慎的原则,充分论证运用自由裁量权的依据,并阐明自由裁量所考虑的相关因素"。

1.审判中的自由裁量权。立法的一般性、抽象性、概括性、滞后性等特点、立法权与司法权的合理分工、司法判断权行使的实践性等属性,均决定了自由裁量主义相比于严格规则主义更能反映司法活动的内在规律。换言之,任何法律都不可能完美无缺,客观上需要法官行使一定自由裁量权,以弥补法律体系存在的不足。因此,自由裁量权是审判权的重要内容,是法官在司法过程中必然享有的权力,具体存在于法律适用、事实认定以及程序处理三个环节之中。

自由裁量权存在于案件审理的各个阶段,但并不是所有案件的处理均存在或者需要自由裁量权。一般来说,下列几种情况会涉及自由裁量权的运用:一是法律明确授权的。法律授权可以是直接授权根据案件具体情况进行裁量,也可以是授权从几种法定情形中选择其一进行裁量,或者在法定的范围、幅度内进行裁量。二是法律虽未明确授权,但由于其所使用的表述不够具体、明确,无法为法官提供确定结论的,法官需要结合案件具体情况行使自由裁量权,对法律精神、规则或者条文进行阐释。三是出现法律没有规定的新类型案件时,法官需行使自由裁量权,根据法律原则和精神对案件进行审理。四是证据审查判断和案件事实认定过程中的自由心证,涉及自由裁量权的运用。

2. 运用自由裁量权的原则。审判中自由裁量权的运用是法官个人主观选择和判断的过程,要遵循以下几项原则:一是合法原则,即要遵循法定程序,符合法律、法规和司法解释的精神以及基本法理的要求,不能违反法律明确、具体的规定。二是合理原则,即要充分考虑公共政策、社会主流价值观念、社会发展的阶段性、社会公众的认同度等因素,正确把握不同审判工作的裁判理念,确保裁判结果符合社会发展方向,努力实现法律效果与社会效果的统一。三是公正原则,即要坚持实体公正与程序公正并重,在程序上应严格保持中立,平等对待各方当事人,不能有所偏袒,在实体上应注重裁量结果与社会公众对公平正义普遍理解的契合性,裁判结果应符合司法公平正义的要求。四是审慎原则,即要求法官增强责任意识,在充分理解法律精神、依法认定案件事实的基础上,审慎作出裁判,不得随意、草率地行使自由裁量权。

3. 运用自由裁量权的具体情形。(1)运用自由心证的。涉及自由心证的,法官裁判文书说理时应当说明在证据规则基础上认定的证据和事实符合经验法则、逻辑规则、社会伦理。(2)“无法可司”的。在民事审判中,当出现法律没有规定的新类型案件时,法官需行使自由裁量权,根据法律原则对案件进行审理。(3)涉及利益衡量的。法官应当综合把握具体案情,结合社会环境、价值观念等,注意寻找实质判断的法律根据,对相互冲突的利益进行衡量和取舍,努力实现利益最大化,并说明进行衡量的理由。利益衡量必须注意与法条结合,通过衡量得出的结论不能离开法律理由的说理和论证,必须经得起法律规范以及相关法学理论的检验,以免沦为个人的任意决断。

五、裁判文书释法说理的繁简分流

案件客观上既存在简单案件与复杂案件之分，也存在明晰案件和疑难案件之分。从司法实践来看，案件总体上存在一个“二八定律”现象，即80%属于事实较为清楚、争议不大的案件，20%属于疑难复杂或争议较大的案件。立足于此定律，法院要实行案件繁简分流，把80%的精力投入20%疑难复杂的案件之中，用20%的精力处理80%简单或相对简单的案件。裁判文书释法说理的繁简分流就是其中的重要环节或者方面。

（一）“应当加强释法说理”

《意见》第八条对“应当加强释法说理”的情形作了规定，即“下列案件裁判文书，应当强化释法说理：疑难、复杂案件；诉讼各方争议较大的案件；社会关注度较高、影响较大的案件；宣告无罪、判处法定刑以下刑罚、判处死刑的案件；行政诉讼中对被诉行政行为所依据的规范性文件一并进行审查的案件；判决变更行政行为的案件；新类型或者可能成为指导性案例的案件；抗诉案件；二审改判或者发回重审的案件；重审案件；再审案件；其他需要强化说理的案件”。上述情形大致又可归类为以下几种：一是疑难、复杂、新类型、影响大的案件，具体包括疑难、复杂案件；诉讼各方争议较大的案件；社会关注度较高、影响较大的案件；新类型或者可能成为指导性案例的案件。二是裁判结果特殊的案件，包括宣告无罪、判处法定刑以下刑罚、判处死刑的案件；行政诉讼中对被诉行政行为所依据的规范性文件一并进行审查的案件；判决变更行政行为的案件。三是审判程序特殊的案件，包括二审改判或者发回重审的案件；重审案件；再审案件。四是其他需要加强释法说理的案件。

（二）“可以简化释法说理”

《意见》第九条对“可以简化释法说理”的具体情形作了规定，即“下列案件裁判文书，可以简化释法说理：适用民事简易程序、小额诉讼程序审理的案件；适用民事特别程序、督促程序及公示催告程序审理的案件；适用刑事速裁程序、简易程序审理的案件；当事人达成和解协议的轻微刑事案件；适用行政简易程序审理的案件；适用普通程序审理但是诉讼各方争议不大的案件;其他适宜简化说理的案件”。

(三)二审或者再审裁判文书的释法说理

《意见》第十条专门针对二审或者再审裁判文书的释法说理作了规定,即“二审或者再审裁判文书应当针对上诉、抗诉、申请再审的主张和理由强化释法说理。二审或者再审裁判文书认定的事实与一审或者原审不同的,或者认为一审、原审认定事实不清、适用法律错误的,应当在查清事实、纠正法律适用错误的基础上进行有针对性的说理;针对一审或者原审已经详尽阐述理由且诉讼各方无争议或者无新证据、新理由的事项,可以简化释法说理”。

四级法院的职能存在差别,一审法院明断是非、定分止争、二审法院案结事了、再审法院有错必纠、最高人民法院保证法律统一正确实施。一审距离案件争议的事实更近,便于及时查明事实。二审重在解决诉辩双方对一审认定事实和适用法律的争议。再审重在审查终审裁判的正当性,维护裁判的权威性、稳定性,最终实现法院裁判的终局性。

法官在裁判文书说理时,应当充分注意不同层级法院在职能定位上的差异。原则上说,审理法院的层级越高,裁判文书说理的要求相应就高,再审比原审裁判文书、二审裁判文书比一审裁判文书的说理要求更高。一审裁判文书应当对证据和事实认定、法律适用等进行全面分析,重点围绕争议焦点进行说理。二审裁判文书应当针对上诉或抗诉的主张和理由进行说理,并对一审裁判文书中的说理不当和错误进行补强和修正。二审裁判文书应当侧重对与一审存在差异的地方,以及诉讼各方存在争议的部分进行说理。再审裁判文书应当针对申诉、申请再审或抗诉的主张和理由进行说理,并对一审、二审裁判文书中的说理不当和错误进行补强和修正。再审裁判文书应当侧重对与一审、二审存在差异的地方,以及诉讼各方存在争议的部分进行说理。对于原审裁判存在的问题,应当在二审、再审案件的裁判文书中予以表述,不宜采取发“内部函”的方式。在以往的司法实践中,二审、再审改判、发回重审的案件,裁判文书一般不说明改判发回理由,而是在“内部函”中指出问题。“内部函”只是法院系统内部的工作函件,只发给下级法院,案件当事人无法得知其内容,也就无法得知真正的裁判依据,与审判公开的要求不相符。发回重审或指令再审的裁定书应当重点说明发回重审或指定再审的理由,说明原审裁判事实不清、证据不足或违反法定程序、适用法律错误等问题。

与此同时,二审裁判文书应当避免与一审裁判文书在事实和证据部分的不必要重复,适当简化原审内容介绍。再审裁判文书应当避免与一审、二审裁判文书在事实和证据部分的不必要重复,适当简化原审内容介绍。

六、裁判文书释法说理的技术和方法

裁判文书释法说理离不开裁判文书的制作规范、引用法律规范、语言运用规范的支撑和保障。裁判文书要达到好的释法说理效果,离不开辅助论据、附件和修辞方法的合理运用。

(一)裁判文书的制作规范

《意见》第十一条规定:"制作裁判文书应当遵循《人民法院民事裁判文书制作规范》《民事申请再审诉讼文书样式》《涉外商事海事裁判文书写作规范》《人民法院破产程序法律文书样式(试行)》《民事简易程序诉讼文书样式(试行)》《人民法院刑事诉讼文书样式》《行政诉讼文书样式(试行)》《人民法院国家赔偿案件文书样式》等规定的技术规范标准,但是可以根据案件情况合理调整事实认定和说理部分的体例结构。"

裁判文书是诉讼参与人和人民法院进行诉讼活动的重要载体,本质上属于公文,应当具有统一的文书样式和规范标准。法院诉讼文书样式对裁判文书说理的模式、要素、写作要求等作了规范。最高人民法院自1992年起先后制定了《法院诉讼文书样式(试行)》《法院刑事诉讼文书样式》《行政诉讼文书样式(试行)》《民事诉讼文书样式》等涉及不同诉讼类型的裁判文书样式,供法官制作裁判文书时参照。例如,《人民法院民事裁判文书制作规范》强调,"为指导全国法院民事裁判文书的制作,确保文书撰写做到格式统一、要素齐全、结构完整、繁简得当、逻辑严密、用语准确,提高文书质量,制定本规范"。同时要求,"本规范关于裁判文书的要素和文书格式、标点符号、数字使用、印刷规范等技术化标准,各级人民法院应当认真执行"。

从2015年4月30日发布的《行政诉讼文书样式(试行)》和2016年8

月1日发布的《民事诉讼文书样式》可以看出，与原有样式相比，新样式有以下几个特点：第一，重视区分争议证据和无争议证据，争议事实和无争议事实，以便让其后的审理和裁判文书制作紧密围绕争议问题，重点突出；第二，要求说理应当围绕争议焦点展开，逐一进行分析论证，层次明确；第三，更加强调裁判文书的论理性和可读性，注重文书撰写的繁简得当，重视文书对法理问题和争议问题的阐述分析。

诉讼文书样式和文书制作规范等技术规范为裁判文书事实认定和说理部分的体例结构提供了基本遵循。根据案件情况，法官可以合理调整裁判文书事实认定和说理部分的体例结构。例如，《人民法院民事裁判文书制作规范》指出，“本规范可以适用于人民法院制作的其他诉讼文书，根据具体文书性质和内容作相应调整……对于裁判文书正文内容、事实认定和说理部分，可以根据案件的情况合理确定”。《行政诉讼文书样式（试行）》指出，“更加强调文书规范化和个性化的统一，在确保裁判文书基本要素完整、主要结构规范的同时，也注意兼顾为各级人民法院和法官个人对文书的发展续造预留空间”。

裁判文书说理与诉讼文书样式，是内容与形式的关系，案件类型的复杂性、多样化决定了裁判文书说理模式的多元化。在坚持裁判文书规范化的同时，不能否定或者排斥“个性化”，法官可以在遵循裁判文书基本样式、逻辑推理规则等基础上，积极发挥主观能动性，在释法说理方面充分展现出“个性化”。

（二）裁判文书的引用法律规范

《意见》第十二条规定：“裁判文书引用规范性法律文件进行释法说理，应当适用《最高人民法院关于裁判文书引用法律、法规等规范性法律文件的规定》等相关规定，准确、完整地写明规范性法律文件的名称、条款项序号；需要加注引号引用条文内容的，应当表述准确和完整。”《最高人民法院关于裁判文书引用法律、法规等规范性法律文件的规定》是当前关于裁判文书引用法律、法规等规范性法律文件的专门性司法解释。该解释包括以下内容：

1.引用顺序。裁判文书中引用规范性法律文件，应当按照文书各部分的具体情况而分别引用适当的规范性法律文件，但如果在裁判文书的同一部分并列引用多个规范性法律文件时,则产生引用顺序问题。并列引用多个规范性法律文件的,引用顺序如下:法律及法律解释、行政法规、地方性法规、自治条例或者单行条例、司法解释。同时引用两部以上法律的,应当先引用基本法律,后引用其他法律。引用同时包括实体法和程序法的,先引用实体法,后引用程序法。

2.引用范围。刑事、民事、行政三大诉讼裁判文书引用规范性法律文件的范围有所区别。其一,刑事裁判文书的引用范围。刑法罪刑法定原则决定了确定犯罪并科以刑罚的依据原则上只能是法律,不能引用法律之外的规范性文件。刑事法律主要指刑法、刑事诉讼法等,刑法修正案是全国人大常委会通过的对刑法内容的修改,本身仍然属于刑法的组成部分,在引用时等同于刑法。根据立法法的规定,法律解释与刑法具有同等的法律效力,可以在刑事裁判文书中直接引用。最高人民法院制定的刑事司法解释,从本质上看是对法律条文的理解,属于刑法应有之义,可以在刑事裁判文书中直接引用。刑事附带民事诉讼裁判文书引用规范性法律文件,适用民事裁判文书的引用规定。其二,民事裁判文书的引用范围。民事裁判文书应当引用法律、法律解释或者司法解释。对于应当适用的行政法规、地方性法规或者自治条例和单行条例,可以直接引用。其三,行政裁判文书的引用范围。行政裁判文书应当引用法律、法律解释、行政法规或者司法解释。对于应当适用的地方性法规、自治条例和单行条例、国务院或者国务院授权的部门公布的行政法规解释或者行政规章,可以直接引用。

3.关于规范性法律文件冲突的解决。确需引用的规范性文件之间存在冲突,根据立法法等有关法律规定无法选择适用的,应依法提请有决定权的机关作出裁决,不得自行在裁判文书中认定相关规范性法律文件的效力。根据立法法的规定,法律、法规等规范性法律文件之间根据效力等级的不同,有不同的选择适用规则。(1)法律的效力高于行政法规、地方性法规、规章。行政法规的效力高于地方性法规、规章。(2)地方性法规的效力高于本级和下级地方政府规章。省、自治区的人民政府制定的规章的效力高于本行政区域内的设区的市、自治州的人民政府制定的规章。(3)自治条例和单行条例依法对法律、行政法规、地方性法规作变通规定的,在本自治地方适用自治条例和单行条例的规定。经济特区法规根据授权对法律、行政法规、地方性法规作变通规定的,在本经济特区适用经济特区法规的规定。(4)部门规章之间、部门规章与地方政府规章之间具有同等效力,在各自的权限范围内施行。(5)同一机关制定的法律、行政法规、地方性法规、自治条例和单行条例、规章,特别规定与一般规定不一致的,适用特别规定;新的规定与旧的规定不一致的,适用新的规定。(6)法律之间对同一事项的新的一般规定与旧的特别规定不一致,不能确定如何适用时,由全国人民代表大会常务委员会裁决。行政法规之间对同一事项的新的一般规定与旧的特别规定不一致,不能确定如何适用时,由国务院裁决。(7)地方性法规、规章之间不一致时,由有关机关依照下列规定的权限作出裁决:①同一机关制定的新的一般规定与旧的特别规定不一致时,由制定机关裁决;②地方性法规与部门规章之间对同一事项的规定不一致,不能确定如何适用时,由国务院提出意见,国务院认为应当适用地方性法规的,应当决定在该地方适用地方性法规的规定;认为应当适用部门规章的,应当提请全国人民代表大会常务委员会裁决;③部门规章之间、部门规章与地方政府规章之间对同一事项的规定不一致时,由国务院裁决。根据授权制定的法规与法律规定不一致,不能确定如何适用时,由全国人民代表大会常务委员会裁决。

4. 引用规则。针对司法实践中,裁判文书存在的法律文件引用不完整、不规范、不准确等问题,该条着重强调了裁判文书引用规范性法律文件进行说理,应当准确、完整地写明规范性法律文件的名称、条款项序号,需要加注引号引用条文内容的,应当表述准确和完整,以当事人看得见、听得懂、能理解的方式实现司法公正。

(三)裁判文书的语言运用规范

《意见》第十五条规定:"裁判文书行文应当规范、准确、清楚、朴实、庄重、凝练,一般不得使用方言、俚语、土语、生僻词语、古旧词语、外语;特殊情形必须使用的,应当注明实际含义。裁判文书释法说理应当避免使用主观臆断的表达方式、不恰当的修辞方法和学术化的写作风格,不得使用贬损人格尊严、具有强烈感情色彩、明显有违常识常理常情的用语,不能未经分析论证而直接使用'没有事实及法律依据,本院不予支持'之类的表述作为结论性论断。”

裁判文书说理是一个使用语言表达和证成观点的过程。概括来说，裁判文书的语言运用应当达到如下要求：

1.行文规范、准确、清楚、朴实、庄重、凝练。“规范、准确、清楚”是对文字承载信息准确性的要求，也是裁判文书书写的基本要求。裁判文书一旦生效，即具有法律效力，就会成为执行判决的依据，裁判文书的语言表达不能有歧义，必须非常清晰。在一个统一的国家、统一的市场经济状态下，法院代表国家作出的司法裁决，其适用范围也是中华人民共和国管辖的所有区域以内，裁判文书必须能被所有受过统一正规通用汉语教育的国民所明确理解。方言、俚语、土语、生僻词语、古旧词语、外语等，既可能存在多数人不懂的问题，也可能存在不同方言造成重大理解差异的问题。因此，此条对如何使用上述表达方式作出了明确要求，即“一般不得使用”；但也存在例外的特殊情况，即如不使用就不能表达真切其意时，可以使用，但应当进行注释并解释明确。

“朴实、庄重、凝练”是对文字表述风格的要求。朴实是指质朴实在，淳朴诚实，不奢侈、不华丽；庄重是指文辞严谨，典雅端重，不虚夸；精练是指文章或语言，简明扼要，没有多余的词句，防止累赘。

2.逻辑严密。绝大多数裁判文书必须展示事实与法律推理的过程，这个逻辑推理的过程，是要向当事人公开裁判结果的形成过程。这就要求相比普通的文字表达，裁判文书需要有更为严格的逻辑结构要求。裁判文书始终离不开证成的过程，就像层层剥笋一样，逻辑的要求必然带来清晰的结果。此条以否定性表达方式要求，裁判文书释法说理要避免使用主观臆断的表达方式，其原因就在于裁判文书本身的逻辑要求。

裁判文书的基本逻辑结构是：将大前提、小前提进行逻辑比对，进而推导出裁判结果。作为事实的小前提必须建立在法官采信的证据之上，也就是说，法官对事实的所有描述，必须是建立在证据之上。事实必须由证据“说话”，而不是法官“自言自语”“自说自话”，法官对事实的描述都有充分的证据作为支撑。裁判的客观性就表现在以证据来构成小前提。以证据来构筑事实，防止主观臆断就是其中应有之义。对此，此条提出了“应当避免使用主观臆断的表达方式”的明确要求。

裁判文书说理的基础是案件事实,说理过程必须围绕着基础而展开,既然说理严格受制于案件事实的清晰表达,在严密的逻辑要求下,绚丽的文风很难有立足之地。在事实认定方面,法官必须追求朴实、庄重和精练。从裁判文书主要受众是当事人及其代理律师方面考虑,此条强调应当避免“学术化的写作风格”,避免为受众带来理解的障碍。

3. 论证充分。此条明确提出,“不能未经分析论证而直接使用‘没有事实及法律依据,本院不予支持’之类的表述作为结论性论断”。多年以来,裁判文书不说理,而以一句“没有事实及法律依据,本院不予支持”作为替代,简单粗暴甚至可以说是司法蛮横。长期以来裁判文书不说理的状况,不仅具有普遍化,而且已经影响到公民对司法的信心。从法院的内部监督管理来说,不说理的裁判文书使司法监督因缺乏监督标的而无从下手,更遑论落实司法责任!实有必要明确禁止不说理或一语概之的情况,这一禁止性规定是切中要害的。

从域外来看,两大法系国家曾对裁判文书论证充分的要求有所不同。如果说大陆法系法官是“不厌其简”,则普通法系法官是“不厌其繁”。不过,当今在裁判文书方面均呈现出这样的发展方向:简之更简、繁之更繁。简单明了的案件基本不解释论证,以提高结案效率,而对复杂疑难的案件加强说理,“不厌其繁”。

裁判文书说理,尤其是疑难案件的说理,运用一种论证方法往往难以达到充分说服的程度,而必须借助多种方法,通过详细的说明来表达法官的内心思考和确信。为此,已故美国最高法院卡多佐大法官总结认为,法官裁判有四种需要遵循的力量和论证方法,具体包括:“逻辑或类比的力量,其提供的是哲学的方法;历史的力量,提供的是历史或进化的方法;习惯的力量,提供的是传统的方法;正义、道德、社会福利的力量,以及当代的风俗习惯,提供的是社会学的方法。”法官若能根据案件需要将这些论证方法具体地用于裁判说理之中,那么就能达到论证充分的要求。

(四)辅助论据的运用

《意见》第十三条规定:“除依据法律法规、司法解释的规定外,法官可以运用下列论据论证裁判理由,以提高裁判结论的正当性和可接受性:最高人民法院发布的指导性案例;最高人民法院发布的非司法解释类审判业务规范性文件;公理、情理、经验法则、交易惯例、民间规约、职业伦理;立法说明等立法材料;采取历史、体系、比较等法律解释方法时使用的材料;法理及通行学术观点;与法律、司法解释等规范性法律文件不相冲突的其他论据。”具体来说:

1. 最高人民法院发布的指导性案例。根据《关于案例指导工作的规定》,指导性案例所确定的裁判要点,对人民法院审理类似案件、作出裁判具有指导作用,即在根据法律、有关司法解释作出裁判的同时,各级人民法院在审判类似案件时应当参照,并可以作为裁判文书的说理依据加以引用。尽管指导性案例不具备强制的约束力,但因发布机关的权威性和指导性案例本身的示范作用,在类似的案件中引用指导性案例进行说理时,由于裁判结果的相同或大体的一致,可以使人们对司法公正和正义产生合理的信赖。同时,指导性案例说理较为充分,法院在参照指导性案例裁决类似案件时,可以减轻法院的说理义务。根据权威的观点,在参照指导性案例说理时,一是要准确把握指导性案例中“裁判要点”所归纳的裁判规则,不得超越裁判要点的指导范围借题发挥;二是要切实把握准“类似案件”;三是要参照指导性案例确定的裁判规则或者价值精神。

2. 最高人民法院发布的非司法解释类审判业务规范性文件。《最高人民法院关于司法解释工作的规定》第六条规定:司法解释的形式分为“解释”、“规定”、“批复”和“决定”四种。司法解释施行后,人民法院作为裁判依据的,应当在裁判文书中援引。除上述四种情形以外,针对某一类案件、某一类事项如何应用法律问题的指导性意见,系最高人民法院针对实践中的疑难或普遍性问题,经广泛调研、论证后发布,具有较强的现实针对性和公信力,这些规范性文件虽不是司法解释,但引用这些文件进行说理,亦容易为当事人所接受。如为妥善应对和处理因全球金融危机蔓延所引发的矛盾和纠纷,最高人民法院于2009年7月7日发布《关于当前形势下审理民商事合同纠纷案件若干问题的指导意见》,就人民法院在当时情势下审理民商事合同纠纷发布指导意见,属于非司法解释类审判业务规范性文件。

3. 公理、情理、经验法则、交易惯例、民间规约、职业伦理。所谓“公理”，在通用语言中，指公众普遍认同的道理；与科学相连的，指已经为实践反复证实，无须加以证明的命题。从真理、学科定理以及人类智慧发展出来的为公众普遍认同的判断，都应视为公理。所谓“情理”，是裁判文书不可不说的道理，任何道理都是通人情的，有情理的裁判文书才能打动人、征服人。所谓“经验法则”，是指人们从生活经验中归纳获得的关于事物因果关系或属性状态的法则或知识，既包括一般人日常生活所归纳的常识，也包括某些专门性的知识，如科学（法学）、技术、艺术、商贸等方面的知识。《关于民事诉讼证据的若干规定》第九条第（三）项规定，根据法律规定或者已知事实和日常生活经验法则，能推定出的另一事实，该事实无须举证加以证明。经验法则和交易惯例都是从以前的生活或习惯性做法中归纳出来的一种认知，反映了事物发展在一定程度上的规律性和发生的概率。民间规约和职业伦理具有地域性或行业性，反映了一定地域或行业内的道德要求和价值观。但有些民间规约中的部分规定可能与法律规定的精神不符，也与社会主义核心价值观的要求不符，不得用来说理，否则会导致不公正的结果。职业伦理要求从业者遵守职业的行为规范和伦理准则。比如，商人应当诚信经营，价格公道，童叟无欺。买卖交易，各取所需，看起来你情我愿，但如果商家的利润过高，对顾客来说是不公平的，违背了销售职业伦理。再如，消防队员在抢险救灾中，保护人民群众生命财产安全，这既是一种岗位职责，也是一种伦理要求。

4. 立法说明等立法材料。立法说明是法律草案说明的一种通用提法，是立法活动中形成的重要法律文件。立法法第五十四条规定：“提出法律案，应当同时提出法律草案文本及其说明，并提供必要的参阅资料。修改法律的，还应当提交修改前后的对照文本。法律草案的说明应当包括制定或者修改法律的必要性、可行性和主要内容，以及起草过程中对重大分歧意见的协调处理情况。”检索立法材料，有助于理解立法目的和立法时的本源含义。在我国审判实践中，法意解释是常用的解释方法，在立法机关有特殊的立法意图，以及法律规范文义模糊或者产生歧义时，检索立法说明等立法材料是确定其含义的重要方法。例如，《中华人民共和国民法总则（草案）》的说明中提到,为匡正社会风气,鼓励见义勇为的行为,草案规定,因自愿实施紧急救助行为造成受助人损害的,救助人不承担民事责任。草案中的第一百八十七条,就是后来通过的民法总则第一百八十四条。通过立法说明,可以更好地理解民法总则第一百八十四条的立法目的和含义。

5.采取历史、体系、比较等解释时使用的材料。法律解释方法是指为了探究法律规范意旨,澄清法律疑义,使法律含义明确化、具体化、正确化而采用的方法。法学本身是以解释论为中心的。法律颁布后,除了法理解释,还有司法解释。司法解释本身有时也需要解释。通过法律解释来不断地完善法律,在遭遇法律空白时,法官需要通过法律解释填补立法漏洞来裁决案件。在法律含义不明确时,适用历史、体系、比较等解释来确定法律的含义。如比较法解释,就是参考外国的立法例及判例来解释本国法律的解释方法。现在,不同国家间的借鉴和吸收已是不争的事实,特别是在民法领域,立法的国际化趋势非常明显。与之相适应,比较法解释也就有了更大的适用余地。

6.法理及通行学术观点。法理,即法律通常之原理,如历来办案之成例及法律一般原理、原则。在大陆法系国家,法条本身就是一种理。法理的基本功能系在补法律及习惯法的不备,是执法者自立于立法者的地位,寻求就该当案件所应适用的法则,以实现公平与正义,调和社会生活上相对立的各种利益。

利用学术观点说理时应引用通行学术观点,学界并无争议。法官尽量注意不引用有争议的学术观点在裁判文书中说理,而且论证任何理论,都必须坚信该学术观点对本案判决的唯一正确性。如果说引用的观点争议比较大,或者有些片面,没有说到位,就会引起比较大的争议,不仅不能起到辅助说理的作用,反而冲淡了裁判文书的说服力。

此处需要提及的是,关于在引用学术观点说理时能否说出具体的学者名字的问题,有两种不同的观点。一种观点认为,指名道姓地引用学者的观点,可以推动理论与实务的衔接。以往学者会抱怨,实务部门不理睬自己的观点,而实务部门也抱怨,学者都是自娱自乐,搞文字游戏,束之高阁,相互之间似乎缺乏一种沟通和融洽。在这种情况之下,如何让一个学者的观点在实务中得到有效的接受，如果说一个学者的观点在裁判文书中得到引用，那么对提高该学者对实践的关注度，以及实务部门对于该学者理论产出产品的关注度，都有相当的好处，刺激学者关注实务中疑难问题，推动理论与实务的衔接。另一种观点认为，中国是一个成文法国家，如果说对相关的法律条文通过解释已经无法适用本案的情况，也不一定通过直接援引学术观点，可以通过将学术观点转化成法官自己的观点来加以说理。在中国当代，援引一些似是而非、模棱两可的观点，效果可能还不一定好，为什么这么说呢？在你引用时，很难说观点就是你的，类似的观点总是有很多，是不是该学者首先说的，存在不同的看法。法学不像理工科那样，有个明确的认定标准。我们指名道姓地引用学术观点后，可能会引起其他学者的意见，导致不必要的争议，故目前不适宜在引用学术观点时指明是哪位学者的观点。这一问题尚须在实践中继续加以探索。

7. 与法律、司法解释等规范性法律文件不相冲突的其他论据。此兜底条款中的其他论据的范围很广，在实务中大量存在，如部门规章、会议纪要等，只要不与法律、司法解释等规范性法律文件相冲突，就可以在裁判中用来说理，以提高裁判结论的正当性和可接受性。

（五）附件的运用

《意见》第十四条规定："为便于释法说理，裁判文书可以选择采用下列适当的表达方式：案情复杂的，采用列明裁判要点的方式；案件事实或数额计算复杂的，采用附表的方式；裁判内容用附图的方式更容易表达清楚的，采用附图的方式；证据过多的，采用附录的方式呈现构成证据链的全案证据或证据目录；采用其他附件方式。"具体来说：

1. 案情复杂的案件，可以采取列明裁判要点的说理方式。"裁判要点"一词最早出现在《〈最高人民法院关于案例指导工作的规定〉实施细则》当中。其第三条规定，"指导性案例由标题、关键词、裁判要点、相关法条、基本案情、裁判结果、裁判理由以及包括生效裁判审判人员姓名的附注等组成……"第九条规定："各级人民法院正在审理的案件，在基本案情和法律适用方面，与最高人民法院发布的指导性案例相类似的，应当参照相关指导性案例的裁判要点作出裁判"；第十一条第一款规定："在办理案件过程中，案件承办人员应当查询相关指导性案例。在裁判文书中引述相关指导性案例的,应在裁判理由部分引述指导性案例的编号和裁判要点。"对于当事人争议较大、法律关系复杂、案情复杂的案件,采取列明裁判要点的说理方式,能够有效厘清说理条理、理顺说理逻辑、明晰说理重点,使裁判文书说理始终紧紧围绕案件争议焦点问题,明确表达裁判要点所涉及的法律、司法解释内容和知识,增强裁判文书说理的条理性、针对性、逻辑性。具体操作上,常采取一个裁判要点归纳为一个自然段。有两个以上裁判要点的,按照裁判要点的重要性或者逻辑关系用数字顺序号分段标示。

2. 采取附表、附图、附录或者其他附件方式,以实现裁判文书说理繁简得当、条理清楚,重点突出,直白易懂。对于案件事实、裁判内容以及证据繁多的案件,可以灵活采取附表、附图、附录或者其他附件等形式多元的说理表达方式,以实现裁判文书说理主旨明确、条理清楚,繁简得当、重点突出,直白易懂,做到裁判文书说理详细充分、明确透彻,人民群众乐于接受。

3. "其他附件方式",属于兜底项,包括审判实践中的其他做法。例如,将本裁判文书主文所引用的主要法律条文作为附件,全文载明所引用法律条文、司法解释的内容;对本裁判文书主文中所涉及的特定名词、法律术语、技术术语、行业术语以及其他特定文字内容的含义,通过附件的方式,全面准确客观地予以阐述、解释和说明。

(六)修辞方法的运用

《意见》第十五条规定:"……裁判文书释法说理应当避免使用……不恰当的修辞方法……"此处"不恰当的修辞方法",既包括有悖于"规范、准确、清楚、朴实、庄重、凝练"要求的夸张、反讽、拟人等修辞方法,也包括一切不为说服目的而使用的修辞方法。这意味裁判文书可以使用恰当的修辞方法,增强释法说理的效果。裁判文书的目的是说服当事人(及为其服务的法律工作者)。为达到说服的目的,对说理做一个恰当的表达,面对不同的受众,针对不同的案件,使用恰当的修辞方式是必要的。修辞是人们在对各种加强言语表达效果的方法和手段的运用。恰当地使用修辞方式,不仅可以增强裁判文书的说理效果,也可以使裁判文书在一定程度上呈现出不同的风格特点，在保持基本共性的基础上，避免千篇一律。修辞的自由使用，意味着将裁判文书作为法官的作品予以尊重，也就是尊重法官的写作个性，甚至是尊重法官的思考自由。

需注意的是，裁判文书运用修辞方法必须谨慎而行。运用修辞的目的不是裁判语言的美丽，而是增强说理的强度和厚度，提高裁判的说服力。修辞本身不是目的，修辞的运用必须为说服的目的服务，也就是为说理服务。如果不为说服的目的使用修辞，那实际上是炫耀技巧。脱离主旨的、花哨无用的修辞，反而会让裁判文书的读者反感。

七、裁判文书释法说理的保障机制

裁判文书释法说理改革是一项系统工程，裁判文书释法说理质量水平的提升，离不开系列保障机制的建立和完善。《意见》第十六条至第十九条对相关保障机制作了规定。

（一）指导机制

《意见》第十六条规定："各级人民法院应当定期收集、整理和汇编辖区内法院具有指导意义的优秀裁判文书，充分发挥典型案例释法说理的引导、规范和教育功能。"

（二）考核机制

《意见》第十七条规定："人民法院应当将裁判文书的制作和释法说理作为考核法官业务能力和审判质效的必备内容，确立为法官业绩考核的重要指标，纳入法官业绩档案。"此条将裁判文书质量考评结果与法官的履职考评挂钩，有利于推动建立权责明晰、权责统一、监督有序、制约有效的裁判文书质量考评机制，既可以提升法官裁判说理的积极性，也可以营造裁判说理的紧迫感，促使法官强化对裁判文书说理的重视，真正花精力、下功夫写好裁判文书。

（三）评估、评价机制

《意见》第十八条规定："最高人民法院建立符合裁判文书释法说理规律的统一裁判文书质量评估体系和评价机制，定期组织裁判文书释法说理评查活动，评选发布全国性的优秀裁判文书，通报批评瑕疵裁判文书，并作为监督指导地方各级人民法院审判工作的重要内容。”

（四）评查机制

《意见》第十九条规定：“地方各级人民法院应当将裁判文书释法说理作为裁判文书质量评查的重要内容，纳入年度常规性工作之中，推动建立第三方开展裁判文书质量评价活动。”其具体包括几个方面：一是制定明确的评查标准。按照《意见》规定的说理要求，从“审查判断证据说理”“认定案件事实说理”“法律适用说理”“自由裁量权行使说理”四个方面，设计科学、合理的评查依据和标准。二是建立评查机构。目前，全国各地法院裁判文书评查机构设在审判管理部门的较多，中央机构编制委员会办公室、最高人民法院《关于积极推进省以下人民法院内设机构改革工作的通知》（法发〔2018〕8号）“内设机构不超过8个的基层人民法院，可设置……审判管理办公室（研究室）等机构。”的规定，为审判管理部门承担评查任务提供了依据。三是推动建立第三方评价裁判文书机制。根据实践的需要，评查文书的方式由传统的封闭式评查逐渐转变为开放式评查，比较常见的开放式评查就是委托第三方开展评查。其操作流程是，设定评查文书的范围，将拟评查的文书交由法院之外的第三方单位或机构进行评查，或直接由第三方选取评查样本进行评查。比如，委托法学研究机构、法律院校、律师协会等进行评查。

最高人民法院
关于发布第 18 批指导性案例的通知(节选)

法〔2018〕164 号

各省、自治区、直辖市高级人民法院,解放军军事法院,新疆维吾尔自治区高级人民法院生产建设兵团分院:

经最高人民法院审判委员会讨论决定,现将于欢故意伤害案等四个案例(指导案例 93 - 96 号),作为第 18 批指导性案例发布,供在审判类似案件时参照。

最高人民法院

2018 年 6 月 20 日

[指导案例 93 号]

于欢故意伤害案

(最高人民法院审判委员会讨论通过

2018 年 6 月 20 日发布)

关键词 刑事/故意伤害罪/非法限制人身自由/正当防卫/防卫过当

[**裁判要点**]

1. 对正在进行的非法限制他人人身自由的行为,应当认定为刑法第二十条第一款规定的“不法侵害”,可以进行正当防卫。

2. 对非法限制他人人身自由并伴有侮辱、轻微殴打的行为,不应当认定为刑法第二十条第三款规定的“严重危及人身安全的暴力犯罪”。

3. 判断防卫是否过当,应当综合考虑不法侵害的性质、手段、强度、危害程度,以及防卫行为的性质、时机、手段、强度、所处环境和损害后果等情节。对非法限制他人人身自由并伴有侮辱、轻微殴打,且并不十分紧迫的不法侵害,进行防卫致人死亡重伤的,应当认定为刑法第二十条第二款规定的“明显超过必要限度造成重大损害”。

4. 防卫过当案件,如系因被害人实施严重贬损他人人格尊严或者亵渎人伦的不法侵害引发的,量刑时对此应予充分考虑,以确保司法裁判既经得起法律检验,也符合社会公平正义观念。

［**相关法条**］

《中华人民共和国刑法》第二十条

［**基本案情**］

被告人于欢的母亲苏某在山东省冠县工业园区经营山东源大工贸有限公司(以下简称源大公司),于欢系该公司员工。2014年7月28日,苏某及其丈夫于某1向吴某、赵某1借款100万元,双方口头约定月息10%。至2015年10月20日,苏某共计还款154万元。其间,吴某、赵某1因苏某还款不及时,曾指使被害人郭某1等人采取在源大公司车棚内驻扎、在办公楼前支锅做饭等方式催债。2015年11月1日,苏某、于某1再向吴某、赵某1借款35万元。其中10万元,双方口头约定月息10%;另外25万元,通过签订房屋买卖合同,用于某1名下的一套住房作为抵押,双方约定如逾期还款,则将该住房过户给赵某1。2015年11月2日至2016年1月6日,苏某共计向赵某1还款29.8万元。吴某、赵某1认为该29.8万元属于偿还第一笔100万元借款的利息,而苏某夫妇认为是用于偿还第二笔借款。吴某、赵某1多次催促苏某夫妇继续还款或办理住房过户手续,但苏某夫妇未再还款,也未办理住房过户。

2016年4月1日,赵某1与被害人杜某2、郭某1等人将于某1上述住房的门锁更换并强行入住,苏某报警。赵某1出示房屋买卖合同,民警调解后离去。同月13日上午,吴某、赵某1与杜某2、郭某1、杜某7等人将上述住房内的物品搬出,苏某报警。民警处警时,吴某称系房屋买卖纠纷,民警告知双方协商或通过诉讼解决。民警离开后，吴某责骂苏某，并将苏某头部按入坐便器接近水面位置。当日下午，赵某1等人将上述住房内物品搬至源大公司门口。其间，苏某、于某1多次拨打市长热线求助。当晚，于某1通过他人调解，与吴某达成口头协议，约定次日将住房过户给赵某1，此后再付30万元，借款本金及利息即全部结清。

4月14日，于某1、苏某未去办理住房过户手续。当日16时许，赵某1纠集郭某2、郭某1、苗某、张某3到源大公司讨债。为找到于某1、苏某，郭某1报警称源大公司私刻财务章。民警到达源大公司后，苏某与赵某1等人因还款纠纷发生争吵。民警告知双方协商解决或到法院起诉后离开。李某3接赵某1电话后，伙同么某、张某2和被害人严某、程某到达源大公司。赵某1等人先后在办公楼前呼喊，在财务室内、餐厅外盯守，在办公楼门厅外烧烤、饮酒，催促苏某还款。其间，赵某1、苗某离开。20时许，杜某2、杜某7赶到源大公司，与李某3等人一起饮酒。20时48分，苏某按郭某1要求到办公楼一楼接待室，于欢及公司员工张某1、马某陪同。21时53分，杜某2等人进入接待室讨债，将苏某、于欢的手机收走放在办公桌上。杜某2用污秽言语辱骂苏某、于欢及其家人，将烟头弹到苏某胸前衣服上，将裤子退至大腿处裸露下体，朝坐在沙发上的苏某等人左右转动身体。在马某、李某3劝阻下，杜某2穿好裤子，又脱下于欢的鞋让苏某闻，被苏某打掉。杜某2还用手拍打于欢面颊，其他讨债人员实施了揪抓于欢头发或按压于欢肩部不准其起身等行为。22时7分，公司员工刘某打电话报警。22时17分，民警朱某带领辅警宋某、郭某3到达源大公司接待室了解情况，苏某和于欢指认杜某2殴打于欢，杜某2等人否认并称系讨债。22时22分，朱某警告双方不能打架，然后带领辅警到院内寻找报警人，并给值班民警徐某打电话通报警情。于欢、苏某想随民警离开接待室，杜某2等人阻拦，并强迫于欢坐下，于欢拒绝。杜某2等人卡于欢颈部，将于欢推拉至接待室东南角。于欢持刃长15.3厘米的单刃尖刀，警告杜某2等人不要靠近。杜某2出言挑衅并逼近于欢，于欢遂捅刺杜某2腹部一刀，又捅刺围逼在其身边的程某胸部、严某腹部、郭某1背部各一刀。22时26分，辅警闻声返回接待室。经辅警连续责令，于欢交出尖刀。杜某2等四人受伤后，被杜某7等人驾车送至冠县人民医院救治。次日2时18分,杜某2经抢救无效,因腹部损伤造成肝固有动脉裂伤及肝右叶创伤导致失血性休克死亡。严某、郭某1的损伤均构成重伤二级,程某的损伤构成轻伤二级。

[**裁判结果**]

山东省聊城市中级人民法院于2017年2月17日作出(2016)鲁15刑初33号刑事附带民事判决,认定被告人于欢犯故意伤害罪,判处无期徒刑,剥夺政治权利终身,并赔偿附带民事原告人经济损失。

宣判后,被告人于欢及部分原审附带民事诉讼原告人不服,分别提出上诉。山东省高级人民法院经审理于2017年6月23日作出(2017)鲁刑终151号刑事附带民事判决:驳回附带民事上诉,维持原判附带民事部分;撤销原判刑事部分,以故意伤害罪改判于欢有期徒刑五年。

[**裁判理由**]

法院生效裁判认为:被告人于欢持刀捅刺杜某2等四人,属于制止正在进行的不法侵害,其行为具有防卫性质;其防卫行为造成一人死亡、二人重伤、一人轻伤的严重后果,明显超过必要限度造成重大损害,构成故意伤害罪,依法应负刑事责任。鉴于于欢的行为属于防卫过当,于欢归案后如实供述主要罪行,且被害方有以恶劣手段侮辱于欢之母的严重过错等情节,对于欢依法应当减轻处罚。原判认定于欢犯故意伤害罪正确,审判程序合法,但认定事实不全面,部分刑事判项适用法律错误,量刑过重,遂依法改判于欢有期徒刑五年。

本案在法律适用方面的争议焦点主要有两个方面:一是于欢的捅刺行为性质,即是否具有防卫性、是否属于特殊防卫、是否属于防卫过当;二是如何定罪处罚。

一、关于于欢的捅刺行为性质

《中华人民共和国刑法》(以下简称《刑法》)第二十条第一款规定:“为了使国家、公共利益、本人或者他人的人身、财产和其他权利免受正在进行的不法侵害,而采取的制止不法侵害的行为,对不法侵害人造成损害的,属于正当防卫,不负刑事责任。”由此可见,成立正当防卫必须同时具备以下五项条件:一是防卫起因,不法侵害现实存在。不法侵害是指违背法律的侵袭和损害,既包括犯罪行为,又包括一般违法行为;既包括侵害人身权利的行为,又包括侵犯财产及其他权利的行为。二是防卫时间,不法侵害正在进行。正在进行是指不法侵害已经开始并且尚未结束的这段时期。对尚未开始或已经结束的不法侵害,不能进行防卫,否则即是防卫不适时。三是防卫对象,即针对不法侵害者本人。正当防卫的对象只能是不法侵害人本人,不能对不法侵害人之外的人实施防卫行为。在共同实施不法侵害的场合,共同侵害具有整体性,可对每一个共同侵害人进行正当防卫。四是防卫意图,出于制止不法侵害的目的,有防卫认识和意志。五是防卫限度,尚未明显超过必要限度造成重大损害。这就是说正当防卫的成立条件包括客观条件、主观条件和限度条件。客观条件和主观条件是定性条件,确定了正当防卫"正"的性质和前提条件,不符合这些条件的不是正当防卫;限度条件是定量条件,确定了正当防卫"当"的要求和合理限度,不符合该条件的虽然仍有防卫性质,但不是正当防卫,属于防卫过当。防卫过当行为具有防卫的前提条件和制止不法侵害的目的,只是在制止不法侵害过程中,没有合理控制防卫行为的强度,明显超过正当防卫必要限度,并造成不应有的重大损害后果,从而转化为有害于社会的违法犯罪行为。根据本案认定的事实、证据和我国刑法有关规定,于欢的捅刺行为虽然具有防卫性,但属于防卫过当。

首先,于欢的捅刺行为具有防卫性。案发当时杜某2等人对于欢、苏某持续实施着限制人身自由的非法拘禁行为,并伴有侮辱人格和对于欢推搡、拍打等行为;民警到达现场后,于欢和苏某想随民警走出接待室时,杜某2等人阻止二人离开,并对于欢实施推拉、围堵等行为,在于欢持刀警告时仍出言挑衅并逼近,实施正当防卫所要求的不法侵害客观存在并正在进行;于欢是在人身自由受到违法侵害、人身安全面临现实威胁的情况下持刀捅刺,且捅刺的对象都是在其警告后仍向其靠近围逼的人。因此,可以认定其是为了使本人和其母亲的人身权利免受正在进行的不法侵害,而采取的制止不法侵害行为,具备正当防卫的客观和主观条件,具有防卫性质。

其次,于欢的捅刺行为不属于特殊防卫。《刑法》第二十条第三款规定:"对正在进行行凶、杀人、抢劫、强奸、绑架以及其他严重危及人身安全的暴力犯罪,采取防卫行为,造成不法侵害人伤亡的,不属于防卫过当,不负刑事责任。”根据这一规定,特殊防卫的适用前提条件是存在严重危及本人或他人人身安全的暴力犯罪。本案中,虽然杜某2等人对于欢母子实施了非法限制人身自由、侮辱、轻微殴打等人身侵害行为,但这些不法侵害不是严重危及人身安全的暴力犯罪。其一,杜某2等人实施的非法限制人身自由、侮辱等不法侵害行为,虽然侵犯了于欢母子的人身自由、人格尊严等合法权益,但并不具有严重危及于欢母子人身安全的性质。其二,杜某2等人按肩膀、推拉等强制或者殴打行为,虽然让于欢母子的人身安全、身体健康权遭受了侵害,但这种不法侵害只是轻微的暴力侵犯,既不是针对生命权的不法侵害,又不是发生严重侵害于欢母子身体健康权的情形,因而不属于严重危及人身安全的暴力犯罪。其三,苏某、于某1系主动通过他人协调、担保,向吴某借贷,自愿接受吴某所提10%的月息。既不存在苏某、于某1被强迫向吴某高息借贷的事实,又不存在吴某强迫苏某、于某1借贷的事实,与司法解释以借贷为名采用暴力、胁迫手段获取他人财物以抢劫罪论处的规定明显不符。可见杜某2等人实施的多种不法侵害行为,符合可以实施一般防卫行为的前提条件,但不具备实施特殊防卫的前提条件,故于欢的捅刺行为不属于特殊防卫。

最后,于欢的捅刺行为属于防卫过当。《刑法》第二十条第二款规定:“正当防卫明显超过必要限度造成重大损害的,应当负刑事责任,但是应当减轻或者免除处罚。”由此可见,防卫过当是在具备正当防卫客观和主观前提条件下,防卫反击明显超越必要限度,并造成致人重伤或死亡的过当结果。认定防卫是否“明显超过必要限度”,应当从不法侵害的性质、手段、强度、危害程度,以及防卫行为的性质、时机、手段、强度、所处环境和损害后果等方面综合分析判定。本案中,杜某2一方虽然人数较多,但其实施不法侵害的意图是给苏某夫妇施加压力以催讨债务,在催债过程中未携带、使用任何器械;在民警朱某等进入接待室前,杜某2一方对于欢母子实施的是非法限制人身自由、侮辱和对于欢拍打面颊、揪抓头发等行为,其目的仍是逼迫苏某夫妇尽快还款;在民警进入接待室时,双方没有发生激烈对峙和肢体冲突,当民警警告不能打架后,杜某2一方并无打架的言行;在民警走出接待室寻找报警人期间,于欢和讨债人员均可透过接待室玻璃清晰看见停在院内的警车警灯闪烁，应当知道民警并未离开；在于欢持刀警告不要逼过来时，杜某2等人虽有出言挑衅并向于欢围逼的行为，但并未实施强烈的攻击行为。因此，于欢面临的不法侵害并不紧迫和严重，而其却持刃长15.3厘米的单刃尖刀连续捅刺四人，致一人死亡、二人重伤、一人轻伤，且其中一人系被背后捅伤，故应当认定于欢的防卫行为明显超过必要限度造成重大损害，属于防卫过当。

二、关于定罪量刑

首先，关于定罪。本案中，于欢连续捅刺四人，但捅刺对象都是当时围逼在其身边的人，未对离其较远的其他不法侵害人进行捅刺，对不法侵害人每人捅刺一刀，未对同一不法侵害人连续捅刺。可见，于欢的目的在于制止不法侵害并离开接待室，在案证据不能证实其具有追求或放任致人死亡危害结果发生的故意，故于欢的行为不构成故意杀人罪，但他为了追求防卫效果的实现，对致多人伤亡的过当结果的发生持听之任之的态度，已构成防卫过当情形下的故意伤害罪。认定于欢的行为构成故意伤害罪，既是严格司法的要求，又符合人民群众的公平正义观念。

其次，关于量刑。《刑法》第二十条第二款规定："正当防卫明显超过必要限度造成重大损害的，应当负刑事责任，但是应当减轻或者免除处罚。"综合考虑本案防卫权益的性质、防卫方法、防卫强度、防卫起因、损害后果、过当程度、所处环境等情节，对于欢应当减轻处罚。

被害方对引发本案具有严重过错。本案案发前，吴某、赵某1指使杜某2等人实施过侮辱苏某、干扰源大公司生产经营等逼债行为，苏某多次报警，吴某等人的不法逼债行为并未收敛。案发当日，杜某2等人对于欢、苏某实施非法限制人身自由、侮辱及对于欢间有推搡、拍打、卡颈部等行为，于欢及其母亲苏某连日来多次遭受催逼、骚扰、侮辱，导致于欢实施防卫行为时难免带有恐惧、愤怒等因素。尤其是杜某2裸露下体侮辱苏某对引发本案有重大过错。案发当日，杜某2当着于欢之面公然以裸露下体的方式侮辱其母亲苏某。虽然距于欢实施防卫行为已间隔约二十分钟，但于欢捅刺杜某2等人时难免带有报复杜某2辱母的情绪，故杜某2裸露下体侮辱苏某的行为是引发本案的重要因素，在刑罚裁量上应当作为对于欢有利的情节重点考虑。

杜某2的辱母行为严重违法、亵渎人伦，应当受到惩罚和谴责，但于欢在民警尚在现场调查，警车仍在现场闪烁警灯的情形下，为离开接待室摆脱围堵而持刀连续捅刺四人，致一人死亡、二人重伤、一人轻伤，且其中一重伤者系于欢从背部捅刺，损害后果严重，且除杜某2以外，其他三人并未实施侮辱于欢母亲的行为，其防卫行为造成损害远远大于其保护的合法权益，防卫明显过当。于欢及其母亲的人身自由和人格尊严应当受到法律保护，但于欢的防卫行为明显超过必要限度并造成多人伤亡严重后果，超出法律所容许的限度，依法也应当承担刑事责任。

根据我国刑法规定，故意伤害致人死亡的，处十年以上有期徒刑、无期徒刑或者死刑；防卫过当的，应当减轻或者免除处罚。如上所述，于欢的防卫行为明显超过必要限度造成重大伤亡后果，减轻处罚依法应当在三至十年有期徒刑的法定刑幅度内量刑。鉴于于欢归案后如实供述主要罪行，且被害方有以恶劣手段侮辱于欢之母的严重过错等可以从轻处罚情节，综合考虑于欢犯罪的事实、性质、情节和危害后果，遂判处于欢有期徒刑五年。

（生效裁判审判人员：吴靖、刘振会、王文兴）

中国刑事诉讼法立法四十年

陈光中　曾新华*

1976 年 10 月，中央粉碎“四人帮”，结束了十年“文革”浩劫。1978 年 12 月，以十一届三中全会为标志，中国开启了改革开放的历史征程。全会作出了把工作重点转移到社会主义现代化建设上来的战略决策，社会主义法治建设也随之走进新的发展时期。从 1979 年 7 月第一部刑事诉讼法诞生，历经两次大的修改，再到 2018 年 5 月公布刑事诉讼法修正草案，期间尽管有曲折，但总体而言，展现了我国刑事程序法治的重大发展和完善，是中国特色社会主义法治建设成就的重要组成部分。回顾与总结这段历史，展望未来，对于推动刑事诉讼进一步民主化、法治化和科学化具有重要价值和深远意义。

一、转折与发展：1978—1996 年

（一）第一部刑事诉讼法的诞生

1979 年 2 月 23 日召开的第五届全国人大常委会第六次会议决定设立全国人大常委会法制委员会，作为全国人大常委会专门负责立法的机构。该委员会由彭真担任主任。在全国人大法制委员会的主持下，在 1963 年《刑事诉讼法草案（初稿）》的基础上先后拟出《刑事诉讼法修正一稿》和《刑事诉讼法修正二稿》。随后将《刑事诉讼法修正二稿》呈交党中央和全国人大常委会审议修订。1979 年 6 月 12 日第五届全国人大常委会第八次会议

* 陈光中为中国政法大学教授，曾新华为对外经济贸易大学副教授。

通过了全国人大常委会工作报告和将提请第五届全国人民代表大会第二次会议审议的《中华人民共和国刑事诉讼法(草案)》。1979年7月1日,第五届全国人民代表大会第二次会议通过第一部《中华人民共和国刑事诉讼法》,并于1980年1月1日起施行。同时通过的还有刑法、人民法院组织法、人民检察院组织法等重要法律。该刑事诉讼法共四编一百六十四条,主要内容包括:

1. 基本原则与基本制度。基本原则主要规定了:侦查权、检察权、审判权由专门机关依法行使;以事实为根据,以法律为准绳;对一切公民在适用法律上一律平等;分工负责,互相配合,互相制约;审判公开,被告人有辩护权;依照法定情形不予追究刑事责任等。基本制度主要有两审终审制、人民陪审员制度等。

2. 管辖制度。包括立案管辖和审判管辖。告诉才处理和其他不需要进行侦查的轻微的刑事案件,由人民法院直接受理,并可以进行调解。贪污罪、侵犯公民民主权利罪、渎职罪以及人民检察院认为需要自己直接受理的其他案件,由人民检察院立案侦查和决定是否提起公诉。其他案件的侦查,都由公安机关进行。中级人民法院管辖下列第一审刑事案件:(1)反革命案件;(2)判处无期徒刑、死刑的普通刑事案件;(3)外国人犯罪或者我国公民侵犯外国人合法权利的刑事案件。高级人民法院管辖的第一审刑事案件,是全省(直辖市、自治区)性的重大刑事案件。最高人民法院管辖的第一审刑事案件,是全国性的重大刑事案件。基层人民法院管辖其他第一审普通刑事案件。刑事案件由犯罪地的人民法院管辖。如果由被告人居住地的人民法院审判更为适宜的,可以由被告人居住地的人民法院管辖。

3. 辩护制度。辩护包括自行辩护、委托辩护和指定辩护三种。被告人可以委托律师,人民团体或者被告人所在单位推荐的或者经人民法院许可的公民,被告人的近亲属、监护人担任辩护人。被告人是聋、哑或者未成年人而没有委托辩护人的,人民法院应当为他指定辩护人。辩护律师的权利包括:查阅本案材料,了解案情,同在押的被告人会见和通信;其他辩护人经过人民法院许可,也可以了解案情,与被告人会见和通信。

4. 证据制度。证明案件真实情况的一切事实,都是证据。证据有下列六种：(1)物证、书证；(2)证人证言；(3)被害人陈述；(4)被告人供述和辩解；(5)鉴定结论；(6)勘验、检查笔录。严禁刑讯逼供和以威胁、引诱、欺骗以及其他非法的方法收集证据。对一切案件的判处都要重证据，重调查研究，不轻信口供。只有被告人供述，没有其他证据的，不能认定被告人有罪和处以刑罚；没有被告人供述，证据充分确实的，可以认定被告人有罪和处以刑罚。

5. 强制措施。规定了拘传、取保候审、监视居住、拘留和逮捕五种强制措施。逮捕人犯，必须经过人民检察院批准或者人民法院决定，由公安机关执行。公安机关拘留人犯后，除有碍侦查或者无法通知的情形以外，应当把拘留的原因和羁押的处所，在二十四小时以内，通知被拘留人的家属或者他的所在单位。

6. 附带民事诉讼。被害人由于被告人的犯罪行为而遭受物质损失的，在刑事诉讼过程中，有权提起附带民事诉讼。

7. 立案程序。有犯罪事实需要追究刑事责任的时候，应当立案。

8. 侦查程序。被告人对侦查人员的提问，应当如实回答。但是对与本案无关的问题，有拒绝回答的权利。规定的侦查措施包括讯问被告人；询问证人；勘验、检查；搜查；扣押物证、书证；鉴定；通缉。

9. 起诉。凡需要提起公诉或者免予起诉的案件，一律由人民检察院审查决定。人民检察院审查案件，应当讯问被告人。人民检察院认为被告人的犯罪事实已经查清，证据确实、充分，依法应当追究刑事责任的，应当作出起诉决定，按照审判管辖的规定，向人民法院提起公诉。依照刑法规定不需要判处刑罚或者免除刑罚的，人民检察院可以免予起诉。被告人如果属于依法不追究刑事责任情形的，人民检察院应当作出不起诉决定。

10. 一审程序。人民法院对提起公诉的案件进行审查后，对于犯罪事实清楚、证据充分的，应当决定开庭审判。开庭审理程序包括开庭、法庭调查、法庭辩论、被告人最后陈述、评议和宣判。法庭调查的顺序包括：公诉人宣读起诉书；审判人员审问被告人；公诉人讯问被告人；被害人、附带民事诉讼的原告人和辩护人向被告人发问；审判人员、公诉人询问证人；当事人和辩护人可以申请审判长对证人、鉴定人发问，或者请求审判长许可直接发问；

审判人员应当向被告人出示物证,让他辨认;对未到庭的证人的证言笔录、鉴定人的鉴定结论、勘验笔录和其他作为证据的文书,应当当庭宣读,并且听取当事人和辩护人的意见。法庭辩论的顺序是公诉人发言,被害人发言,然后由被告人陈述和辩护,辩护人进行辩护,并且可以互相辩论。

11.第二审程序。被告人的辩护人和近亲属,经被告人同意,可以提出上诉。第二审人民法院应当就第一审判决认定的事实和适用法律进行全面审查,不受上诉或者抗诉范围的限制。第二审人民法院审判被告人或者他的法定代理人、辩护人、近亲属上诉的案件,不得加重被告人的刑罚,但检察院提出抗诉或者自诉人提出上诉的除外。

12.死刑复核程序。死刑由最高人民法院核准。中级人民法院判处死刑缓期2年执行的案件,由高级人民法院核准。最高人民法院复核死刑案件,高级人民法院复核死刑缓期执行的案件,应当由审判员三人组成合议庭进行。

13.审判监督程序。当事人、被害人及其家属或者其他公民,对已经发生法律效力的判决、裁定,可以向人民法院或者人民检察院提出申诉,但不能停止判决、裁定的执行。各级人民法院院长对本院已经发生法律效力的判决和裁定,如果发现在认定事实上或者在适用法律上确有错误,必须提交审判委员会处理。最高人民法院对各级人民法院已经发生法律效力的判决和裁定,上级人民法院对下级人民法院已经发生法律效力的判决和裁定,如果发现确有错误,有权提审或者指令下级人民法院再审。最高人民检察院对各级人民法院已经发生法律效力的判决和裁定,上级人民检察院对下级人民法院已经发生法律效力的判决和裁定,如果发现确有错误,有权按照审判监督程序提出抗诉。

14.执行程序。规定了被告人无罪以及免除刑事处罚、死刑立即执行、死刑缓期二年执行、无期徒刑、有期徒刑、拘役、管制、缓刑、罚金、没收财产等刑罚的执行方式和监督程序。对于死刑立即执行的判决,应当由最高人民法院院长签发执行死刑的命令。下级人民法院接到最高人民法院执行死刑的命令后,应当在七日以内交付执行。但是在执行前发现判决可能有错误的,或者罪犯正在怀孕,应当停止执行,并且立即报告最高人民法院,由最高人民法院作出裁定。人民法院在交付执行死刑前,应当通知同级人民检察院派员临场监督。执行死刑应当公布,不应示众。执行死刑后,交付执行的人民法院应当通知罪犯家属。

1979年刑事诉讼法是新中国第一部刑事诉讼法,也是三大诉讼法中颁布最早的一部诉讼法典。尽管在此之前,曾拟定了多稿刑事诉讼法草案,但这些草案都受当时历史条件的影响,并没有真正颁布实施。该法颁布标志着我国开始通过正当程序惩罚犯罪以及保障诉讼参与人特别是被告人的合法权益。在当时历史条件下,该法难免有所不足,但是对指导思想、任务、基本原则、基本制度以及程序都作了规定,为刑事诉讼的进行提供了法律根据,也为刑事诉讼立法的进一步发展打下了坚实的基础。因此,该部《中华人民共和国刑事诉讼法》在中华人民共和国诉讼法史上具有开创性的重要地位。

(二)中共中央1979年第64号文件

为保证刑法、刑事诉讼法的切实实施,使国家尽快走上法制轨道,中共中央于1979年9月9日颁布了中华人民共和国社会主义法治建设史上具有深远意义的文件——《中共中央关于坚决保证刑法、刑事诉讼法切实实施的指示》,这就是著名的"64号文件"。该文件是在中国共产党全面吸取中华人民共和国成立以来特别是"文革"期间的经验教训,全党全社会"人心思法""人心思治"的背景下制定的,也是为了保证新刑法和刑事诉讼法切实贯彻落实,开始实行社会主义法治所作的宣言。该文件主要内容包括:

首先,党内文件中首次提出了"社会主义法治"。文件开宗明义指出,"刑法、刑事诉讼法……能否严格执行,是衡量我国是否实施社会主义法治的重要标志"。这是中国共产党十一届三中全会后党的文件首次提出"社会主义法治",为党的十五大报告提出"依法治国,建设社会主义法治国家"的治国方略打下了基础。

其次,理顺党与法律、司法之间的关系,取消党委审批案件制度。文件指出:"我们党内,由于建国以来对建立和健全社会主义法制长期没有重视,否定法律,轻视法律,以党代政,以言代法,有法不依,在很多同志身上已经成为习惯;认为法律可有可无,法律束手束脚,政策就是法律,有了政策可以不要法律等思想,在党员干部中相当流行。”为了维护党的威信和法律、司法的权威,文件进一步明确指出:“加强党对司法工作的领导,最重要的一条,就是切实保证法律的实施,充分发挥司法机关的作用,切实保证人民检察院独立行使检察权,人民法院独立行使审判权,使之不受其他行政机关、团体和个人的干涉。国家法律是党领导制定的,司法机关是党领导建立的,任何人不尊重法律和司法机关的职权,这首先就是损害党的领导和党的威信。党委与司法机关各有专责,不能互相代替,不应互相混淆。为此,中央决定取消各级党委审批案件的制度。对县级以上干部和知名人士等违法犯罪案件,除极少数特殊重大情况必须向上级请示者外,都由所在地的司法机关独立依法审理。对于司法机关依法作出的判决和裁定,有关单位和个人都必须坚决执行;如有不服,应按照司法程序提出上诉,由有关司法机关负责审理。各级公安机关必须坚决服从党的领导,但在执行法律所赋予的职责时,又必须严格遵守法律规定,这两者毫不矛盾,认为服从党的领导就可以违背法律规定的想法是极端错误的,必须坚决纠正。党对司法工作的领导,主要是方针、政策的领导。各级党委要坚决改变过去那种以党代政、以言代法,不按法律规定办事,包揽司法行政事务的习惯和作法。”从这段指示可以看出,一是确立了法大于权、法律至上的法治观念;二是确立了司法机关独立行使职权原则;三是取消了党委审批案件制度。

此外,文件还要求必须广泛深入地宣传刑法和刑事诉讼法。党的各级党组织、领导干部和全体党员应当作为模范,带头遵守法律。从党中央委员会到基层组织,从党中央主席到每个党员,都必须一体遵行。绝不允许有不受法律约束的特殊公民,绝不允许有凌驾于法律之上的特权。

(三)复查和纠正“文革”期间的冤假错案

“文革”结束后,复查和纠正“文革”期间由于林彪、江青反革命集团造成的冤假错案成为全国各级司法机关的一项紧迫而又繁重的任务。

在中国共产党十一届三中全会召开之前的1978年下半年,全国各级人民法院就已开始逐步纠正冤假错案的工作。1978年4月召开的第八次全国司法工作会议提出了按照“全错的全平、部分错的部分平、不错的不平”的原则,纠正“文革”期间的冤假错案。但是由于当时法院工作人员的思想不够解放，措施不够得力，心有余悸，复查工作进展缓慢。中国共产党十一届三中全会对复查纠正“文化大革命”期间的冤假错案作了重要决定。公报指出：“解决历史遗留问题必须遵循毛泽东同志一贯倡导的实事求是、有错必纠的原则。只有坚决地平反假案，纠正错案，昭雪冤案，才能够巩固党和人民的团结，维护党和毛泽东同志的崇高威信。”之后，司法干部逐步解放了思想，复查工作普遍开展起来了。截至1981年年底，全国各级人民法院复查了“文化大革命”期间判处的120万余件刑事案件；按照中共中央的有关政策，改判纠正了冤假错案30.1万余件，涉及当事人32.6万余人。各地人民法院还主动复查了1977年和1978年两年中判处的反革命案件3.3万件，从中改判纠正了错案2.1万件。到1983年，复查纠正“文化大革命”期间和1977年、1978年判处的冤假错案的工作已经基本完成。根据复查的结果，冤假错案主要有两种情况：一种情况是因反对林彪、“四人帮”和为刘少奇、邓小平等党和国家的领导人遭诬陷鸣不平，被定为反革命罪判了刑的案件。据截至1980年年底的不完全统计，这类案件在改判纠正的反革命案件中占21.9%。另一种情况是按《公安六条》判处的所谓“恶毒攻击”案件，一般占改判纠正案件的50%左右。

全国各级司法机关的平反和纠正冤假错案工作使成千上万遭受林彪、“四人帮”迫害的干部和人民群众得以平冤昭雪，重见天日，使受害人及其家属得到了妥善的安置和抚恤。这些工作深得民心，对于医治创伤、稳定政治局面、恢复党的威望以及促进现代化建设都起了重要的作用。

（四）“严打”与部分死刑案件核准权的下放

“文革”结束以后，社会治安形势严峻，暴力犯罪活动和恶性案件频发。1983年8月25日，中共中央发布了《关于严惩严重危害治安的犯罪分子的决定》，为“严打”拉开了序幕。该决定指出，“中央决定以三年为期，组织一次、两次、三次战役，按照依法‘从重从快，一网打尽’的精神，对刑事犯罪分子予以坚决打击”。同年9月2日，第六届全国人大常委会第二次会议通过了《关于严惩严重危害社会治安的犯罪分子的决定》和《关于迅速审判严重危害社会治安的犯罪分子的程序的决定》。后者指出：“为了迅速严惩严重危害社会治安的犯罪分子，保护国家和人民的利益，决定：一、对杀人、强奸、抢劫、爆炸和其他严重危害公共安全应当判处死刑的犯罪分子,主要犯罪事实清楚,证据确凿,民愤极大的,应当迅速及时审判,可以不受刑事诉讼法第一百一十条规定的关于起诉书副本送达被告人期限以及各项传票、通知书送达期限的限制。二、前条所列犯罪分子的上诉期限和人民检察院的抗诉期限,由刑事诉讼法第一百三十一条规定的十日改为三日。"

应当承认,全国人大常委会这一决定在当时犯罪活动猖獗、恶性犯罪频发的后"文革"时期,对于打击严重刑事犯罪、维护社会秩序,保护公民生命财产安全发挥了积极作用。但是,从依法治国角度来考量,该决定存在一些值得反思之处。例如,刑事诉讼法刚通过不久,决定就修改了有关期限的规定,使其大为缩短,削弱了被告人的辩护权和上诉权。

为配合"严打",1981年6月10日第五届全国人大常委会第十九次会议通过了《关于死刑案件核准问题的决定》,修改了1979年刑事诉讼法关于最高人民法院核准死刑立即执行案件的规定。该《决定》规定:"一、在1981年至1983年内,对犯有杀人、抢劫、强奸、爆炸、放火、投毒、决水和破坏交通、电力等设备的罪行,由省、自治区、直辖市高级人民法院终审判决死刑的,或者中级人民法院一审判决死刑,被告人不上诉,经高级人民法院核准的,以及高级人民法院一审判决死刑,被告人不上诉的,都不必报最高人民法院核准。二、对反革命犯和贪污犯等判处死刑,仍然按照'刑事诉讼法'关于'死刑复核程序'的规定,由最高人民法院核准。"因此,除反革命犯和贪污犯等判处死刑的由最高人民法院核准外,在1981年至1983年因杀人、抢劫、强奸、爆炸、放火、投毒、决水和破坏交通、电力等设备的罪行判处死刑的,由高级人民法院核准。

1983年9月2日第六届全国人大常委会第二次会议通过了《关于修改〈中华人民共和国人民法院组织法〉的决定》,将第十三条修改为:"死刑案件除由最高人民法院判决的以外,应当报请最高人民法院核准。杀人、强奸、抢劫、爆炸以及其他严重危害公共安全和社会治安判处死刑的案件的核准权,最高人民法院在必要的时候,得授权省、自治区、直辖市的高级人民法院行使。"据此,1983年9月7日最高人民法院发布了《关于授权高级人民法院核准部分死刑案件的通知》。此外,1991年至1997年,最高人民法院还以通知的形式将毒品犯罪死刑案件的核准权授予云南、广东、广西、甘肃、四川和贵州六省、自治区高级人民法院行使。

部分死刑案件核准权授权高级人民法院行使,在特定的历史时期对于打击犯罪、保护人民群众生命财产安全发挥了现实作用。但是,与此同时,也暴露了一些严重的问题。将死刑核准权下放高级人民法院不仅与刑法和刑事诉讼法的规定直接冲突,还使部分高级人民法院的死刑复核程序与二审程序合二为一,使得死刑复核程序名存实亡,同时也增长了司法实践中发生冤假错案的风险。

二、深化与进步:1996—2012 年

(一)刑事诉讼法第一次修改(1996 年)

进入 20 世纪 90 年代中期,刑事诉讼法治重大发展的标志性成就是 1996 年刑事诉讼法的修改。

1991 年 1 月,全国人大法工委就召开了关于刑事诉讼法修改的座谈会,征求与会专家学者的意见和建议,并委托专家提出刑事诉讼法修改建议稿供立法部门参考。1995 年 6 月,全国人大法工委进一步召集实务部门对刑事诉讼法修改中的重大问题进行了充分的讨论,并于 1995 年 10 月提出了《中华人民共和国刑事诉讼法〈修改草案〉(征求意见稿)》,下发全国及相关部门征求意见。1995 年 12 月,全国人大法工委正式提出了《中华人民共和国刑事诉讼法修正案(草案)》,提交第八届全国人大常委会第十七次会议进行初步审议。此后,全国人大法工委又根据会议意见对草案进行了修改。1996 年 2 月,第八届全国人大常委会第十八次会议再次审议了《中华人民共和国刑事诉讼法修正案(草案)》,决定提请全国人民代表大会审议。1996 年 3 月 17 日,第八届全国人民代表大会第四次会议通过了《全国人民代表大会关于修改〈中华人民共和国刑事诉讼法〉的决定》,自 1997 年 1 月 1 日起施行。至此,第一次刑事诉讼法修改正式完成。

该修改决定共计一百一十条,对 1979 年刑事诉讼法作了全面的修改,主要包括以下十大方面:

1. 增加司法机关依法独立行使职权的规定。为了协调宪法和人民法院

组织法,增加规定:“人民法院依照法律规定独立行使审判权,人民检察院依照法律规定独立行使检察权,不受行政机关、社会团体和个人的干涉。”

2. 取消免予起诉制度和增加了人民法院统一定罪原则和疑罪从无原则。根据我国宪法和刑事诉讼法规定,公民有罪应当经过人民法院审判加以确定。但是原刑事诉讼法第一百零一条规定了免予起诉制度,即“依照刑法规定不需要判处刑罚或者免除刑罚的,人民检察院可以免予起诉”。被免诉的公民在法律上定为有罪,与法院判决有罪有同等效力。修改后的刑事诉讼法不仅取消了免予起诉制度,还增加规定第十二条:“未经人民法院依法判决,对任何人都不得确定有罪。”

同时首次确立了疑罪从无原则,即对于事实不清证据不足的案件,在审查起诉时可以作出不起诉的决定,在法庭审理时则应当作出证据不足、指控的犯罪不能成立的无罪判决。该原则否定了“疑罪从轻”“疑罪从有”,其与前述第十二条的规定,集中体现了无罪推定原则的基本精神,是1996年刑事诉讼法修改的最大亮点之一。

3. 加强人民检察院的法律监督。一是在总则中增加规定,人民检察院依法对刑事诉讼实行法律监督;二是在立案一章中增加规定人民检察院对立案的监督;三是规定人民检察院发现人民法院的审判违反法定程序,有权向人民法院提出纠正意见等。

4. 调整侦查管辖与自诉案件的范围。一方面缩小了检察院自侦案件的范围。1979年刑事诉讼法规定的人民检察院自行侦查的案件除职务犯罪、危害公民民主权利的犯罪外,还有一部分妨害经济管理秩序的犯罪。如果继续由检察机关管辖不利于检察机关集中力量加强反腐败斗争。因此,1996年修改刑事诉讼法,将人民检察院自侦案件的范围,限于国家工作人员利用职务的犯罪,明确规定为:“贪污贿赂犯罪,国家工作人员的渎职犯罪,国家机关工作人员利用职权实施的非法拘禁、刑讯逼供、报复陷害、非法搜查的侵犯公民人身权利的犯罪以及侵犯公民民主权利的犯罪,由人民检察院立案侦查。”另一方面扩大了法院自诉案件范围。增加规定自诉案件包括三类案件:(1)告诉才处理的案件;(2)被害人有证据证明的轻微刑事案件;(3)被害人有证据证明对被告人侵犯自己人身、财产权利的行为应当依法追究刑事责任,而公安机关或者人民检察院不予追究被告人刑事责任的案件。

5. 律师提前参加诉讼,加强犯罪嫌疑人、被告人的辩护权保障。修改后的刑事诉法改变过去被告人在法庭审理时才可以委托辩护人的做法,允许在侦查时就可以委托律师为其提供法律援助。在审查起诉和法庭审理时,则可正式聘请辩护人。还增加规定,公诉人出庭公诉的案件,被告人因经济困难或者其他原因没有委托辩护人的,被告人是盲、聋、哑或者未成年人以及可能被判死刑而没有委托辩护人的,人民法院应当指定承担法律援助义务的律师为其提供辩护。

6. 加强了对被害人权利的保障。被害人与犯罪嫌疑人、被告人在刑事诉讼中的利害关系是对立的,双方的诉讼权利保障构成了刑事诉讼中人权保障的基本内容,忽视双方中的任何一方都是片面的和不适当的。主要作了如下修改:一是在诉讼地位上将被害人从一般诉讼参与人升格为当事人,赋予他及其法定代理人申请回避权;二是一审法庭审理时,公诉人宣读起诉书后,被害人和被告人一样可以就案件事实进行陈述,经审判长同意,被害人可以向被告人讯问,对证人、鉴定人发问;对一审判决不服,有权请求人民检察院提出抗诉;三是在二审程序中如果不开庭,合议庭也必须事先听取包括被害人在内的当事人的意见。

7. 完善强制措施,取消收容审查。原刑事诉讼法规定了五种强制措施:拘传、取保候审、监视居住、拘留和逮捕。这是科学的和可行的。但是在司法实践中,公安机关根据国务院法规采用行政强制措施——收容审查来对付身份不明的流窜嫌疑犯时,往往扩大收审对象,延长收审时间,导致以收审代替拘留、逮捕,侵犯了公民的人身自由。1996 年修改刑事诉讼法,决定取消收审制度,并将原收审的对象列为刑事拘留的对象。另外,为防止监视居住成为变相长期拘押,增加规定,被监视居住的人"未经执行机关批准不得离开住处,无固定住处的,未经批准不得离开指定的居所",并规定监视居住最长不得超过六个月。

8. 改革一审庭审方式。为防止开庭审判流于形式和先定后审,此次刑事诉讼法修改适当吸收英美法系的当事人主义模式。主要有:一是规定人民法院对提起公诉的案件进行审查后,对于起诉书中有明确的指控犯罪事实并且附有证据目录、证人名单和主要证据复印件或者照片的，应当决定开庭审判；二是规定凡是公诉案件，除依法适用简易程序审判的以外，检察机关都必须派人出庭支持公诉；三是规定由公诉人首先讯问被告人，由公诉人、辩护人向法庭出示证据；四是规定合议庭开庭审理并且评议后，应当作出判决。对于疑难、复杂、重大的案件，合议庭认为难以作出决定的，由合议庭提请院长决定提交审判委员会讨论决定。

9.增设简易审判程序。为了实现案件分流，提高审判效率，简化诉讼程序，这次修改刑事诉讼法还增加了简易程序。法院对于下列案件，可以适用简易程序，由审判员一人独任审判：对依法可能判处三年以下有期徒刑、拘役、管制、单处罚金的公诉案件，事实清楚、证据充分，人民检察院建议或者同意适用简易程序的；告诉才处理的案件；被害人起诉的有证据证明的轻微刑事案件。

10.改革死刑执行方法。我国过去对执行死刑的方式只规定了枪决一种。此次刑事诉讼法修改时，基于对注射执行死刑较之枪决更能减轻死刑犯痛苦的认识，以及考虑到注射执行死刑能够更好地保全死刑犯的尸体、防止出现枪决所导致的残忍场面等人道主义因素，规定“死刑采用枪决或者注射等方法执行”。

1996年刑事诉讼法修改对我国几十年来形成的刑事诉讼制度进行了重大改革，是加强依法治国、建设社会主义法治国家的一个重要成果。此次修改进一步完善了惩罚犯罪的机制和加强了当事人特别是犯罪嫌疑人、被告人和被害人诉讼权利的保障；进一步理顺了公安机关、检察机关和人民法院之间的关系；将超职权主义的诉讼模式改革为控辩式，强化了控辩双方的举证和辩论等。当然，此次刑事诉讼法修改仍有许多问题没有解决，特别是在犯罪嫌疑人、被告人的权利保障以及被害人利益保护方面仍然有很大的差距，这有待于进一步加以解决。

（二）死刑核准权的收回

20世纪90年代中期以来，随着党中央依法治国、建设社会主义法治国家治国方略的提出，“尊重和保障人权”入宪以及司法实践中冤假错案的不断出现，中央决定收回已经下放了二十多年的部分死刑案件核准权。

2004年年底，中共中央转发了《中央司法体制改革领导小组关于司法体制和工作机制改革的初步意见》。该意见提出改革目前授权高级人民法院行使部分死刑案件核准权的做法，将死刑案件核准权统一收归最高人民法院行使。2006年8月，中共中央办公厅向全党发出通知，明确了最高人民法院统一行使死刑案件核准权的目标、原则、要求以及时间安排，重申了党和国家在死刑问题上的一贯政策。为积极稳妥地收回死刑案件核准权，最高人民法院在党中央和国务院的领导下，从法律、组织、物质等方面做了大量的准备工作。为保证死刑案件的二审审判质量，2006年9月25日，最高人民法院、最高人民检察院发布了《关于死刑第二审案件开庭审理程序若干问题的规定（试行）》，要求死刑第二审案件必须开庭审理。

2006年10月31日，第十届全国人大常委会第二十四次会议通过了《全国人大常委会关于修改〈中华人民共和国人民法院组织法〉的决定》，自2007年1月1日起，死刑除依法由最高人民法院判决的以外，应当报请最高人民法院核准。2006年12月28日，最高人民法院颁布了《关于统一行使死刑案件核准权有关问题的决定》。2007年1月1日，最高人民法院正式统一行使死刑案件的核准权。

最高人民法院统一行使死刑案件核准权，是中央从构建社会主义和谐社会、实现国家长治久安的战略全局出发作出的重大决策，是从司法制度上落实"国家尊重和保障人权"宪法原则的重要措施，是履行死刑相关的国际公约的一项重要内容。

（三）"两个证据规定"的颁布

根据中共十七大的精神，中共中央于2008年提出进一步推进司法改革的要求，其中重要的成果之一就是在2010年5月30日由最高人民法院、最高人民检察院、公安部、国家安全部、司法部（以下简称"两高三部"）联合制定的《关于办理死刑案件审查判断证据若干问题的规定》（以下简称《办理死刑案件证据规定》）和《关于办理刑事案件排除非法证据若干问题的规定》（以下简称《非法证据排除规定》）。"两高三部"在印发"两个证据规定"的通知中明确提出，"牢固树立惩罚犯罪与保障人权并重的观念、实体法与程序法并重的观念，依法、全面、客观地收集、审查、判断证据，严把事实关、证据关,切实提高刑事案件审判质量,确保将两个《规定》落到实处,把每一起刑事案件都办成铁案。”这两个证据规定是我国深入推进司法改革的重要举措,是刑事诉讼制度建设的一项重要成就,为2012年《刑事诉讼法》中证据制度的完善做了重要的准备。

《非法证据排除规定》共计十五条。明确规定了非法言词证据的内涵、外延和法律效力;规定了人民检察院对非法证据有权予以排除;规定了非法言词证据在法庭审理中的排除程序;规定了非法物证、书证排除规则。

《办理死刑案件证据规定》共计四十一条,分为三个部分,主要规定了如下三个方面内容:(1)一般规定。确立了证据裁判原则、程序法定原则和未经质证不得认证原则,细化了死刑案件的证明标准和证明对象等。(2)证据的分类审查与认定。该部分主要根据不同的证据种类分别规定了审查与认定的内容,确立了原始证据优先规则、意见证据规则和有限的直接言词证据规则等。(3)证据的综合审查和运用。该部分主要规定了对证据的综合认证,包括如何对证据的证明力进行认定、如何依靠间接证据定案、如何确认采用特殊侦查措施收集证据材料的证据能力、如何审查被告人是否已满十八周岁、严格把握死刑案件中证明量刑事实的证据等内容。

需要注意的是,《办理死刑案件证据规定》的适用案件范围虽然是针对死刑案件,但是在其他非死刑的刑事案件中,也应当参照适用。“两高三部”印发“两个证据规定”的通知中明确指出:“办理其他刑事案件,参照《关于办理死刑案件审查判断证据若干问题的规定》执行。”

(四)刑事诉讼法第二次修改(2012年)

刑事诉讼法自1996年第一次修订16年后,国情世情发生了深刻变化,这使得刑事诉讼法越来越难以适应社会发展和司法实践的需求,因此迫切需要进行再次修改。

早在2003年,按照党的十六大提出的“推进司法体制改革”战略决策要求,刑事诉讼法再次修订的计划被纳入第十届全国人大常委会立法规划。2004年年底,中共中央转发了《中央司法体制改革领导小组关于司法体制和工作机制改革的初步意见》,提出了改革和完善诉讼制度等十个方面的三十五项改革任务,其中许多任务涉及刑事诉讼法的修改。2008年,按照党的十七大作出的“深化司法体制改革”的重大决策要求，中共中央转发了《中央政法委员会关于深化司法体制和工作机制改革若干问题的意见》。该意见提出了六十项改革任务，其中相当部分涉及刑事诉讼法的修改。之后全国人大常委会法工委加快了刑事诉讼法修正案的起草工作，并连续召开了座谈会议，征求实务部门和专家学者的意见。

2012 年 3 月 14 日，第十一届全国人民代表大会第五次会议通过了《全国人民代表大会关于修改〈中华人民共和国刑事诉讼法〉的决定》。至此，刑事诉讼法第二次修改工作圆满完成，此次修正刑事诉讼法增、删、改共计一百四十九条，其中增加六十六条，修改八十二条，删除一条。主要内容如下：

1. 增加“尊重和保障人权”的规定

2012 年刑事诉讼法第二条“刑事诉讼法的任务”中增加规定“尊重和保障人权”，这对整个刑事诉讼的基本原则、制度和程序起到了提纲挈领的指导作用，也是“国家尊重和保障人权”原则 2004 年载入宪法后第一次规定在部门法中。

2. 改革完善辩护制度

第一，侦查阶段律师的“辩护人”地位得到确认。1996 年刑事诉讼法第九十六条虽然规定犯罪嫌疑人在侦查阶段可以聘请律师，但没有赋予其辩护人地位，而 2012 年刑事诉讼法则明确规定在侦查期间接受委托的律师是作为“辩护人”参与诉讼活动。第二，辩护人的责任发生变化，强调实体辩护与程序辩护并重，具体体现为规定了辩护人责任，增加维护犯罪嫌疑人、被告人“诉讼权利”的内容。第三，改善辩护律师会见程序。为有效解决律师会见难问题，本次修改作出了务实性的变更和规定：辩护律师持律师执业证书、律师事务所证明和委托书或者法律援助公函要求会见在押的犯罪嫌疑人、被告人的，看守所应当及时安排会见，至迟不得超过四十八小时。危害国家安全犯罪、恐怖活动犯罪、特别重大贿赂犯罪案件，在侦查期间辩护律师会见在押的犯罪嫌疑人，应当经侦查机关许可。第四，扩大辩护人的阅卷权。规定了自案件审查起诉之日起，辩护人有权查阅、摘抄、复制全部案卷材料。第五，对追究辩护人刑事责任的管辖权作出调整。辩护人在执业活动中涉嫌犯罪的，由办理辩护人所承办案件的侦查机关以外的侦查机关办理。第六,扩大法律援助适用的阶段和案件范围。将法律援助的适用阶段从原来的审判阶段延伸到侦查、审查起诉阶段。同时,将原刑事诉讼法规定的应当指定辩护的范围增加两种案件:一是犯罪嫌疑人、被告人为尚未完全丧失辨认或控制自己行为能力的精神病人的案件,二是犯罪嫌疑人、被告人可能被判处无期徒刑的案件。

3. 完善证据制度,确立非法证据排除规则

首先,增加规定“不得强迫任何人证实自己有罪”。此原则是国际刑事司法准则的重要内容之一,对于弱化侦查中对于口供的依赖心理和进一步遏制非法取证行为具有原则性的指导意义。其次,确立非法证据排除规则。规定非法证据的排除有两类:一类是非法言词证据的排除,即采用刑讯逼供等非法方法收集的犯罪嫌疑人、被告人供述和采用暴力、威胁等非法方法收集的证人证言、被害人陈述,应当予以排除;另一类是非法实物证据的排除,即收集物证、书证不符合法定程序,可能严重影响司法公正的,不能作出补正或者合理解释的,对该证据应当予以排除。为了保证非法证据得以排除,设置了法庭审理过程中具有可操作性的排除程序,包括确立非法证据排除程序的启动模式和条件,规定人民检察院对证据收集的合法性承担证明责任,确立我国侦查人员出庭作证制度,确立非法证据排除的证明标准等。最后,增加规定证明标准“证据确实、充分”要满足三个条件:定罪量刑的事实都有证据证明;据以定案的证据均经法定程序查证属实;综合全案证据,对所认定事实已排除合理怀疑。其中,“排除合理怀疑”是国际通行的对证明标准的表述。尽管学界和实务界在如何理解与适用此标准尚存在争议,但这是我国立法中第一次采用此表述,有利于我国刑事证明标准的国际化。

4. 完善强制措施制度,严格限制不通知家属的情形

首先,完善监视居住的适用条件。对监视居住规定有别于取保候审的独立的适用条件。指定居所监视居住不限于无固定住处的人,对于涉嫌危害国家安全犯罪、恐怖活动犯罪、特别重大贿赂犯罪,在住处执行有碍侦查的,也可以适用,而且指定居所监视居住的期限应当折抵刑期。其次,修改逮捕条件、限制逮捕范围。规定三类逮捕的情形:(1)可能判处徒刑以上刑罚,采取取保候审尚不足以防止发生下列社会危险性,即可能实施新的犯罪

的;有危害国家安全、公共安全或者社会秩序的现实危险的;可能毁灭、伪造证据,干扰证人作证或者串供的;可能对被害人、举报人、控告人实施打击报复的;企图自杀或者逃跑的。(2)可能判处10年有期徒刑以上刑罚的,或者可能判处徒刑以上刑罚,曾经故意犯罪或者身份不明的,应当予以逮捕。(3)被取保候审、监视居住的犯罪嫌疑人、被告人违反取保候审、监视居住规定,情节严重的,可以予以逮捕。最后,严格限制采取强制措施后不通知家属的情形。明确规定,采取拘留、逮捕和指定居所监视居住的,除无法通知的以外,应当在执行后24小时以内通知家属。同时,将拘留后因有碍侦查不通知家属的情形,仅限于涉嫌危害国家安全犯罪、恐怖活动犯罪两种案件。上述限制通知家属的规定,尽管比原来的法律规定有所进步,但仍然存在争议。

5. 完善侦查程序

为了加强对公权力的制约,有效遏制刑讯逼供,保障讯问程序的正当性,增加规定:犯罪嫌疑人被拘留后应当在二十四小时内送看守所羁押;侦查人员讯问犯罪嫌疑人,应当在看守所内进行;侦查人员在讯问犯罪嫌疑人的时候,可以对讯问过程进行录音或者录像;对于可能判处无期徒刑、死刑的案件或者其他重大犯罪案件,应当对讯问过程进行录音或者录像,录音或者录像应当全程进行,保持完整性。同时,为了有力惩罚严重犯罪,适度强化侦查措施,增加规定了技术侦查、秘密侦查、控制下交付三种特殊侦查手段,其中技术侦查手段检察机关也有权决定适用。

6. 改革第一审程序

明确规定了证人应当依法出庭作证的条件,"公诉人、当事人或者辩护人、诉讼代理人对证人证言有异议,且该证人证言对案件定罪量刑有重大影响,人民法院认为证人有必要出庭作证的,证人应当出庭作证。"但是此规定有很大的问题:即使控辩双方对其有异议且证人证言对定罪量刑有重大影响,也得由法院决定证人是否出庭。这会导致证人必须出庭的情形被化解,造成了司法实践中证人出庭率无法有效提高,又恢复了证人基本上不出庭作证的现实。同时,还增加规定了"经人民法院通知,证人没有正当理由不出庭作证的,人民法院可以强制其到庭,但是被告人的配偶、父母、子女除外。证人没有正当理由拒绝出庭或者出庭后拒绝作证的,予以训诫,情节严重的,经院长批准,处以十日以下的拘留。”其中不得强制被告人的配偶、父母、子女到庭作证的例外借鉴了国外亲属拒绝作证特权的立法,旨在维护家庭伦理和人性的基本价值。但此规定并不是真正意义上的亲属拒绝作证特权,而只是在庭审阶段免予强制出庭,在其他诉讼阶段还有作证的义务。同时,该规定还以法律的名义剥夺了被告人最重要的诉讼权利之一——对质权。此外,还规定了控辩双方对鉴定意见有异议且法院认为有必要,鉴定人也应当出庭;鉴定人经人民法院通知拒不出庭作证的,鉴定意见不能作为定案的根据。为实现案件的繁简分流及提高诉讼效率,新法扩大了简易程序的适用范围。基层人民法院对于案件事实清楚、证据充分的,被告人承认自己所犯罪行,对起诉书指控的犯罪事实没有异议,且被告人对适用简易程序没有异议的案件,可以适用简易程序。

7. 改进第二审程序

首先,修改开庭审理的案件范围。为改变二审程序“以不开庭审理为原则、开庭审理为例外”的司法现状,增加了必须开庭审理的案件范围,即被告人、自诉人及其法定代理人对第一审判决认定的事实、证据提出异议,可能影响定罪量刑的上诉案件;被告人被判处死刑的上诉案件。其次,完善发回重审制度和上诉不加刑原则。为了防止基于原判决事实不清楚或证据不足的发回重审制度被滥用,规定此类发回重审仅限一次。同时,为防止规避上诉不加刑原则,增加规定第二审人民法院发回原审人民法院重新审判的只有被告一方上诉的案件,除有新的犯罪事实,人民检察院补充起诉的以外,原审人民法院也不得加重被告人的刑罚。

8. 改革死刑复核程序

为体现慎重适用死刑,保证死刑复核案件质量,使之从原来行政化的内部审核转向适度诉讼化,对死刑复核程序进行了改革,具体包括:首先,增加规定最高人民法院复核死刑案件的裁判方式。最高人民法院应当作出核准或者不核准死刑的裁定;对于不核准死刑的,可以发回重新审判或者予以改判。其次,规定复核时应当讯问被告人,辩护律师提出要求的,应当听取辩护律师的意见;在复核死刑案件过程中,最高人民检察院可以向最高人民法院提出意见，最高人民法院应当将死刑复核结果通报最高人民检察院。

9.增设四种特别程序

一是未成年人刑事案件诉讼程序。确立了办案方针和原则、法律援助制度、社会调查制度、严格限制适用逮捕措施制度、未成年人法定代理人或者其他人员到场制度、附条件不起诉制度、犯罪记录封存制度等。二是当事人和解的公诉案件诉讼程序。对于因民间纠纷引起，涉嫌刑法分则第四章、第五章规定的犯罪案件，可能判处三年有期徒刑以下刑罚的，以及除渎职犯罪以外的可能判处七年有期徒刑以下刑罚的过失犯罪案件，犯罪嫌疑人、被告人真诚悔罪，通过向被害人赔偿损失、赔礼道歉等方式获得被害人谅解，被害人自愿和解的，双方当事人可以和解，公安司法机关可以从宽处理。三是犯罪嫌疑人、被告人逃匿、死亡案件违法所得的没收程序。对于贪污贿赂犯罪、恐怖活动犯罪等重大犯罪案件，犯罪嫌疑人、被告人逃匿，在通缉一年后不能到案，或者犯罪嫌疑人、被告人死亡，依照刑法规定应当追缴其违法所得及其他涉案财产的，人民检察院可以向人民法院提出没收违法所得的申请。四是依法不负刑事责任的暴力型精神病人的强制医疗程序。实施暴力行为，危害公共安全或者严重危害公民人身安全，经法定程序鉴定依法不负刑事责任的精神病人，有继续危害社会可能的，可以予以强制医疗。

此次刑事诉讼法修改是我国民主法制发展的需要，是解决司法实践中突出问题的需要，也是适应我国犯罪活动新变化和加强惩罚犯罪能力的需要。此次修改坚持稳中求进的指导思想，坚持惩罚犯罪与保障人权并重、实体公正与程序公正并重的理念，使刑事诉讼制度进一步民主化、法治化和科学化，取得了重大的进步；但也存在权力制约不足、可操作性不强等问题，有待通过制定司法解释或规范性文件予以弥补和解决，以保证新法得到良性操作和有效实施。

三、新征程与新成就：2012—2018 年（6 月）

2012 年 11 月，中国共产党第十八次全国代表大会的召开标志着我国进入了全面深化改革和全面推进依法治国的新时代，也由此开启了司法体制改革和司法机制改革两个层面齐头并进的新局面。党的十八大报告明确提出,进一步深化司法体制改革。2013年11月,十八届三中全会召开,通过了《中共中央关于全面深化改革若干重大问题的决定》,提出确保依法独立公正行使审判权、检察权,健全司法权力运行机制,完善人权司法保障制度。2013年12月,中央全面深化改革领导小组(以下简称中央深改小组)成立,该小组直接负责本次司法改革的总体设计、统筹协调、整体推进、督促落实等。2014年10月,十八届四中全会召开,首次专题讨论依法治国问题,并审议通过了《中共中央关于全面推进依法治国若干重大问题的决定》。该决定提出,完善确保依法独立公正行使审判权和检察权的制度,优化司法职权配置,推进严格司法,保障人民群众参与司法,加强人权司法保障,健全司法人员履行法定职责保护机制。2017年10月,中国共产党第十九次全国代表大会要求,深化司法体制综合配套改革,着力推进反腐败体制改革。下文仅就党的十八大以来刑事司法改革的重点内容进行阐述。

(一)保障司法机关依法独立行使职权

党的十八大及十八届三中、四中全会中都强调要"确保审判机关、检察机关依法独立公正行使审判权、检察权"。审判机关、检察机关是我国的司法机关,司法机关依法独立行使职权是实现司法公正的首要保障,是树立司法权威的必要条件,是法官职业化的题中之义,也是追究司法责任的前提。为此,党的十八大以来中央重点从体制和机制两个层面保障司法机关依法独立行使职权。

1. 推动省以下地方法院、检察院人财物统一管理

十八届三中全会决定首先提出"改革司法管理体制,推动省以下地方法院、地方检察院人财物统一管理"。2014年6月中央深改小组会议审议通过的《关于司法体制改革试点若干问题的框架意见》将其列为四项基础性改革举措之一,规定对人事"省级统一提名,地方分级任免"的方案,提名权在省级,任免权依照法律的规定,依然在各级人大及其常委会;对财物的统一管理,主要是建立省以下地方法院、检察院经费由省级政府财政部门统一管理实施。

该项改革举措如若实现将有力保障司法机关依法独立行使职权,但因其涉及我国政体、宪法以及党管干部原则等根本性问题,涉及面广,改革难

度很大，目前仍处于摸索阶段。

2. 设立巡回法庭以及跨行政区划的人民法院和人民检察院

为了更好地发挥最高人民法院监督指导地方法院工作的职能及方便当事人诉讼等目的，2014 年 12 月 2 日中央深改小组会议审议通过《最高人民法院设立巡回法庭试点方案》，同意最高人民法院设立两个巡回法庭，并于 2016 年 11 月 1 日通过了《关于最高人民法院增设巡回法庭的请示》，增设四个巡回法庭。根据最高人民法院 2015 年 2 月 1 日起施行的《关于巡回法庭审理案件若干问题的规定》，巡回法庭是最高人民法院派出的常设审判机构。

与此同时，2014 年，北京和上海率先设立跨行政区划的北京市第四中级人民法院和上海市第三中级人民法院，办理跨地区重大刑事、民事、行政案件，解决当事人争管辖和诉讼“主客场”问题。同年，上海市人民检察院第三分院、北京市人民检察院第四分院挂牌成立，着力探索跨行政区划管辖范围和办案机制。跨行政区划的检察院重点办理的刑事案件是重大职务犯罪案件、重大环境资源保护和重大食品药品安全刑事案件。

3. 建立防止干预司法活动的工作机制

2015 年 2 月 27 日，中央深改小组第十次会议通过，中共中央办公厅、国务院办公厅印发并决定于同年 3 月 18 日起实施的《领导干部干预司法活动、插手具体案件处理的记录、通报和责任追究规定》，为领导干部干预司法划出“红线”，建立防止司法干预的“防火墙”和“隔离带”，从而为司法机关依法独立行使职权创造良好的环境。此后，2015 年 8 月 19 日，最高人民法院印发了《人民法院落实〈领导干部干预司法活动、插手具体案件处理的记录、通报和责任追究规定〉的实施办法》及《司法机关内部人员过问案件的记录和责任追究规定》。依照上述文件，对司法机关负有领导职责的机关因履职需要，可以依照工作程序了解案件情况，组织研究司法政策，统筹协调依法处理工作，督促司法机关依法履行职责，但不得对案件的证据采信、事实认定、司法裁判等作出具体决定。为使领导干部干预司法的行为全程留痕、有据可查，要求司法人员对领导干部干预司法活动、插手具体案件的情况应当如实记录，否则视情况予以警告、通报批评、纪律处分。

（二）完善司法责任制

司法责任制被称为司法体制改革的“牛鼻子”。司法责任制改革的逻辑是要放权给法官、检察官，让法官、检察官成为真正的办案主体，对其履行职责的行为承担责任，在职责范围内对办案质量终身负责，以落实责任来促使法官、检察官谨慎行使权力，从而实现司法公正。2015 年 8 月，中央深改小组分别通过“两高”的《关于完善人民法院司法责任制的若干意见》（以下简称《法院司法责任制意见》）、《关于完善人民检察院司法责任制的若干意见》（以下简称《检察院司法责任制意见》）。

保障司法机关独立行使职权和加强专业化司法机关办案人员队伍建设都是完善司法责任制的重要前提。2014 年 6 月 6 日中央深改小组第三次会议通过的《关于司法体制改革试点若干问题的框架意见》中，将完善司法人员分类管理与健全司法人员职业保障作为司法体制改革的基础性、制度性措施，决定成立法官（检察官）遴选委员会，负责对法官（检察官）进行遴选。司法机关建立符合职业特点的人员分类管理制度旨在提高司法队伍的专业化和职业化水平，这是确保案件公正处理的重要基础。司法机关将司法人员分为三类：法官检察官、司法辅助人员和司法行政人员。按照 85% 以上的人力资源配置到办案一线的要求，司法行政人员数目不得超过中央政法专项编制的 15%。各省市先后按照“统一提名、党委审批、分级任免”的流程开始了法官、检察官的遴选工作。到 2017 年 11 月，全国法院从原来 211 990 名法官中遴选产生了 120 138 名员额法官，占中央政法专项编制的 32.9%。全国检察机关遴选出员额内检察官 84 444 名，占中央政法专项编制的 32.78%。以此为前提，司法责任制改革才能顺利进行。

1. 改革司法权力运行机制

在法院权力运行机制上，首先，改革独任制与合议庭运行机制，改革裁判文书签署机制，裁判文书由审理案件的法官直接签署后即可印发。独任制审理的案件，由独任法官对案件事实的认定和法律适用承担全部责任；合议庭审理的案件，合议庭成员对案件的事实认定和法律适用共同承担责任。领导干部干预导致裁判错误，法官不记录或者不如实记录，应当排除干预而没有排除的，承担违法审判责任。其次，明确将审判委员会讨论案件的范围限定为“涉及国家外交、安全和社会稳定的重大复杂案件,以及重大、疑难、复杂案件的法律适用问题”,并指出要强化审判委员会总结审判经验、讨论决定审判工作重大事项的宏观指导职能。审判委员会评议实行全程留痕,审判委员会改变合议庭意见导致裁判错误的,由持多数意见的委员共同承担责任,合议庭不承担责任。审判委员会维持合议庭意见导致错误裁判的,由合议庭和持多数意见的委员共同承担责任。最后,规范审判管理和监督制度——该意见提出建立符合司法规律的案件质量评估体系、评价机制及在各级人民法院成立法官考评委员会,以此对法官业绩进行评价,并作为法官任职、评先评优和晋职晋级的依据。院长、副院长、庭长的审判管理和监督活动应当控制在职责和权限范围内,并应当在办公平台上全程留痕。外部监督上,建立健全审判流程公开、裁判文书公开和执行信息公开三大平台,构建开放动态、透明、便民的阳光司法机制,广泛接受社会监督。

在检察院权力运行机制上,健全司法办案组织及运行机制、健全检察委员会运行机制。检察一体化是检察司法责任制区别于法院的关键原因,检察权由检察官独立行使需要检察长的委托。为此,独任检察官、主任检察官对检察长(分管副检察长)负责并在职权范围内对办案事项作出决定,独任检察官承办并作出决定的案件,由独任检察官承担责任;检察官办案组承办的案件,由其负责人和其他检察官共同承担责任,办案组负责人对职权范围内决定的事项承担责任,其他检察官对自己的行为承担责任。检察长除承担监督管理责任外,对在职权范围内作出的有关办案事项决定承担完全责任。但是该意见却没有对检察官对哪些事项有决定权作出具体的规定,交由各省检察院制定权力清单。依照《检察院司法责任制意见》的规定,对于检察官在权力清单所规定的职权范围内作出决定的事项,检察长(分管副检察长)都不因签发法律文书承担司法责任。但是,检察长(分管副检察长)有权对独任检察官、检察官办案组承办的案件进行审核。

2. 司法责任制的改革

司法责任是指司法责任主体基于其所承担的司法职责,因在履行职责时存在违法违纪行为而应承担的法律上的不利后果。依照《法院司法责任制意见》和《检察院司法责任制意见》,司法责任包括故意违反法律法规的;

因重大过失造成严重后果的。此外,还包括检察系统的监督管理责任。同时明确了下列行为不属于司法责任的范围:(1)司法人员违反职业道德准则和纪律规定,接受案件当事人及相关人员请客送礼、与律师进行不正当交往等违纪违法行为,依照法律及有关纪律规定另行处理。(2)一般工作瑕疵。依照当前的规定,司法人员在认定事实、证据采信、法律适用、办案程序、文书制作以及司法作风方面不符合法律有关规定,但不影响案件结论的正确性和效力的,属司法瑕疵,依照相关纪律规定处理。司法办案过程中虽有错案发生,但是司法人员尽到注意义务,没有故意或者重大过失的,不承担司法责任。(3)其他情形。如不得作为错案进行责任追究的情形:法律修订或者政策调整的;因出现新证据而改变裁判的等。

司法责任的追责主体是法官、检察官惩戒委员会。首先由法院、检察院的纪检监察机构受理司法人员在司法办案工作中违纪违法行为和司法过错行为的检举控告,并进行调查核实。认为应当追究法官、检察官故意违反法律法规或重大过失责任的,应当报请院长、检察长决定后,移送省、自治区、直辖市法官、检察官惩戒委员会审议,并就其故意违反法律法规或重大过失承担举证责任,当事法官、检察官有权进行陈述、辩解、申请复议。法官、检察官惩戒委员会根据查明的事实和法律规定作出无责、免责或给予惩戒处分的建议。

(三)以审判为中心的诉讼制度改革

"以审判为中心"是基于司法规律,针对公、检、法三机关关系在立法和司法运行上的不足而提出的,是对三机关关系的完善和发展,使审判最有利于查明案件事实真相,实现司法公正。十八届四中全会提出,"推进以审判为中心的诉讼制度改革""全面贯彻证据裁判规则,严格依法收集、固定、保存、审查、运用证据,完善证人、鉴定人出庭制度,保证庭审在查明事实、认定证据、保护诉权、公正裁判中发挥决定性作用"。2016年10月11日,最高人民法院、最高人民检察院、司法部、公安部、国家安全部印发了《关于推进以审判为中心的刑事诉讼制度改革的意见》。该意见再次重申了未经人民法院依法判决,对任何人都不得确定有罪;证据裁判原则;侦查机关应当全面客观收集证据;防止刑讯逼供,不得强迫任何人证实自己有罪等基本原则和制度。随着改革的推进，以审判为中心的诉讼制度改革逐渐明确为庭审实质化改革。2017 年 12 月 27 日，为了深入推进庭审实质化，最高人民法院发布了“三项规程”(《人民法院办理刑事案件庭前会议规程(试行)》、《人民法院办理刑事案件排除非法证据规程(试行)》和《人民法院办理刑事案件第一审普通程序法庭调查规程(试行)》)，并于 2018 年 1 月 1 日起全面推行“三项规程”，以推进以审判为中心的刑事诉讼制度改革成果在刑事审判活动中的贯彻落实。

(四)加强司法民主与人权保障

1. 改革完善人民陪审员制度

十八届四中全会提出，“完善人民陪审员制度，保障公民陪审权利，扩大参审范围，完善随机抽选方式，提高人民陪审制度公信度。逐步实行人民陪审员不再审理法律适用问题，只参与审理事实认定问题”。2015 年，中央深改小组通过了《人民陪审员制度改革试点方案》，全国人大常委会通过了《关于授权在部分地区开展人民陪审员制度改革试点工作的决定》，最高人民法院和司法部颁布了《人民陪审员制度改革试点工作实施办法》。2018 年 4 月全国人大常委会通过了《中华人民共和国人民陪审员法》。

该法对 2004 年全国人大常委会《关于完善人民陪审员制度的决定》进行了重大修改，主要包括：(1)在选任条件上，年龄要求从年满二十三周岁升为年满二十八周岁，学历要求从“一般应当具有大学专科以上文化程度”降为“一般应当具有高中以上文化程度”。(2)在选任程序上，将个人申请和组织推荐改为以随机抽选为主、个人申请和组织推荐为辅，并明确规定了通过个人申请和组织推荐产生的人民陪审员名额数不得超过 1/5。(3)在参审范围上，区分三人合议庭和七人合议庭的适用范围，并对七人合议庭审理的案件类型予以明确和具体化。人民法院审判下列第一审案件，由人民陪审员和法官组成七人合议庭进行：可能判处十年以上有期徒刑、无期徒刑、死刑，社会影响重大的刑事案件；根据民事诉讼法、行政诉讼法提起的公益诉讼案件；涉及征地拆迁、生态环境保护、食品药品安全，社会影响重大的案件；其他社会影响重大的案件。(4)在参审程序上，三人合议庭中陪审员和法官仍就共同对事实认定和法律适用行使表决权，但在七人合议庭中陪审员仅就事实认定与法官共同表决，而对法律适用虽然可以发表意见但不再参加表决。

2. 严格排除非法证据

十八届三中全会决定明确指出要“严禁刑讯逼供、体罚虐待，严格实行非法证据排除规则”。2017年6月“两高三部”联合发布了《关于办理刑事案件严格排除非法证据若干问题的规定》。相较于过去相关的法律规定和司法解释，该规定主要有如下创新之处：(1)扩大了非法言词证据排除的范围。将“威胁”“非法拘禁”列为排除供述的事由，并且此范围也适用于被害人陈述与证人证言，从而统一了非法证据排除的范围。(2)首次涉及了重复性供述的排除问题。对重复性供述既不是一排到底，也不是完全采纳，而是采取“主体更换说”，并列有例外情形，实现了保障人权与惩罚犯罪的动态平衡。(3)重申、细化排除非法证据的规程。对非法证据坚持早发现、早核查、早排除，强调尽早发现并排除非法证据。同时，细化规定了提讯登记、体检记录的制作，指引有关机关留存证据。(4)将申请非法证据排除纳入法律援助的范围，并保障律师调查取证权。(5)之前在法院依法作出排除决定前可否在对申请排除的证据的庭审中进行调查这一问题没有统一规定。现明确规定：在法庭作出是否排除有关证据的决定前，不得对有关证据宣读、质证。(6)将“第一审人民法院对被告人及其辩护人排除非法证据的申请未予审查……可能影响公正审判的”作为二审发回重审的原因。

3. 保障辩护权和完善法律援助制度

在保障律师依法行使辩护权方面，2015年9月中央深改小组会议通过《关于深化律师制度改革的意见》，同月“两高三部”联合印发了《关于依法保障律师执业权利的规定》。与此同时，2015年5月中央深改小组会议通过了《关于完善法律援助制度的意见》。2017年8月“两高三部”公布了《关于开展法律援助值班律师工作的意见》（以下简称《值班律师意见》），2017年10月，最高人民法院、司法部联合出台《关于开展刑事案件律师辩护全覆盖试点工作的办法》（以下简称《全覆盖办法》）。

上述文件的主要制度创新包括：(1)构建值班律师制度。《值班律师意见》提出，法律援助机构在人民法院、看守所派驻值班律师，为没有辩护人的犯罪嫌疑人、刑事被告人提供法律帮助。法律援助值班律师的职责包括：①解答法律咨询；②引导和帮助犯罪嫌疑人、刑事被告人及其近亲属申请法律援助，转交申请材料；③在认罪认罚从宽制度改革试点中，为自愿认罪认罚的犯罪嫌疑人、刑事被告人提供法律咨询、程序选择、申请变更强制措施等法律帮助，对检察机关定罪量刑建议提出意见，犯罪嫌疑人签署认罪认罚具结书应当有值班律师在场；④对刑讯逼供、非法取证情形代理申诉、控告；⑤承办法律援助机构交办的其他任务。法律援助值班律师不提供出庭辩护服务。(2)扩大法律援助范围。《全覆盖办法》规定，在北京、上海、浙江、安徽、河南、广东、四川、陕西省的全部或部分地区开展刑事案件律师辩护全覆盖试点工作。在之前法律援助范围的基础上，其他适用普通程序审理的一审案件、二审案件、按照审判监督程序审理的案件，被告人没有委托辩护人的，人民法院应当通知法律援助机构指派律师为其提供辩护。适用简易程序、速裁程序审理的案件，被告人没有辩护人的，人民法院应当通知法律援助机构派驻的值班律师为其提供法律帮助。

4. 纠正和防范冤假错案

党的十八大以来，司法机关依法纠正了呼格吉勒图案、聂树斌案、陈满案等重大冤错案件37件61人。2013年8月中央政法委出台了《关于切实防止冤假错案的规定》，重申了疑罪从无、证明标准、保障律师权利等规定。2014年最高人民法院出台《关于建立健全防范刑事冤假错案工作机制的意见》要求办案应当坚持尊重和保障人权原则、程序公正原则、证据裁判原则等。对于定罪证据不足的案件，应当依法宣告被告人无罪，不得降格作出“留有余地”的判决。2013年9月最高人民检察院制定《关于切实履行检察职能防止和纠正冤假错案的若干意见》，建立重大冤错案件发现报告、指导办理、异地审查、监督纠正、依法赔偿工作机制。

（五）刑事诉讼法第三次修改（2018年）

为了协调国家监察体制改革和党的十八大以来司法改革，全国人大常委会以修正案的方式对刑事诉讼法进行修改，并于2018年5月9日公布了《中华人民共和国刑事诉讼法（修正草案）》（以下简称《修正草案》）。这次修法主要包括三个方面：一是完善监察法与刑事诉讼法的衔接机制；二是为加强境外追逃工作力度和手段,设立缺席审判制度;三是将认罪认罚从宽制度和速裁程序的试点工作中成功的经验上升为法律规范。

首先,监察体制改革是对中国政治体制、政治权力、政治关系的重大调整,是事关全局的重大政治体制改革。2016年10月十八届六中全会指出,"各级党委应当支持和保证同级人大、政府、监察机关、司法机关等对国家机关及公职人员依法进行监督,人民政协依章程进行民主监督,审计机关依法进行审计监督",由此拉开了监察体制改革的序幕。2016年11月,中共中央办公厅印发《关于在北京市、山西省、浙江省开展国家监察体制改革试点方案》,在三省市设立各级监察委员会。2017年11月,全国人大常委会通过在全国各地推开国家监察体制改革试点工作的决定。2018年3月11日,全国人大通过了《中华人民共和国宪法修正案》。修正案修改了相关条文,并增加了监察委员会一节,明确规定各级监察委员会是国家的监察机关。随后审议通过了《中华人民共和国监察法》,将监察厅(局)、预防腐败局及人民检察院查处贪污贿赂、失职渎职以及预防职务犯罪等部门的相关职能整合至监察委员会。《修正草案》根据宪法和监察法的规定删去了检察院贪污贿赂犯罪侦查权,但保留了一部分自侦权,即"人民检察院在对诉讼活动实行法律监督中发现司法工作人员利用职权实施的非法拘禁、刑讯逼供、非法搜查等侵犯公民权利、损害司法公正的犯罪,可以由人民检察院立案侦查。对于公安机关管辖的国家机关工作人员利用职权实施的其他重大的犯罪案件,需要由人民检察院直接受理的时候,经省级以上人民检察院决定,可以由人民检察院立案侦查"。此外,还从强制措施、案件移送等方面完善了监察法与刑事诉讼法的衔接。

其次,建立刑事缺席审判制度,加大境外追逃工作的力度。对于贪污贿赂犯罪案件,犯罪嫌疑人、被告人潜逃境外,监察机关移送起诉,检察院认为犯罪事实已经查清,证据确实、充分,依法应当追究刑事责任的,可以向法院提起公诉。同时规定了该类案件的管辖、送达、审理方式、被告人权利保障、上诉权等。此外,还规定了中止和审判监督程序中的缺席审判。

最后,将试点的认罪认罚从宽制度和速裁程序上升为法律。自2014年、2016年开始在部分地区分别试点速裁程序和认罪认罚从宽制度。《修正草案》将认罪认罚从宽作为一项刑事诉讼法的基本原则规定在第一章中，即犯罪嫌疑人、被告人自愿如实供述自己的罪行，对指控的犯罪事实没有异议，愿意接受处罚的，可以依法从宽处理。对于基层人民法院管辖的可能判处三年有期徒刑以下刑罚的案件，案件事实清楚，证据确实、充分，被告人认罪认罚并同意适用速裁程序的，可以适用速裁程序。

《修正草案》旨在着力解决实践中紧迫性的问题，但是自党的十八大以来刑事司法改革取得的重要成就没有在本次修正草案中得以体现，例如，加强司法机关依法独立行使职权、推进以审判为中心的诉讼制度改革、严格实施非法证据排除规则、扩大法律援助范围等问题。我们期待在以后的刑事诉讼法修改中对上述问题加以规定。

四、经验与启示

改革开放四十年以来，以刑事诉讼法制定和三次修改为主线的刑事诉讼法治虽然历经挫折和徘徊，但取得了巨大成就，为中国特色社会主义法治建设提供了宝贵的经验和启示。

（一）改革开放与刑事诉讼法治相伴而生、相辅相成

我国刑事诉讼法治是社会主义法治的重要组成部分，而一国法治的发展状况与当时的政治环境密不可分，法治都是在一定历史时期背景下的产物，这一关系在改革开放后体现得非常明显。“文革”后，1978 年十一届三中全会实现了思想路线、政治路线、组织路线的拨乱反正，作出了实行改革开放的新决策；之后党和国家进一步明确了坚持中国特色社会主义建设的方向。在这样的背景下，我国第一部刑事诉讼法才得以诞生并适时予以修改完善。经验证明，只有改革开放，也只有坚持改革开放，我国的社会主义法治和刑事诉讼法治才能得到创建和不断发展，进而保障国家的安稳和谐及经济建设的顺利进行。

（二）刑事司法改革必须尊重司法规律

司法规律是由司法的特性所决定的，体现为对司法活动和司法建设客观要求的法则。遵循司法规律是刑事司法改革取得成功的关键。同时要把遵循司法规律同符合国情科学地结合起来。首先，司法必须以公正为最高

价值目标。公正是人类社会所追求的首要价值目标,司法公正则是维护社会公平的最后一道防线,是司法机关的灵魂和生命线。失去了对公正的追求,司法没有任何存在意义。其次,应当遵循司法机关依法独立行使审判权和检察权的基本司法规律。依法不受干涉的司法审判是实现司法公正的前提,是生成司法权威的保障,是法官职业化和司法理性化的应有之义。最后,必须遵循保障控辩平等的刑事诉讼模式。由于行使控诉权的国家专门机关在权力、手段和物质条件上远超过被追诉人,因而国家必须着力构建控辩双方平等对抗的程序,保证辩护权的有效行使。当前最为紧要的任务是完善法律援助制度,对于犯罪嫌疑人、被告人可能被判处三年以上有期徒刑,没有委托辩护人的,公安司法机关都应当通知法律援助机构指派律师为其提供辩护。同时,法律援助全覆盖应当覆盖包括死刑复核程序在内的所有审判程序。

(三)刑事诉讼应坚持动态平衡理念

刑事诉讼法治四十年的实践要求坚持动态平衡的诉讼观。首先,刑事实体法和刑事程序法相平衡。既要承认程序法的工具价值,又不能陷入唯工具论;既要承认程序法的独立价值,又不能过度夸大,陷入程序优先论。其次,惩罚犯罪与保障人权相平衡。惩罚犯罪和人权保障,是刑事诉讼法目的的两个方面。两者对立统一,不可偏废。最后,诉讼公正与诉讼效率之间的合理平衡。要以公正为优先,兼顾效率,不计成本、不考虑效率也是行不通的。

(四)刑事诉讼法律的稳定性与变化性相协调

法律必须保持稳定,才能保证社会关系和社会秩序的稳定。四十年刑事诉讼法律也是稳定性与变化性相协调的历史。稳定性要求刑事诉讼法律应保持其严肃性,不得任意变动和修改。如果朝令夕改,刑事诉讼法将“法不成法”——“严打”中就出现过这方面的教训——立法就会失信于民。但是法律又不能静止不变,必须根据社会发展变化作出相应的调整。现代社会的变化和发展对法律提出了挑战,法律必须紧跟时代潮流,与时俱进,否则就有可能阻碍社会的发展。因此,对不适应时代要求的刑事诉讼法律,应当及时修改或废止,不能让其成为刑事法治建设的“绊马索”;对于实践证明比较成熟的改革经验和行之有效的改革举措,则应当尽快上升为刑事诉讼法律。我国刑事诉讼法治建设从制定法典到后面的两次修改再到当前《修正草案》的公布总体来说是应当肯定的,但也有些方面跟不上时代的潮流和社会的需求。

关于虚开增值税专用发票犯罪的调研报告

山西省高级人民法院*

“营改增”的全面实施，是我国税收领域的一项重大改革。社会实践推动法治进程，税收改革也必将引发人们对税收犯罪的新思考。近年来，虚开增值税专用发票犯罪案件数量持续上升，国家税款损失严重。因此，对该罪进行实证研究具有重要的现实意义。山西省高级人民法院组成课题组，对全省2007年至2016年虚开增值税专用发票犯罪案件的审理情况进行了调研，针对司法适用中存在的主要问题，结合税收改革实践，提出了惩治和预防虚开增值税专用发票犯罪的对策与建议。①

一、基本情况

（一）案件数量呈上升趋势，且在危害税收征管罪中占比最大

1. 案件数量整体呈上升趋势

2007年至2016年，山西省各级人民法院受理虚开增值税专用发票罪一审案件共282件（见表1）。十年间，除2009年收案数明显上升、2010年有较大回落之外，收案数整体呈现上升趋势。其中2007年至2011年五年间的年平均收案数是20.8件，2012年至2016年五年间的年平均收案数是35.6件，近五年收案数明显上升，比上一个五年上升71.15%。

---

* 课题组成员：王小娟、王慧娟（山西大学商务学院讲师）、薛克昌、姚利屏。

① 本报告中使用的“虚开增值税专用发票罪”案件数据一般均包括刑法第二百零五条规定的“虚开增值税专用发票，用于骗取出口退税、抵扣税款发票罪”罪名下的所有案件。本报告仅在对虚开增值税专用发票罪进行罪名解析时，与虚开用于抵扣税款发票罪等罪名明确区分。

表1　全省法院2007—2016年虚开增值税专用发票犯罪一审收案情况

年份	2007	2008	2009	2010	2011	2012	2013	2014	2015	2016	合计
收案（件）	18	23	31	16	16	28	39	39	35	37	282

2. 案件数量在危害税收征管罪中占比最大

2007年至2016年，山西省各级人民法院受理危害税收征管罪一审案件共606件。其中虚开增值税专用发票罪282件，占46.53%，将近一半，居第一位；非法制造、出售非法制造的发票罪148件，占24.42%，居第二位；逃税罪67件，占11.06%，居第三位；其他发票犯罪①共95件，占15.68%；抗税罪、逃避追缴欠税罪、骗取出口退税罪共14件，占2.31%（见图1）。

在危害税收征管罪中，虚开增值税专用发票、用于骗取出口退税、抵扣税款发票罪，非法制造、出售非法制造的发票罪等发票类犯罪占86.63%；逃税罪、抗税罪、逃避追缴欠税罪、骗取出口退税罪等非发票类犯罪占13.37%。

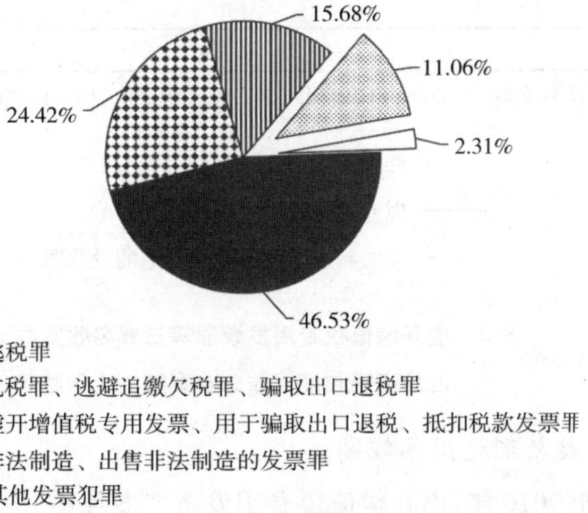

图1　危害税收征管罪各罪名一审收案数占比

① 其他发票犯罪包括：伪造、出售伪造的增值税专用发票罪，非法出售增值税专用发票罪，非法购买增值税专用发票、购买伪造的增值税专用发票罪，非法制造、出售非法制造的用于骗取出口退税、抵扣税款发票罪，非法出售用于骗取出口退税、抵扣税款发票罪，非法出售发票罪，虚开发票罪，持有伪造的发票罪。

3. 案件数量在危害税收征管罪中的比例呈上升趋势

2007年虚开增值税专用发票罪一审案件数量占危害税收征管罪一审案件数量的比例是35.29%,2016年的占比是71.15%,上升35.86%。十年间,虚开增值税专用发票罪一审案件数量占危害税收征管罪一审案件数量的比例,除2010年、2011年略有回落之外,整体呈上升趋势。而逃税罪,非法制造、出售非法制造的发票罪在危害税收征管罪中的比例呈整体下降的趋势。逃税罪从2007年的29.41%下降到2016年的7.69%,非法制造、出售非法制造的发票罪从2007年的23.53%下降2016年的9.62%(见图2)。

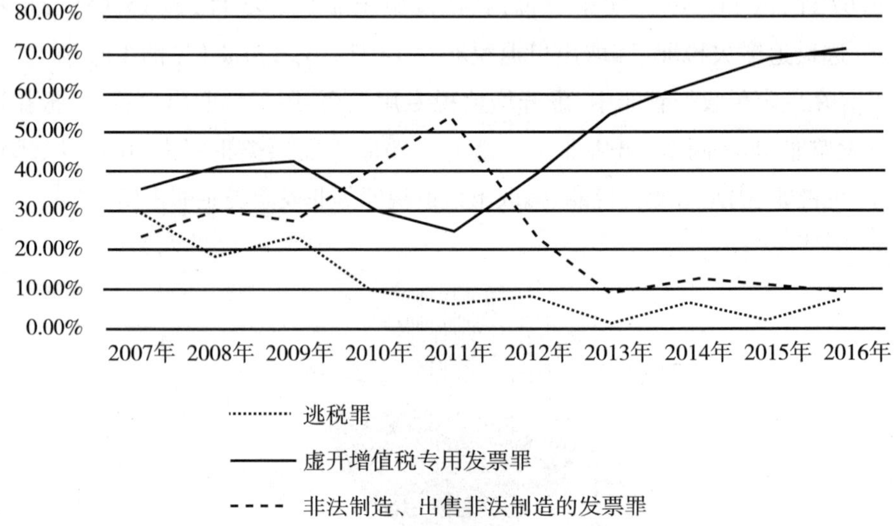

图2 虚开增值税专用发票罪等三罪名收案数占危害税收征管罪总收案数的比例趋势

(二)非监禁刑适用率较高

2007年至2016年,虚开增值税专用发票罪案件中,给予刑事处罚的被告人共293人,其中被判处五年以上有期徒刑的50人,占17.07%;被判处拘役、不满五年有期徒刑的70人,占23.89%;被判处管制、缓刑、单处附加刑的共173人,非监禁刑适用率①是59.04%(见表2)。而同期破坏社会主

① 非监禁刑适用率=适用缓刑、判处管制或者单处附加刑的人数/给予刑事处罚被告人数。

义市场经济秩序罪给予刑事处罚的被告人中，非监禁刑适用率是40.12%，同比高18.92%。这说明在破坏社会主义市场经济秩序罪中，虚开增值税专用发票罪的非监禁刑适用率较高。

表2　被告人量刑情况

案件类别	五年以上有期徒刑等	拘役、不满五年有期徒刑	管制、缓刑、单处附加刑	合计(人)
虚开增值税专用发票罪	50	70	173	293
占比	17.07%	23.89%	59.04%	

（三）案件上诉率和二审发回率较高

以2014年至2016年为例，虚开增值税专用发票罪案件的上诉率是34.02%，破坏社会主义市场经济秩序罪案件的上诉率是24.62%，同比高出9.40%。虚开增值税专用发票罪二审案件的发回率是40%，破坏社会主义市场经济秩序罪二审案件的发回率是23.58%，同比高出16.42%（见图3）。

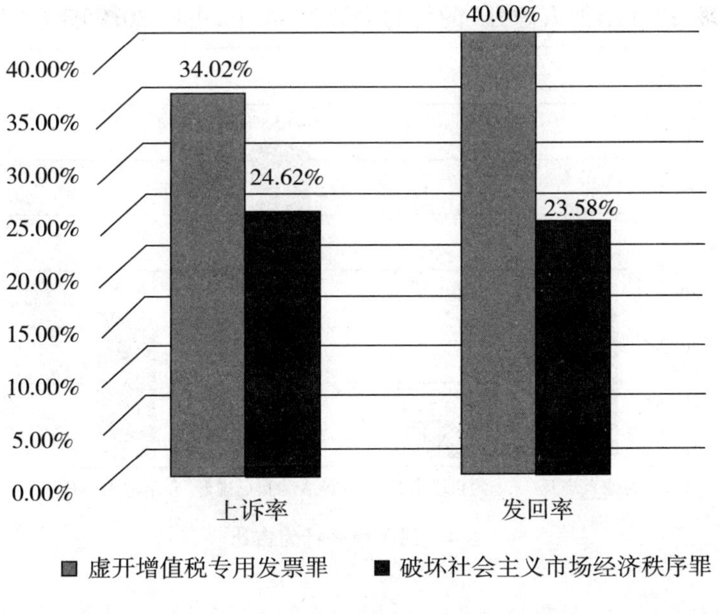

图3　上诉率和发回率对比

二、主要特点

课题组选取山西省各级人民法院2007年至2016年审结的虚开增值税专用发票犯罪案件中的85个案件作为样本，对裁判文书中的虚开行为方式、犯罪数额情况、罚金刑适用等进行分析，归纳出如下特点：

（一）虚开行为中"让他人为自己虚开"占比最高，"为自己虚开"占比最低

刑法第二百零五条第四款规定，虚开增值税专用发票或者虚开用于骗取出口退税、抵扣税款的其他发票，是指有为他人虚开、为自己虚开、让他人为自己虚开、介绍他人虚开行为之一的。85个案件中，犯罪主体涉及171个自然人和单位，其中17个单位，154个自然人。通过对犯罪主体在具体案件中从事的虚开行为方式进行统计，裁判文书呈现出的虚开行为方式复杂交错。调查数据显示，虚开行为总数为210个，其中"为他人虚开"的行为为52个，占比24.76%；"为自己虚开"的行为只有10个，占比最低，仅4.76%，且"为自己虚开"的发票主要是农产品收购发票①；"让他人为自己虚开"的行为个数为104个，占比最高，达49.53%；"介绍他人虚开"的行为个数为44个，占比20.95%（见图4）。

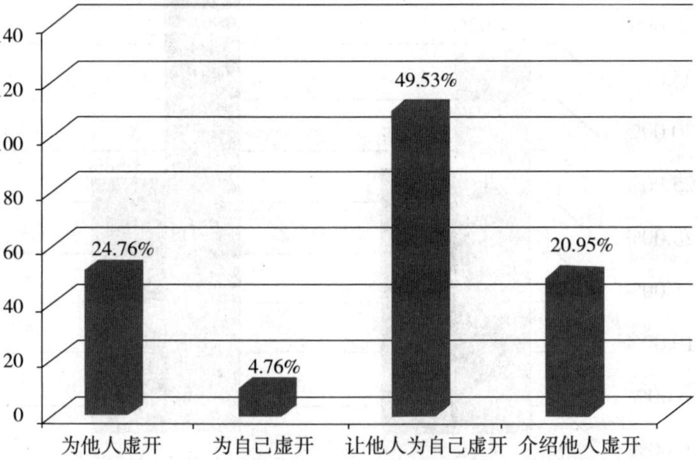

图4　四种虚开行为占比

① 课题组通过对中国裁判文书网相关文书进行考察，也仅发现数量不多的为自己虚开伪造的海关进口增值税专用缴款书的案件。

(二)国家税款损失数额大,空壳公司危害严重

1. 国家税款损失数额占实际抵扣税款数额的比例达84.83%

85个案件共虚开税款数额240 097 749.20元,实际抵扣税款数额①为194 002 680.60元,占虚开税款数额的比例为80.80%;虚开税款数额中未抵扣税款数额为46 095 068.60元,占虚开税款数额的比例为19.20%。85个案件中实际抵扣税款数额为194 002 680.60元,追缴税款数额为29 434 057.36元,占实际抵扣税款数额的比例为15.17%;国家税款损失数额为164 568 623.24元,占实际抵扣税款数额的比例为84.83%(见图5)。

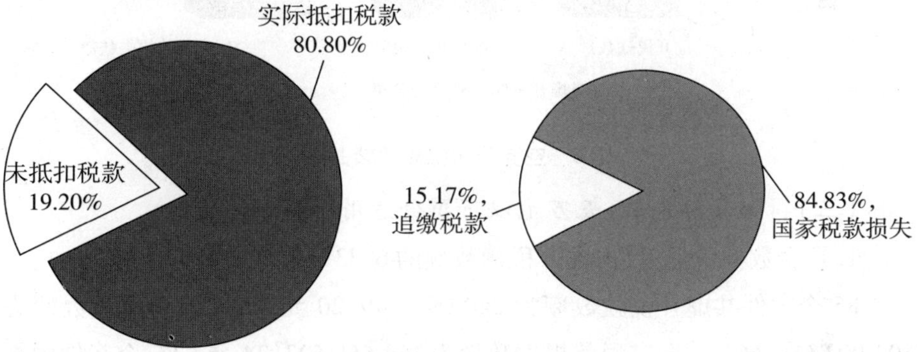

图5　犯罪数额占比

2. 空壳公司造成国家税款损失的比例达57.08%

实践中存在行为人以虚开增值税专用发票为目的设立公司,从而收取开票费的情况。设立的公司并不实际经营业务,以为他人虚开增值税专用发票牟取非法利益。② 税务实践中,将这种以虚开为目的设立的公司称为"空壳公司"。85个案件共虚开税款数额为240 097 749.20元,其中有19个案件涉及空壳公司,空壳公司虚开税款数额为153 892 146.70元,占比为64.10%;85个案件共实际抵扣税款数额为194 002 680.60元,空壳公司实际抵扣税款数额为103 417 051.30元,占比为53.31%;85个案件共造成国家税款损失数额为164 568 623.24元,空壳公司造成国家税款损失数额为

① 实际抵扣税款数额中包括受票方取得增值税专用发票后用于骗取出口退税的税款数额。

② 此类公司往往为了掩盖其虚开销项税额的行为,又为自己或让他人为自己虚开进项税额。

93 939 672.01 元，占比为57.08%（见图6）。

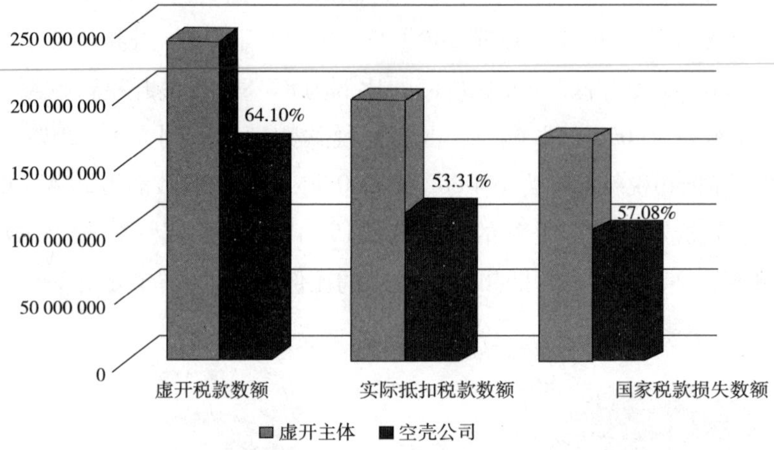

图6　空壳公司犯罪数额占比

（三）罚金数额偏低，五万元以下罚金适用率高

1. 罚金数额偏低，仅占虚开税额数额的6.33%

85个案件共虚开税款数额为240 097 749.20元，实际抵扣税款数额为194 002 680.60元，国家税款损失数额为164 568 623.24元。85个案件中判处罚金数额为15 192 940.27元，仅占虚开税款数额的6.33%，占实际抵扣税款数额的7.83%，占国家税款损失数额的9.23%（见图7）。

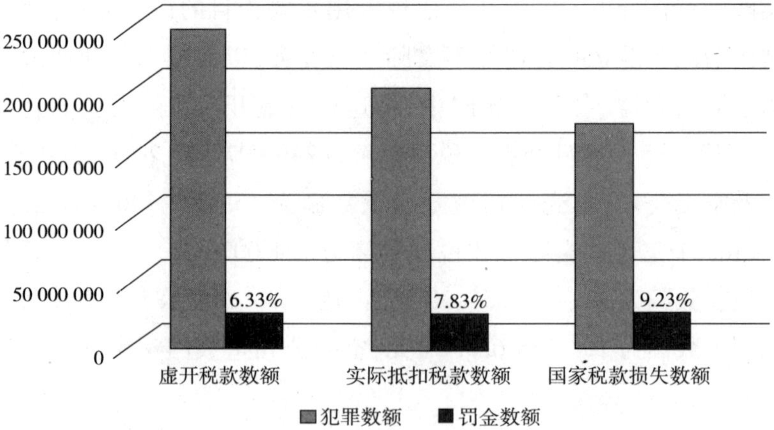

图7　罚金数额在犯罪数额中的占比

2. 五万元以下罚金适用率高，达55.86%

85个案件中共有145个自然人和单位被判处罚金。其中被判处五万元以下（含五万元）罚金的81个，达55.86%（见图8）。

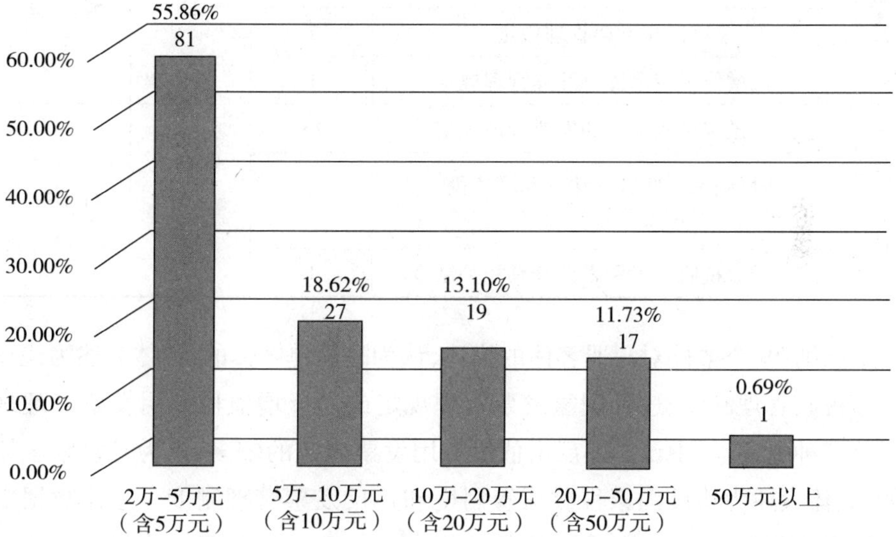

图8 罚金适用情况

三、司法适用中存在的主要问题

课题组通过设置具体指标对裁判文书进行分析，梳理出山西法院审理虚开增值税专用发票犯罪案件的现状和难点。同时考察中国裁判文书网上的相关文书，进行对比研究，以期全面发现司法适用中存在的问题。

（一）犯罪构成的理解存在差异

1. 犯罪客体是简单客体还是复杂客体认识不一

课题组对选取的85个案件的裁判文书进行梳理，其中有39个案件的裁判文书明确对犯罪客体进行了表述。裁判文书中对犯罪客体的描述，主要是两种：一是简单客体，占58.97%；二是复杂客体，占41.03%（见表3）。

表3　犯罪客体表述情况

<table>
<tr><th colspan="2">犯罪客体</th><th>案件数量</th><th>合计</th><th>占比</th></tr>
<tr><td rowspan="4">简单客体</td><td>违反增值税专用发票管理规定</td><td>9</td><td rowspan="4">23</td><td rowspan="4">58.97%</td></tr>
<tr><td>违反国家税收管理制度</td><td>6</td></tr>
<tr><td>违反国家发票管理规定</td><td>7</td></tr>
<tr><td>违反增值税专用发票开具管理规定</td><td>1</td></tr>
<tr><td rowspan="3">复杂客体</td><td>违反国家税收征管和发票管理规定</td><td>13</td><td rowspan="3">16</td><td rowspan="3">41.03%</td></tr>
<tr><td>违反国家税收管理法规和增值税专用发票管理规定</td><td>2</td></tr>
<tr><td>违反国家税收征管和发票开具相关制度</td><td>1</td></tr>
</table>

归纳39个案件对犯罪客体的描述，认为是简单客体的，具体表述为违反国家税收管理制度、违反国家发票管理规定或违反增值税专用发票管理规定这三种之一，其中认为违反增值税专用发票规定的较多；认为是复杂客体的，具体表述为违反国家税收征管制度和违反发票管理制度。上述数据反映出在审判实践中，对犯罪客体的认识尚不一致。从犯罪客体与发票的关联性来看，有33个案件认为犯罪客体与发票管理有关，这33个案件中又有12个案件认为与增值税专用发票管理有关。这说明，虽然裁判文书对犯罪客体的认识存在差异，但多数认为本罪的犯罪客体与国家的发票管理制度关联。

2. 犯罪主观方面是否要求具有特定目的存在争议

理论界和司法实务中，对于行为人构成本罪，主观方面是否要求具有谋取非法利益等特定目的的分歧较大。一种观点认为，构成本罪不要求行为人具有谋取非法利益等特定目的；另一种观点认为，构成本罪要求行为人具有谋取非法利益等特定目的。在第二种观点的认识下，往往将要求具有谋取非法利益的目的，具体化为“抵扣税款”或“骗取国家税款”这一特定目的。

从调研结果来看，裁判文书对主观方面的表述存在差异。85个案件中，有37个案件的裁判文书对犯罪目的有明确表述（见图9）。在对行为人主观方面的表述中，与“犯罪目的”有关的表述主要归纳为：抵扣或骗取国家税款、非法牟利、赚取开票费、赚取介绍费、结账等，其中表述与“抵扣或骗取国家税款”有关的较多。另外,也有裁判文书明确表述本罪不要求具有特定目的,如“本罪的主观要件必须是故意,一般具有牟利的目的,但该目的并不是本罪主观上的必要条件”等。

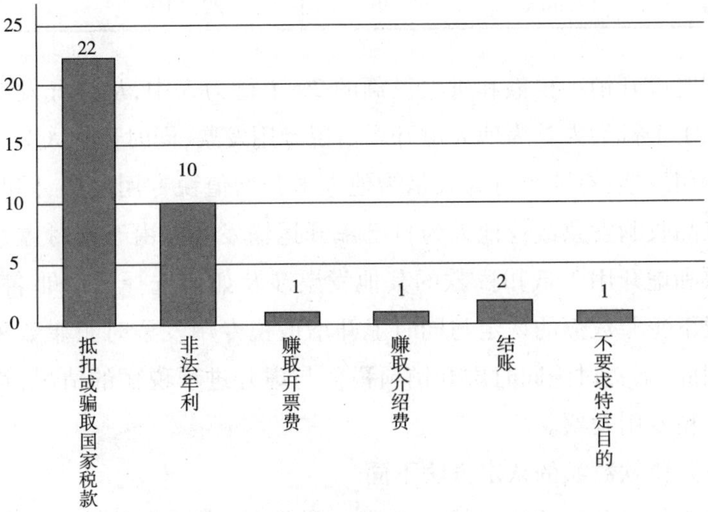

图9　犯罪目的表述情况

3. 代开行为的认定存在分歧

实践中存在行为人进行了实际经营活动,但让他人为自己代开增值税专用发票的情形。有的案件中,代开增值税专用发票的数量、金额等与实际经营活动相符,行为人主观上也没有偷逃税款的目的,客观上也没有造成国家税款的流失,此时应否认定构成虚开增值税专用发票罪,存在分歧。

(二)犯罪数额的认定方法不同

审判实践中,行为人在一个具体的案件中,从事的虚开行为不同,虚开税款数额的认定方法也不同。行为人有的仅虚开销项税额、有的仅虚开进项税额,还有的同时虚开销项税额与进项税额。在85个案件中,犯罪主体涉及171个自然人和单位。除去40个介绍人,131个自然人和单位虚开税款数额的情况是:仅虚开销项税额的23个,仅虚开进项税额的79个,同时虚开销项税额与进项税额的29个(见表4)。

表4　行为人虚开税款数额情况

虚开税款数额方式	仅虚开销项税额	仅虚开进项税额	同时虚开销项税额与虚开进项税额	合计
行为人	23	79	29	131
占比	17.56%	60.30%	22.14%	

在同时虚开销项税额和进项税额的29个行为人中,从虚开发票的种类来看,有21个行为人是为他人虚开增值税专用发票,同时让他人为自己虚开增值税专用发票;有8个行为人是为他人虚开增值税专用发票,同时为自己虚开农产品收购发票或让他人为自己虚开运输发票。由于同时虚开增值税专用发票和虚开用于抵扣税款的其他发票涉及如何选择适用罪名的问题,此种情况下犯罪数额的认定与同时虚开增值税专用发票时犯罪数额的认定不同。因此,下文讨论同时虚开销项税额与虚开进项税额的情况,均指同时虚开增值税专用发票。

1. 虚开税款数额的认定方法不同

行为人仅虚开销项税额或虚开进项税额时,虚开税款数额一般容易认定。行为人仅虚开销项税额时,以虚开的销项税额为虚开税款数额;行为人仅虚开进项税额时,以虚开的进项税额为虚开税款数额。行为人同时虚开销项税额与虚开进项税额的,如何认定虚开税款数额,实践中存在分歧。在上述21个行为人同时虚开销项税额与虚开进项税额的行为方式下,认定虚开税款税额为虚开销项税额与虚开进项税额之和的有13个,认定虚开税款数额为虚开销项税额的有8个(见表5)。同时,考察中国裁判文书网上的相关文书,有些案件是采用虚开销项税额与虚开进项税额中较大者作为虚开税款数额。

表5　行为人同时虚开销项税额与虚开进项税额时虚开税款数额的认定方法

虚开税款数额认定	虚开销项税额	虚开销项税额与虚开进项税额之和	虚开销项税额与虚开进项税额较大者	合计
行为人数	8	13	0	21
占比	38.10%	61.90%	0%	

2. 骗取国家税款数额的认定方法不同

行为人仅虚开销项税额时,一般将受票方抵扣税款的数额认定为行为人骗取国家税款数额;行为人仅虚开进项税额时,一般将行为人自己抵扣税款的数额认定为骗取国家税款数额。审判实践中对既虚开销项税额又虚开进项税额时,应如何认定骗取国家税款数额存在争议,焦点主要集中在行为人虚开并抵扣的进项税额是否应该认定为骗取国家税款数额。

3. 国家税款损失数额的认定方法不同

审判实践中通常以骗取国家税款数额扣除追缴税款、行为人及其亲属等补缴税款后的余额来认定国家税款损失数额。因此,骗取国家税款数额的认定方法不同,也导致国家税款损失数额的认定存在差异。有的案件中,行为人既虚开销项税额又虚开进项税额时,法院认为行为人虚开并抵扣的进项税额不应认定为骗取国家税款数额,从而也不应认定为国家税款损失数额。如某裁判文书这样表述:"被告人王某自接管某公司后,并没有从事过实际的购销活动,其接管公司的目的就是虚开增值税专用发票牟利,后为了弥补虚开的销项税额,让他人为自己虚开增值税专用发票并向税务机关申报抵扣的行为,实际上不能导致国家税款损失的后果。""被告人王某虚开增值税专用发票给国家造成的损失,应以其为他人虚开并被他人用于抵扣应缴纳税款的虚假增值税款部分为计算损失的标准"等。

审判实践中认定国家税款损失数额,存在争议的主要是空壳公司存续期间已缴纳的税款是否应该从国家税款损失中扣除。有的案件中,法院认为空壳公司存续期间已缴纳的税款可以从国家税款损失中扣除。如某裁判文书这样表述:"经查,某公司在存续期间曾向税务机关缴纳包括增值税款在内的各项税款,应从给国家造成的税款损失中扣除"等。

(三)本罪与危害税收征管罪中其他罪名较难区分

首先,行为人为他人虚开增值税专用发票,同时又为自己或让他人为自己虚开用于抵扣税款发票,此种情况下如何定罪处罚存在分歧。有的对行为人定虚开增值税专用发票、用于抵扣税款发票罪;有的对行为人择一罪名定罪处罚,定虚开增值税专用发票罪或虚开用于抵扣税款发票罪。如某裁判文书中这样表述:"法院认为,被告人刘某某在不具有真实货物交易的情况下,通过虚开增值税专用发票谋取非法利益,又采取为自己虚开用于抵扣税款的发票作为进项票的手段,掩盖其犯罪事实,因其前一行为与后一行为存在手段和目的牵连关系,因此应视为牵连犯,从一重罪处罚”等。

其次,本罪与逃税罪的行为方式不同,但存在交叉重合之处。纳税人通过虚开增值税专用发票进行纳税申报,属于逃税罪中规定的“纳税人采取欺骗、隐瞒手段进行虚假申报”的一种行为方式。审判实践中的难点是,行为人接受虚开的增值税专用发票进行抵扣构成逃税罪,还是构成虚开增值税专用发票罪,较难区分。

最后,行为人通过虚开增值税专用发票用于骗取出口退税,同时构成两罪的情况下,根据《最高人民法院关于审理骗取出口退税刑事案件具体应用法律若干问题的解释》第九条规定,“实施骗取出口退税犯罪,同时构成虚开增值税专用发票罪等其他犯罪的,依照刑法处罚较重的规定定罪处罚”。从审理情况来看,有的以骗取出口退税罪定罪处罚,有的以虚开增值税专用发票罪定罪处罚。审判实践的难点是如何具体适用“依照刑法处罚较重的规定定罪处罚”。

四、惩治和预防虚开增值税专用发票犯罪的对策与建议

(一)规范适用

由于虚开增值税专用发票犯罪的专业性和复杂性,该罪的法律适用问题一直是税收犯罪案件审理的重点和难点。为准确理解和适用法律,需要深入开展调研,归纳总结出契合税收实践活动的审判经验,以保障审判质量,提高审判效率。

1. 本罪的犯罪构成

虚开增值税专用发票犯罪侵犯的是何种法益,是否要求具有特定目的,是审理案件时需要首先明确的问题。课题组认为,本罪旨在保护国家增值税征纳秩序和国家增值税税收利益。一方面保护国家增值税征纳秩序,即增值税专用发票的管理;另一方面保护应纳增值税这一特殊税种的税收利益,即国家增值税税收利益。基于此考虑,认定本罪在主观方面应当要求行为人具有抵扣税款或骗取国家税款等特定目的。

代开行为会造成对国家增值税征纳秩序的侵害,一般应认定构成虚开增值税专用发票犯罪。但代开行为是否必然导致国家税款被骗,造成国家

税款损失,需要具体分析。增值税纳税义务人分为一般纳税人与小规模纳税人。审判实践中,代开行为主要有两种:一种是一般纳税人为小规模纳税人代开;另一种是一般纳税人为一般纳税人代开。一般纳税人为小规模纳税人代开增值税专用发票后,多数都不会按照代开的增值税专用发票进行纳税申报,会造成国家税款的损失。一般纳税人之间代开增值税专用发票,若开票方与销售方适用相同税率,开票方按照代开增值税专用发票进行纳税申报并缴纳税款的情况下,通常不会造成国家增值税税款损失。审理案件时,要注意区分不同的代开行为。从实践来看,不造成税款损失的代开行为和造成税款损失的代开行为,其社会危害性有明显的差异。如果对本罪的"虚开"不设置一定的限制,即认为本罪是行为犯,只要具有虚开行为而不论行为人是否具有抵扣税款或骗取国家税款等特定目的,虚开行为是否实际造成国家税款损失等危害后果,都一视同仁、一律入罪处理,就可能导致对危害后果差异较大的行为予以同等处理的不公平现象。这是当前审理虚开增值税专用发票案件工作中需要研究解决的问题。

2. 犯罪数额的认定

关于虚开税款数额的认定。行为人仅虚开销项税额或虚开进项税额时,虚开税款数额为虚开的销项税额或进项税额。课题组认为,行为人虚开销项税额与虚开进项税额,均违反了增值税专用发票管理制度,对国家增值税征纳秩序造成了侵害。行为人同时虚开销项税额与虚开进项税额的,如果虚开销项税额或虚开进项税额分别涉及不同的货物购销和应税劳务,虚开税款数额可以二者累计之和认定;如果针对的是同一项交易,则可考虑以虚开销项税额与虚开进项税额中较大者作为虚开税款数额。

关于骗取国家税款数额的认定。行为人仅虚开销项税额或虚开进项税额时,骗取国家税款数额为销项受票方抵扣税款数额或进项受票方抵扣税款数额。课题组认为,行为人同时虚开销项税额与虚开进项税额的,骗取国家税款数额应区分行为人有无实际经营进行认定。有实际经营的行为人同时虚开销项税额与虚开进项税额,骗取国家税款数额为销项受票方与进项受票方抵扣税款数额之和。无实际经营的行为人同时虚开销项税额与虚开进项税额,由于行为人不存在真实交易,不产生纳税义务,虚开进项税额进行抵扣并不能产生骗取国家税款的后果。因此,骗取国家税款数额仅为销项受票方抵扣税款的数额。

关于国家税款损失数额的认定。国家税款损失数额应在骗取国家税款数额认定的基础上,以骗取国家税款数额扣除追缴税款和行为人及其亲属等补缴税款后的余额来认定。课题组认为,空壳公司存续期间不存在真实交易,不产生纳税义务。因此,空壳公司存续期间缴纳的税款可以从国家税款损失数额中扣除。

3. 本罪与危害税收征管罪中其他罪名的区分

本罪与非法出售增值税专用发票的区分,要注意审查虚开行为人的主观明知情况。从实际情况来看,一些公司为获取所谓的开票费,以非法出售的形式,大肆为他人虚开增值税专用发票,对这种"暴力虚开"行为应当从严整治。课题组认为,如果行为人明知受票方是为了骗取国家税款而买票,则其与受票方应构成虚开的共犯,同时开票行为人又构成非法出售增值税专用发票罪,此种情况属于法条竞合,考虑到非法出售增值税专用发票罪的法定刑与虚开增值税专用发票罪的法定刑相当,可从共犯的角度以虚开增值税专用发票罪定罪处罚。如果没有证据证明其明知受票方具有上述目的而购买发票,对开票方以非法出售增值税专用发票罪论处。

本罪与虚开用于抵扣税款发票罪在适用时,除了要注意区分虚开的发票种类不同,还应审查行为人是实际经营还是空壳公司,行为人的行为系手段行为还是目的行为等,综合上述情况进行定罪处罚。例如,在行为人为他人虚开增值税专用发票,同时又为自己虚开农产品收购发票时。如果行为人是实体经营者,行为人为自己虚开农产品收购发票是为抵扣税款时,对行为人定虚开增值税专用发票、用于抵扣税款发票罪;如果行为人是空壳公司,行为人为自己虚开农产品收购发票,是为掩盖虚开销项税额,此时构成手段行为与目的行为的牵连,应择一重罪处罚。

本罪与逃税罪进行区分时,要重点审查行为人是否参与虚开,是否系被动接受虚开的增值税专用发票等。在行为人同时触犯本罪与逃税罪时,应考虑构成法条竞合,适用重法优于轻法。

本罪与骗取出口退税罪的适用,在行为人同时构成两罪的情况下,应综合考虑法定刑、犯罪数额和犯罪情节，依照刑法处罚较重的规定定罪处罚。在量刑相同的情况下，以目的行为定罪更为妥当，因为目的行为更能体现整个犯罪行为的性质。

（二）立法建议

从税法与刑法的关系来看，税法应当是税收犯罪刑事立法的前提法。在刑法框架内研究税收犯罪，必须找到刑法与税法的连接纽带。当下，增值税法已被列入国家的立法规划，“营改增”实施的社会效果对税收法律必将产生深远的影响。刑法作为保障法，其刑事规制的范围和内涵，必将随着税收改革的发展而变化。增值税是我国税收收入的第一大税种。在我国“以票控税”的税收征管模式下，虚开增值税专用发票罪的解释、修正和设置，应在“营改增”税收实践的基础上，慎重推进。

1. 精简罪名。刑法第二百零五条的罪名为“虚开增值税专用发票、用于骗取出口退税、抵扣税款发票罪”，从罪名的确定来看，该罪名应为选择性罪名。85 个案件中，犯罪主体涉及 171 个自然人和单位，以虚开增值税专用发票罪定罪的 154 个，占比 90.06%；以虚开用于抵扣税款发票罪定罪的 8 个，占比 4.68%；以虚开增值税专用发票、用于抵扣税款发票罪定罪的 9 个，占比 5.26%；没有以虚开用于骗取出口退税发票罪定罪的。司法实践中，一方面，虚开用于骗取出口退税发票罪空置①；另一方面，存在同时构成虚开增值税专用发票罪、虚开用于抵扣税款发票罪的情况下，如何定罪处罚的问题。因此，课题组认为，可考虑对该罪名进行适当精简。

2. 重新界定虚开行为。根据刑法第二百零五条第四款的规定，虚开行为“是指有为他人虚开、为自己虚开、让他人为自己虚开、介绍他人虚开行为之一的”。85 个案件中“让他人为自己虚开”的达 49.53%，占比最高；“为他人虚开”的占比 24.76%；“介绍他人虚开”的占比 20.95%；“为自己虚开”的仅占 4.76%，占比最低，且“为自己虚开”的主要是农产品收购发票。全面“营改增”之后，用于抵扣税款的发票种类逐步减少，“为自己虚开”行为的占比会进一步降低。“让他人为自己虚开”与“为自己虚开”的本质均是虚开进

① 截至 2017 年 12 月 31 日，在中国裁判文书网的高级检索框中输入“虚开用于骗取出口退税发票罪”，检索结果为 0。

项税额。因此，课题组认为，可考虑将“让他人为自己虚开”与“为自己虚开”予以整合，重新界定虚开行为。

3. 重新设置罚金刑。85个案件中，罚金数额仅占虚开税款数额的6.33%，占国家税款损失数额的9.23%。罚金数额偏低，会造成对犯罪分子在经济上的威慑力不足。为体现经济犯罪的危害性，可以通过经济惩罚进行弥补的理念，使犯罪分子在犯罪数额增长的同时增加犯罪成本，有必要对罚金进行重新设置。

（三）综合治理

预防和治理以虚开增值税专用发票为主的发票犯罪活动，是一项复杂的系统工程。刑事处罚是解决社会问题的最后手段，前提是要发挥行政预防的作用。完善发票管理的信息化是治理发票犯罪的有效途径。税收犯罪行为的发生，与公民的纳税意识也有直接关系。因此，解决税收犯罪领域的问题，具体到解决虚开增值税专用发票犯罪问题，需要进行综合治理。

1. 加强行政执法与刑事司法的衔接

首先，要健全税务机关与侦查机关、检察机关、审判机关的业务沟通机制，提升整体合力。其次，要深化税务机关与人民法院的协同合作。在数据化大背景下，要实现税务机关与人民法院的信息共享。从山西法院的案件数据来看，发票犯罪在危害税收征管犯罪中的比重最大，且虚开增值税专用发票犯罪案件呈增长趋势，而同期“非法制造、出售非法制造的发票罪”等假票类犯罪案件呈逐渐减少的趋势。法院可以依法向税务机关提供涉税案件信息，为税务机关研判可能涉及违法犯罪的重点领域提供依据。同时，税务机关可以为法院审理涉税案件提供专业协助，在税务稽查中注重证据材料收集，当税收违法案件涉嫌犯罪时，为刑事案件审理提供更加全面有效的证据。最后，人民法院要加强涉税案件审判队伍专业化建设，探索由相对固定的审判人员、合议庭审理涉税案件。要健全培训制度，税收犯罪具有专业性和复杂性的特点，对审判人员进行涉税业务培训，有助于提升审判能力和专业化水平，提高涉税案件的审判质量和效率。

2. 完善发票管理的信息化

“以票控税”的税收征管模式是发票犯罪的制度因素，完善发票管理的信息化是治理发票犯罪的有效途径。2016 年 10 月,金税三期工程全面上线,实现了全国税收数据大集中,成为规范税收执法、加强信息共享的大平台。2016 年 11 月 17 日,国家税务总局发布了《关于按照纳税信用等级对增值税发票使用实行分类管理有关事项的公告》,纳税人的信用等级不同,发票领用和认证均适用不同的管理模式。2016 年 12 月 23 日,国家税务总局发布了《关于启用全国增值税发票查验平台的公告》,取得增值税发票的单位和个人可登录全国增值税发票查验平台,对新系统开具的增值税专用发票、增值税普通发票等发票信息进行查验。上述一系列举措,对规范增值税专用发票管理和预防增值税专用发票犯罪将产生重要作用。随着"营改增"的全面实施,发票管理的信息化还有待在税收实践中进一步完善。

3. 提高全民纳税意识

以虚开增值税专用发票罪为主的发票类犯罪案件持续上升,除了利益刺激和制度因素,在一定程度上反映出公民的税纳意识薄弱。因此,加强公民的纳税意识,进而转变纳税理念,迫在眉睫。一方面,税务机关应开展经常性的税收宣传工作,普及税收知识。另一方面,审判机关可以通过现场巡回开庭等"以案普法"方式,进行税法宣传。中国庭审公开网的开通也将进一步扩大"以案普法"的社会效果。随着税收改革的推进,法治国家建设的深化,全民纳税意识将会不断提高。

结　语

1995 年全国人民代表大会常务委员会《关于惩治虚开、伪造和非法出售增值税专用发票犯罪的决定》首次规定了对虚开增值税专用发票行为予以定罪处罚,1997 年刑法修改增设了虚开增值税专用发票罪。二十多年来,该罪名的适用为税收改革的顺利推进发挥了重要的保障作用。今天在"营改增"的大背景下,我们更需要理性地看待这个罪名,在税收法定原则和罪刑法定原则的指引下,深刻认识该罪保护的法益内涵,准确适用法律条文,科学发挥刑法的社会保障功能。现阶段税收征管实践和税收犯罪治理,还面临许多纷繁复杂的问题,这都需要立法者、司法者、执法者和全体公民共同努力解决!

论虚开增值税专用发票罪的“虚开”

姚龙兵*

编者按:

从实际情况来看,虚开增值税专用发票行为表现较为复杂,除了为骗取税款而“虚开”外,还有其他非以骗取税款为目的的“虚开”情况,如有的是为平账需要,有的出于虚增营业额、扩大业绩需要等。对非以骗取税款的虚开行为能否入罪处理,涉及对“虚开”的准确认定。本文认为,虚开行为必须是以骗取国家税款为目的,行为人主观上不具有偷骗税款的目的,客观上亦未实际造成国家税收损失的虚开行为,不构成虚开增值税专用发票罪。该观点也与此前最高人民法院对一些个案的批复精神相一致。

如何理解虚开增值税专用发票罪的“虚开”行为,是准确定罪的关键。当前,无论是法学理论界,还是司法实务界,对该罪“虚开”行为是否要求有特定目的,存在肯定说与否定说之争。这不仅造成了理论上的混乱,更给司法机关在处理这类案件时带来了错判的风险,实践中也已经出现类似案件处理结果迥异的现象。故结合调研情况,就这个问题略谈一些个人的浅见。笔者认为,虚开增值税专用发票罪,包括刑法第二百零五条第一款规定的虚开用于骗取出口退税、抵扣税款发票罪在内,均要求有骗取税款的主观目的,如不具备该目的,则不能认定为刑法第二百零五条之“虚开”行为,不能以该罪论处。

---

* 作者为最高人民法院刑四庭法官,法学博士。

一、要结合本罪设立的历史渊源准确解读“虚开”

从历史沿革上探究，立法初始阶段尚未出现不以骗取国家税款为目的的虚开增值税专用发票行为。我国刑法规定的虚开增值税专用发票罪，是我国税制改革、实行增值税专用发票抵扣税款制度之后出现的新型经济犯罪。与普通发票相比，增值税专用发票不仅具有记载经营活动的功能，更具有凭票依法抵扣税款的功能。由此，在增值税专用发票制度实行初期，出现了一些不法分子利用增值税专用发票抵扣税款的功能，虚开增值税专用发票，套取国家税款。该行为不仅扰乱了正常的增值税专用发票管理秩序，更造成国家税款损失，社会危害很大。因此，1995 年 10 月 30 日全国人大常委会发布《关于惩治虚开、伪造和非法出售增值税专用发票犯罪的决定》（以下简称《决定》），首次将这种行为规定为犯罪，并设置了最高可判处死刑的严厉法定刑。在当时特定的时代环境下，虚开增值税专用发票行为均是以骗取国家税款为目的，而以虚增业绩但不以骗取国家税款为目的的对开、环开增值税专用发票行为尚未出现。因此，《决定》中没有规定“虚开”行为要以骗取国家税款为目的。相反，《决定》在第一条第二款还规定：“有前款行为骗取国家税款，数额特别巨大、情节特别严重、给国家利益造成特别重大损失的，处无期徒刑或者死刑，并处没收财产。”从该款规定分析，似乎该条第一款的规定不需要骗取国家税款，至少不需要骗取国家税款这个实害结果。笔者认为，对《决定》上述规定的理解，不应脱离当时特定的时代背景，即在增值税专用发票制度刚刚设立之时，虚开增值税专用发票无疑是为了骗取国家税款，除此别无其他目的。

二、要结合社会实践的新情况解读“虚开”

随着增值税发票制度的推行，实践中出现了不以骗取税款为目的，客观上也不可能造成国家税款实际损失，但又不具有与增值税专用发票所记载的内容相符的真实交易的“虚开”行为，如为了虚增单位业绩而虚开增值税专用发票。这种行为虽然客观上也破坏了增值税专用发票的管理制度，但与以骗取国家税款为目的虚开增值税专用发票行为相比，已具有质的区别，如果无视这种区别,仅从字面上套用《决定》以及刑法关于虚开增值税专用发票罪的相关规定,将这种行为也认为是虚开增值税专用发票罪的实行行为,不仅是对法律的机械理解,也割裂了虚开增值税专用发票罪的立法历史渊源。

三、要对比虚开发票罪准确理解本罪的"虚开"

从刑法对增值税发票的区别性保护制度分析,本罪的虚开行为必须是以骗取国家税款为目的。增值税发票包括增值税专用发票和增值税普通发票,在刑法修正案(八)之前,虚开普通发票,包括增值税普通发票的行为,不作为犯罪处理。根本原因在于这些发票本身不具有抵扣税款的功能,行为人虚开这些发票无法凭票直接骗取国家税款。虽然如此,虚开增值税普通发票行为与虚开增值税专用发票一样,也会扰乱增值税发票的管理秩序。而虚开增值税普通发票,在刑法修正案(八)入刑后,也仅设置了最高可判处七年有期徒刑的法定刑。因此,那种以本罪侵犯的客体是增值税发票管理秩序,因此需要从严打击的观点不能成立。

四、要根据刑法理论系统解读"虚开"

从法条文义分析,不能简单认为本罪当然是行为犯的结论。刑法第二百零五条关于虚开增值税专用发票罪的罪状描述,采用了简单罪状的描述方式,即"虚开增值税专用发票或者虚开用于骗取出口退税、抵扣税款的其他发票的,处三年以下有期徒刑或者拘役,并处二万元以上二十万元以下罚金"的方式。这一规定,仅简单表述了本罪的客观方面特征,对于本罪的主观方面,包括是否要求必须有骗取税款的目的,则从法条描述中并不能得出。立法上使用简单罪状,一般是因为立法者认为这些犯罪的特征易于被人理解和把握,无须在法律上作具体的描述。无论在理论界,还是在实务界,不少人分析法条的这一规定后认为,本罪是典型的行为犯,理由是法条并未要求行为人必须具备特定的目的,更未要求本罪必须造成国家税款损失的后果。笔者认为,这种观点是对法条的曲解,对行为犯的误解。行为犯是以法定的实行行为完成作为犯罪既遂标准的犯罪,在犯罪的分类上,它是与结果犯相对应的，而与目的犯不存在对应关系。实际上，行为犯与目的犯在一些犯罪中是包容的，即某罪既是行为犯，同时也是目的犯。如绑架罪，只要行为人以暴力、胁迫等手段绑架人质，即便其勒索财物的目的未得逞，也已构成犯罪既遂。

对简单罪状的解读，不能仅根据法条字面意思片面理解。如前所述，立法采用简单罪状，是因为立法者认为这种犯罪的特征易于被人理解，甚至不言自明，无须在法律上再作具体的描述。如侵犯财产犯罪大多采用简单罪状的方式，法条描述上均没有将非法占有目的作为获取他人财物为内容的财产型犯罪的成立要件，但无论在理论上还是在司法实践中都认为，成立盗窃之类的获取型财产犯罪，行为人主观上必须要有非法占有的目的。因此，不能从刑法第二百零五条的罪状表述中当然地得出本罪不要求行为人主观上具有骗取国家税款目的的结论。

五、要从罪责刑相适应原则解读本罪的“虚开”

从罪责刑相适应原则分析，本罪的实行行为应要求有严重的社会危害性。刑法第五条规定：“刑罚的轻重，应当与犯罪分子所犯罪行和承担的刑事责任相适应。”这一原则不仅是司法实践中的量刑原则，也应该是刑法立法所遵循的原则。立法在将某行为犯罪化后，对其法定刑的配置就成为评价立法是否科学、合理的关键。如果说司法实践中的冤假错案损害的是个别人的权益，是对少数人的侵害的话，那么立法上的不公正则损害了某类人的权益，侵害的是多数人的利益。我国刑法分则各罪法定刑的配置，总体上都较好地体现了罪责刑相适应原则，如故意杀人罪的法定刑比故意伤害罪的法定刑重，抢劫罪的法定刑比抢夺罪的法定刑重，等等。因此，在我国刑法中，法定刑的轻重一般与行为人所犯罪行即社会危害性大小，和其所承担的责任大小相适应，这也是罪责刑相适应原则的应有之义。据此，从刑法分则关于某罪的法定刑配置中，也可以逆向推导出该罪的社会危害性大小。虚开增值税专用发票罪属重罪，在刑法修正案（八）之前，最高可判处死刑，即便是在刑法修正案（八）对本罪法定刑修改后，其法定最高刑依然可达无期徒刑。如果不是立法者的疏忽，那就一定是本罪的社会危害性严重才导致为本罪配置如此重的法定刑。1997年刑法修订时,立法者将《决定》关于虚开增值税专用发票罪的相关规定略作修改后,纳入刑法第二百零五条中,但对罪状的描述没有修改,继续采用简单罪状的描述方式。结合前述关于当时虚开增值税专用发票行为,都是基于骗取国家税款的目的,因此,将"虚开"界定为为骗取国家税款的实质意义上的虚开,既符合立法时立法者对本罪的认知,也符合罪责刑相适应原则。

从实质正义上分析,不加区分行为人目的将导致处理结果不公正。司法实践中,虚开增值税专用发票行为既可以是以骗取国家税款为目的,也可以是不以骗取国家税款为目的,但二者的社会危害性相差甚大,如果不加区分,都按照同样的定罪量刑标准追究行为人的刑事责任,显然有失公允。

因此,本罪的"虚开"与日常生活中的"虚开"不同,必须从实质意义上对其进行解读,必须要有通过虚开骗取国家税款的目的。

如何认定诈骗罪的非法占有目的

虞伟华*

诈骗罪是指以非法占有为目的,采用虚构事实、隐瞒真相的方法骗取他人财物,数额较大的行为。诈骗罪与其他采用欺骗手段实施的犯罪以及民事欺诈行为的根本区别在于有无非法占有目的。而诈骗罪非法占有目的的认定是审判实务中的一个难点。本文拟对此作粗浅探讨。

一、常见诈骗案件中的非法占有目的认定

非法占有目的属于人的主观意识范畴,难以被人们直接感知和把握。但是,一个人的主观意识会通过其言行表现出来。因此,判断诈骗案件被告人有无非法占有目的,一是要看被告人供述,二是要看被告人实施的客观行为。但被告人供述具有易变性,供述是否可信,仍要看供述与客观行为是否相符。因此,被告人有无非法占有目的,归根结底要根据其客观行为进行判断。

那么,根据哪些行为可以认定被告人具有非法占有目的呢?我们先对几类常见诈骗案件进行考察。

最典型的诈骗案件是针对陌生人的诈骗。20 世纪八九十年代常见的丢钱分钱、卖假“金元宝”、易拉罐中奖等街头诈骗,近年较为多发的电信网络诈骗,都是针对陌生人的诈骗。在这类案件中,被害人不知道犯罪分子的姓名、住址,犯罪分子一旦骗得被害人财物就逃之夭夭,切断与被害人的联系,非法占有目的非常明显。对这类案件的非法占有目的判断,在实践中不会产生争议。

---

* 作者为浙江省高级人民法院刑二庭法官。

在熟人之间也可能出现诈骗,较为常见的是以借贷为名实施的诈骗。在这类案件中,被告人取得"借款"的方式与民间借贷没有差别,但是,从被告人取得"借款"后的行为表现可以判断其具有非法占有目的。被告人或者居无定所,取得"借款"后即携款逃匿,躲避被害人催债;或者将"借款"转移、隐匿,拒不返还;或者将"借款"用于赌博、挥霍等,致使款项无法返还。

1996年发布的《最高人民法院关于审理诈骗案件具体应用法律的若干问题的解释》对合同诈骗案件中如何认定非法占有目的作了规定:"行为人具有下列情形之一的,应认定其行为属于以非法占有为目的,利用经济合同进行诈骗:(一)明知没有履行合同的能力或者有效的担保,采取下列欺骗手段与他人签订合同,骗取财物数额较大并造成较大损失的:1.虚构主体;2.冒用他人名义;3.使用伪造、变造或者无效的单据、介绍信、印章或者其他证明文件的;4.隐瞒真相,使用明知不能兑现的票据或者其他结算凭证作为合同履行担保的;5.隐瞒真相,使用明知不符合担保条件的抵押物、债权文书等作为合同履行担保的;6.使用其他欺骗手段使对方交付款、物的。(二)合同签订后携带对方当事人交付的货物、货款、预付款或者定金、保证金等担保合同履行的财产逃跑的;(三)挥霍对方当事人交付的货物、货款、预付款或者定金、保证金等担保合同履行的财产,致使上述款物无法返还的;(四)使用对方当事人交付的货物、货款、预付款或者定金、保证金等担保合同履行的财产进行违法犯罪活动,致使上述款物无法返还的;(五)隐匿合同货物、货款、预付款或者定金、保证金等担保合同履行的财产,拒不返还的;(六)合同签订后,以支付部分货款,开始履行合同为诱饵,骗取全部货物后,在合同规定的期限内或者双方另行约定的付款期限内,无正当理由拒不支付其余货款的。"这些规定详尽地列举了合同诈骗案件中常见的足以认定为具有非法占有目的的情形,对实践具有重要指导意义。

最高人民法院于2001年印发的《全国法院审理金融犯罪案件工作座谈会纪要》对金融诈骗案件中如何认定非法占有目的作了归纳总结:"根据司法实践,对于行为人通过诈骗的方法非法获取资金,造成数额较大资金不能归还,并具有下列情形之一的,可以认定为具有非法占有的目的:(1)明知没有归还能力而大量骗取资金的;(2)非法获取资金后逃跑的;(3)肆意挥霍骗取资金的;(4)使用骗取的资金进行违法犯罪活动的;(5)抽逃、转移资金、隐匿财产,以逃避返还资金的;(6)隐匿、销毁账目,或者搞假破产、假倒闭,以逃避返还资金的;(7)其他非法占有资金、拒不返还的行为。但是,在处理具体案件的时候,对于有证据证明行为人不具有非法占有目的的,不能单纯以财产不能归还就按金融诈骗罪处罚。”这虽然是针对金融诈骗罪的归纳,对于其他诈骗犯罪中非法占有目的的判断也有重要意义。

2010年发布的《最高人民法院关于审理非法集资刑事案件具体应用法律若干问题的解释》对集资诈骗案件中如何认定非法占有目的作了规定:“使用诈骗方法非法集资,具有下列情形之一的,可以认定为‘以非法占有为目的’:(一)集资后不用于生产经营活动或者用于生产经营活动与筹集资金规模明显不成比例,致使集资款不能返还的;(二)肆意挥霍集资款,致使集资款不能返还的;(三)携带集资款逃匿的;(四)将集资款用于违法犯罪活动的;(五)抽逃、转移资金、隐匿财产,逃避返还资金的;(六)隐匿、销毁账目,或者搞假破产、假倒闭,逃避返还资金的;(七)拒不交代资金去向,逃避返还资金的;(八)其他可以认定非法占有目的的情形。”

从上述列举的情形来看,认定诈骗案件被告人具有非法占有目的,不仅要求证明被告人有非法占有他人财物的行为,还要证明被告人有逃避返还骗取的财物的行为,即被告人为被害人追回被骗财物设置障碍,使得被害人无法通过民事救济途径追回被骗的财物。前述冒用他人名义、携款逃匿、挥霍骗取的资金等,都是逃避返还骗取的财物的行为表现。因此,非法占有并逃避返还骗取的财物,是认定诈骗案件非法占有目的的总标准。掌握了这一标准,就能对形形色色的案件中被告人有无非法占有目的作出正确判断。

二、诈骗罪非法占有目的认定的若干争议问题解析

1. 明知经营亏损而借入资金能否认定为具有非法占有目的?

实践中经常有被告人因经营亏损而借入资金,后继续亏损造成资金无法返还而被认定为诈骗的案例。笔者认为,这样认定并不正确。在企业经营亏损的情况下借入资金,试图改善经营状况,获取更多的利润,扭亏为盈,

是多数经营者的惯常思维。这种行为本身不具有任何犯罪意图,没有社会危害性可言,将其定性为诈骗有违公平正义。要求经营者在经营亏损的情况下不作任何努力,坐以待毙,显然也是强人所难。在经营亏损的情况下借入资金继续经营的情况在经济生活中非常普遍,其中也不乏成功的事例。我国法律、司法解释没有规定这种情形可以认定为具有非法占有目的,显然不是立法者的疏漏,而是经过慎重考虑,认为不宜将这种行为入罪。将这种行为定性为诈骗,显然不利于鼓励企业创业创新,对经济的发展不利。

如果经营者在经营亏损的情况下借入资金并携款逃匿,或将款项隐匿、挥霍,则可以认定为诈骗。但是,这种情形认定为具有非法占有目的,是因为行为人携款逃匿或将款项隐匿、挥霍,而不是因为其在经营亏损的情况下借入资金。

2. 借后债还前债能否认定为具有非法占有目的?

有观点认为,在背负巨额债务无力偿还的情况下借后债还前债,最终必定导致资金链断裂,使得款项无法归还,应认定行为人对后来借入的款项有非法占有目的,构成诈骗。

笔者认为上述观点有失片面。借后债还前债是否构成诈骗,不能一概而论,应具体情况具体分析:

(1)在企业生产经营过程中出现资金周转困难,经营者采用借后债还前债的方式维持生产经营,则说明经营者仍在为偿还债务而努力,一般不宜认定为具有非法占有目的。

(2)企业的生产经营状况已严重恶化,经营难以维持,明显无力清偿债务,经营者采用虚构投资项目等欺骗手段大量借入资金,用于归还以前所欠的债务,则属于"明知没有归还能力而大量骗取资金"的情形,可以认定为具有非法占有目的。

(3)民事纠纷的债务人因背负债务无力清偿而被催债或被法院强制执行,向亲友或放贷者借入资金用于清偿债务,未采用虚构借款用途等欺骗手段的,则出借方应当知道借出的资金可能无法收回,系出于帮助亲友或牟取高利的动机而自甘冒险,不能认定借款人诈骗。

综上,借后债还前债一般不能成为认定具有非法占有目的的充分理由。

3. 签订、履行合同收取对方交付的货物、预付款、服务费用后不履行合同或不切实履行合同能否认定为具有非法占有目的?

在经济生活中,经常出现合同的一方当事人收取对方交付的财物后却不履行合同的情况,如赊欠货物不付货款、收取预付货款后不交付货物。还有的合同当事人收取对方支付的高额费用后,却不能提供与收取的费用价值相当的产品或服务,如推销保健品的商家收取客户的高额费用后却只提供一些低价值的保健品甚至伪劣产品,美容院让客户花数万元办美容卡却只提供劣质的服务。

上述情形能否认定为具有非法占有目的,构成合同诈骗罪,应结合合同诈骗罪的刑法条文进行分析。

刑法第二百二十四条规定:“有下列情形之一,以非法占有为目的,在签订、履行合同过程中,骗取对方当事人财物,数额较大的,处三年以下有期徒刑或者拘役,并处或者单处罚金;数额巨大或者有其他严重情节的,处三年以上十年以下有期徒刑,并处罚金;数额特别巨大或者有其他特别严重情节的,处十年以上有期徒刑或者无期徒刑,并处罚金或者没收财产:(一)以虚构的单位或者冒用他人名义签订合同的;(二)以伪造、变造、作废的票据或者其他虚假的产权证明担保的;(三)没有实际履约能力,以先履行小额合同或者部分履行合同的方法,诱骗对方当事人继续签订和履行合同的;(四)收受对方当事人给付的货物、货款、预付款或者担保财产后逃匿的;(五)以其他方法骗取对方当事人财物的。”

认定某一行为是否构成合同诈骗罪,首先要看该行为是否符合刑法第二百二十四条第(一)项至第(四)项规定的情形。不符合前四项的,再考虑是否属于第(五)项规定的“以其他方法骗取对方当事人财物的”情形。根据同类解释的规定,第(五)项规定的情形应当与前四项规定的情形性质相当。在前四项情形中,行为人不仅采用欺骗手段非法占有了他人财物,还有逃避返还财物的行为。因此,第(五)项规定的情形也应当是采用欺骗方法非法占有并逃避返还财物的行为。如果合同当事人取得他人财物后不履行或不完全履行合同,但没有虚构主体、冒用他人名义、提供虚假担保、携款逃匿、挥霍赃款等逃避返还财物的行为,则不符合刑法第二百二十四条规定的任一情形,不应认定为合同诈骗罪。

4.在交易过程中夸大其词甚至欺骗,抬高商品、服务的价格能否认定为具有非法占有目的?

在市场交易过程中漫天要价是很常见的现象,如某幅赝品字画,价值仅数千元,某商店却声称是真迹,以数万元的价格卖出。这种行为能否认定为具有非法占有目的?

笔者认为,只要买方知道商店的地址,交易后商店仍正常营业,则买方可以存在重大误解或交易显失公平为由在法定期限内主张撤销买卖合同,要求对方返还价款。如买方不主张权利,则商店可以占有字画价款,一般不能认定为具有非法占有目的。因此,这种情形可以认定为民事欺诈,字画买卖合同可撤销。这种情形也不符合刑法、司法解释规定的能够认定为“具有非法占有目的”的情形,不应认定为诈骗罪。

5.在交易过程中将低价值商品作为高价值商品销售能否认定为具有非法占有目的?

有刑法教材认为,甲将装着砖头的电视机纸箱冒充彩色电视机出卖给他人的,成立诈骗罪;同样,乙将黑白电视机冒充彩色电视机出卖给他人的,也成立诈骗罪。

笔者不完全赞同上述观点。将砖头冒充彩色电视机卖给他人,显然具有非法占有目的;在现实生活中,行为人必定会采用化名、携款潜逃等手段逃避追赃,认定为“具有非法占有目的”通常无障碍。而将黑白电视机冒充彩色电视机出卖给他人,如果出卖方在交易之后并未实施携款潜逃等逃避返还财物的行为,则买受方可以通过民事途径主张权利,一般不宜认定出卖方具有非法占有目的,将这种行为定性为诈骗罪也没有法律依据。如果出卖方将黑白电视机冒充彩色电视机出卖给他人后逃匿,则可以认定出卖方对黑白电视机与彩色电视机之间的差价款具有非法占有目的,可以定性为诈骗;但这种情形在现实生活中几乎不会发生,出卖方肯定会用价值更低廉的物品代替黑白电视机以降低犯罪成本,故讨论“将黑白电视机冒充彩色电视机”的情形并无多少实际意义。

6. 在拆迁安置过程中弄虚作假骗取拆迁补偿利益能否认定为具有非法占有目的?

近年出现了多起将在拆迁安置过程中弄虚作假骗取拆迁补偿利益的行为定性为诈骗的案例。也有观点认为,不具备购买经济适用房的条件,利用虚假资料骗购经济适用房的,成立诈骗罪;数额可按经济适用房与商品房的差价计算。

笔者认为上述观点并不准确。首先,将骗取拆迁安置利益、经济适用房认定为诈骗没有法律依据。刑法、司法解释都没有明确这种情形可以认定为"具有非法占有目的",这种情形与骗取财物后逃匿、挥霍赃款等可以认定"具有非法占有目的"的情形也有很大差别。其次,即使采用了欺骗手段,安置对象与安置方签订的拆迁安置合同、经济适用房买卖合同也不是非法的、绝对无效的。安置方在发现安置对象采用欺骗手段获取利益后,也不是必然地收回安置房屋、经济适用房。安置对象基于拆迁安置合同、经济适用房买卖合同而取得安置利益或经济适用房,难以认定为刑法上的非法占有。再次,安置对象通常有固定的住所和家庭财产,即使存在安置方应当追回安置财产的情形,仍可以通过民事的、行政的手段加以解决,一般也无必要将之作为诈骗罪予以刑事追究。最后,骗取拆迁安置利益、经济适用房的行为通常是在特定的情境之下诱发的,实施这些行为的人大多是普通民众,其主观恶性、人身危险性与真正的诈骗犯罪分子有很大差别,大多数人也难以意识到这种行为属于诈骗犯罪。此外,如果将此类行为作为诈骗犯罪予以打击,影响面较大,刑事追赃和巨额财产刑也将使涉案家庭的合法财产遭受严重损失。因此,不宜轻易将骗取拆迁安置利益、经济适用房的行为定性为诈骗。

7. 在从事农业经营开发中弄虚作假领取国家农业补贴能否认定为具有非法占有目的?

随着国家对"三农"支持力度的加大,不少地方出现了骗取国家农业补贴的案件。对这类案件的处理,应当准确把握政策精神,严格区分诈骗犯罪与农业补贴申报中不规范操作行为的界限,避免刑事打击扩大化。既要规范国家支持农业资金的管理和使用,又要保护农业经营开发企业的合法权益,真正把国家的支农、惠农政策落到实处。

笔者认为,司法实践中一般可按照以下标准掌握:(1)不从事农业经营开发,或者所从事的农业经营开发项目不属于享受国家农业补贴的项目,而采用伪造材料的方法骗取国家农业补贴,达到定罪数额标准的,可考虑认定诈骗罪。(2)从事可享受国家补贴的农业经营开发项目,但达不到政策规定的应享受补贴条件,而弄虚作假申领国家农业补贴,全部或主要用于农业经营开发的,属于农业补贴申报中的违规行为,不应当以诈骗罪定性。对违规获取的农业补贴,有关部门可予以收回,或责令经营者增加投入,达到享受补贴的条件。(3)具备享受国家农业补贴的条件,但申报的材料中部分内容不实,获得国家农业补贴的,不构成诈骗罪。

在这类案件中,农业经营开发企业是否符合有关政策规定的享受补贴条件,应由执行政策的有关部门作出解释,不宜由司法机关自行解释。

8."一物二卖"能否认定为具有非法占有目的?

"一物二卖"不能一律认定为具有非法占有目的。如果"一物二卖"后,行为人将所得款项转移、隐匿、挥霍或携款潜逃,拒不返还的,则应认定为具有非法占有目的,构成诈骗。如果"一物二卖"后,行为人没有逃避承担民事责任的行为,则属于民事纠纷,不宜以诈骗罪论处。

三、认定诈骗罪非法占有目的应注意的几个问题

1.准确把握刑法和司法解释规定的精神

刑法第二百二十四条规定了合同诈骗罪的四种常见表现形式,还把"以其他方法骗取对方当事人财物的"作为兜底条款。需要注意的是,不能把这四种常见表现形式直接等同于具有非法占有目的。详言之,第(一)项不能理解为:以虚构的单位或者冒用他人名义签订合同,就能推定为具有非法占有目的,构成合同诈骗罪。该项的完整意思是:以非法占有为目的,以虚构的单位或者冒用他人名义签订合同,骗取对方当事人财物,数额较大的,构成合同诈骗罪。同样,第(二)(三)(四)项也不能简单地理解为:具有"以伪造、变造、作废的票据或者其他虚假的产权证明担保的",或者"没有实际履约能力,以先履行小额合同或者部分履行合同的方法,诱骗对方当事人继续

签订和履行合同的”,或者“收受对方当事人给付的货物、货款、预付款或者担保财产后逃匿的”情形,就可推定为具有非法占有目的,构成合同诈骗罪。实践中也可以找出大量以虚构的单位或者冒用他人名义签订合同,或提供虚假担保,或收取对方当事人交付的财物后逃匿,却不具有非法占有目的的案例。

刑法第一百九十三条规定:“有下列情形之一,以非法占有为目的,诈骗银行或者其他金融机构的贷款,数额较大的,处五年以下有期徒刑或者拘役,并处二万元以上二十万元以下罚金;数额巨大或者有其他严重情节的,处五年以上十年以下有期徒刑,并处五万元以上五十万元以下罚金;数额特别巨大或者有其他特别严重情节的,处十年以上有期徒刑或者无期徒刑,并处五万元以上五十万元以下罚金或者没收财产:(一)编造引进资金、项目等虚假理由的;(二)使用虚假的经济合同的;(三)使用虚假的证明文件的;(四)使用虚假的产权证明作担保或者超出抵押物价值重复担保的;(五)以其他方法诈骗贷款的。”该条规定的构成贷款诈骗罪的四种常见情形也不是判定非法占有目的的根本标准。不能认为具有编造引进资金、项目等虚假理由等情形,就足以推定具有非法占有目的。不具有非法占有目的,而采用前述欺骗手段骗取贷款的,并不构成贷款诈骗罪,而可能构成骗取贷款罪。

刑法第一百九十六条第二款规定:“前款所称恶意透支,是指持卡人以非法占有为目的,超过规定限额或者规定期限透支,并且经发卡银行催收后仍不归还的行为。”该款不能理解为:超过规定限额或者规定期限透支,并且经发卡银行催收后仍不归还的,就能推定为具有非法占有目的。

《最高人民法院、最高人民检察院关于办理妨害信用卡管理刑事案件具体应用法律若干问题的解释》第六条第一款规定:“持卡人以非法占有为目的,超过规定限额或者规定期限透支,并且经发卡银行两次催收后超过3个月仍不归还的,应当认定为刑法第一百九十六条规定的‘恶意透支’。”该款不应理解为:持卡人超过规定限额或者规定期限透支,并且经发卡银行两次催收后超过三个月仍不归还的,就能推定为具有非法占有目的。在实践中,有的司法机关只要信用卡持卡人透支,经两次催收后超过3个月不归还,就以信用卡诈骗罪追究持卡人的刑事责任,这种做法是欠妥的。

对恶意透支型信用卡诈骗罪的认定,必须审查行为人是否具有非法占有目的。认定非法占有目的的依据就是《最高人民法院、最高人民检察院关于办理妨害信用卡管理刑事案件具体应用法律若干问题的解释》第六条第二款的规定:“有以下情形之一的,应当认定为刑法第一百九十六条第二款规定的‘以非法占有为目的’:(一)明知没有还款能力而大量透支,无法归还的;(二)肆意挥霍透支的资金,无法归还的;(三)透支后逃匿、改变联系方式,逃避银行催收的;(四)抽逃、转移资金,隐匿财产,逃避还款的;(五)使用透支的资金进行违法犯罪活动的;(六)其他非法占有资金,拒不归还的行为。”

刑法第一百九十四条关于票据诈骗罪、金融凭证诈骗罪的规定、第一百九十五条关于信用证诈骗罪的规定、第一百九十六条关于信用卡诈骗罪的规定、第一百九十七条关于有价证券诈骗罪的规定、第一百九十八条关于保险诈骗罪的规定均没有“以非法占有为目的”的表述,但这并不意味着构成这些罪不需要具有非法占有目的。例如,刑法第一百九十四条第一款规定:“有下列情形之一,进行金融票据诈骗活动,数额较大的,处五年以下有期徒刑或者拘役,并处二万元以上二十万元以下罚金;数额巨大或者有其他严重情节的,处五年以上十年以下有期徒刑,并处五万元以上五十万元以下罚金;数额特别巨大或者有其他特别严重情节的,处十年以上有期徒刑或者无期徒刑,并处五万元以上五十万元以下罚金或者没收财产:(一)明知是伪造、变造的汇票、本票、支票而使用的;(二)明知是作废的汇票、本票、支票而使用的;(三)冒用他人的汇票、本票、支票的;(四)签发空头支票或者与其预留印鉴不符的支票,骗取财物的;(五)汇票、本票的出票人签发无资金保证的汇票、本票或者在出票时作虚假记载,骗取财物的。”该条规定的“明知是伪造、变造的汇票、本票、支票而使用的”等情形,一般足以推定行为人具有非法占有目的,因此,法条没有强调“以非法占有为目的”。如果行为人明知是伪造、变造的汇票、本票、支票而使用,但确有证据证明不具有非法占有目的的,则不应认定为票据诈骗罪。

对于司法解释规定的能认定为具有非法占有目的的情形,应当根据司法解释规定的完整意思,准确地加以理解。例如,司法解释规定有虚构主体、冒用他人名义、提供虚假担保、逃匿等情形,可以认定具有非法占有目的。不能简单地理解为凡有虚构主体或冒用他人名义、提供虚假担保、逃匿等行为,一律认定为具有非法占有目的。结合相关条款的上下文可以看出,司法解释的本意是指:行为人采用虚构主体或冒用他人名义签订合同、提供虚假担保、携款逃匿等手段逃避返还骗取的财产的,能够认定为具有非法占有目的。如果行为人虚构主体、冒用他人名义、提供虚假担保、逃匿等行为不是为了逃避返还财产,则不能认定具有非法占有目的。

2. 积极运用经验常识来判断诈骗罪的非法占有目的

诈骗犯罪属于自然犯,是一种明显违反伦理道德的犯罪。它区别于违反法律但没有明显违反伦理道德的法定犯,一个具有正常理性的普通人可能不需要借助于法律知识,凭自己的社会生活经验和朴素的伦理道德观念,就能判断哪些行为属于诈骗。因此,对诈骗罪非法占有目的的判断,直觉和经验的作用有时比概念分析和逻辑推理大得多,也更加准确。例如,对于拆迁安置过程中弄虚作假获取安置利益的行为,如果单纯地进行概念分析,它似乎属于虚构事实、隐瞒真相骗取财物的行为,可以定性为诈骗罪;但是,如果运用普通人的直觉进行判断,我们将会发现这种行为与常见的街头诈骗、电信网络诈骗以及经济生活中的诈骗相去甚远。这时,我们应当相信普通人的直觉而不是概念分析。因为,“法律的生命不在于逻辑而在于经验”。很多法律概念的界限是模糊不清的,什么是“以非法占有为目的”,什么是“虚构事实、隐瞒真相”、什么是“财物”,都会产生歧义。法律推理的过程有时会布满陷阱,有的概念很容易在推理的过程中被偷换,把推理引入歧途。因此,通过概念分析、逻辑推理得出的结论必须接受经验的验证,未经经验验证的逻辑结论是不可靠的。

近年来,个别司法人员脱离法律规定,不尊重长期形成的司法经验,根据自己对法律理论、法律概念的片面理解来分析判断诈骗罪的非法占有目的,把一些普通人不认为是诈骗的行为论证成诈骗,把一些新型经济业态说成是新型诈骗,由此导致诈骗罪的打击范围不当扩大。这种做法违背了常理常情,执法尺度超越了普通人的预测可能性,使得一些毫无诈骗犯意的普通人也面临被刑事追究的风险。这种倾向是应当引起重视和加以纠正的。

司法解释规定的可以认定为具有非法占有目的的情形，都是司法机关在长期的办案实践中总结出来的，体现了对普通人直觉和经验法则的尊重。事实上，司法解释规定的虚构主体、冒用他人名义、使用虚假证明文件、携款潜逃、挥霍赃款等情形已囊括了常见的能够认定为具有非法占有目的的情形。司法机关办理绝大多数案件，只要严格执行司法解释的规定就能对诈骗罪的非法占有目的作出正确认定。实践中要克制权力扩张的冲动，不得随意创制非法占有目的的认定标准，以避免办出奇奇怪怪的诈骗案件。对于少数特殊案件，需要认定为具有非法占有目的的"其他情形"的，也应当遵循司法解释的精神，尊重普通人的直觉和经验法则。

3.欺骗行为造成的损失能够通过民事途径进行救济的，一般不宜认定为诈骗罪

诈骗并不泛指一切采用欺骗手段取得财物的行为，只有达到一定严重程度、有较大社会危害的骗取财物行为，才构成诈骗。将能够通过民事途径救济的骗取财物行为排除在诈骗犯罪之外，也符合刑法的谦抑性原则。刑法之所以把诈骗行为规定为犯罪，是因为这种行为严重侵犯他人财产权益，犯罪分子骗取他人财产或者隐匿了身份、住址，或者没有留下被害人主张权利的证据，或者将骗取的财产挥霍、藏匿等，被害人无法通过正常的民事救济途径维护其权益，不采用刑事手段制裁不足以维护正常的社会秩序。也就是说，正是在民法不敷用的情况下，才产生了刑法。因此，构成诈骗罪的行为，应当是不能通过民事途径进行救济的行为。欺骗行为尚不严重，不影响被害人通过民事途径进行救济的，一般不宜认定为诈骗犯罪。在司法实践中，办案人员应当把被骗的财产损失能否通过民事救济途径予以挽回作为有无非法占有目的的重要判断标准。例如，王某向他人借款十万元，取得借款后明确表示不想偿还，但其向出借人出具了真实姓名的借条，出借人知道其家庭住址，其本人也有足够的财产可供执行。这种情况下虽然根据其本人的口头表示似乎非法占有目的明确，但出借人的损失能够通过民事途径加以救济，没有必要将这种行为定性为诈骗罪。

当然，能否通过民事途径救济是针对一般情形而言。在某些特殊案件

中，被诈骗的财产也能够通过民事救济途径予以追回，但只要采用该种欺骗手段造成的财产损失在通常情况下不能通过民事途径加以救济，就不影响诈骗罪的认定。

4. 在罪与非罪界限不明的情况下应当坚持疑罪从无

诈骗案件的罪与非罪界限并非泾渭分明。实践中经常会遇到一些模棱两可、似是而非的案件。有些案件证据情况基本相同，但被告人的主观故意并不相同。例如，同样是在严重亏损的情况下借入资金用于生产经营，甲案的被告人打算归还借款，乙案的被告人并不打算归还借款，但两案的被告人在供述时都声称没有诈骗故意，这时就很难查清哪个案件的被告人有诈骗故意。有的案件罪与非罪的法律界限本身就不清楚。例如，民间借贷和诈骗、合同诈骗和合同纠纷有时很难作出区分。有的案件中被告人的主观故意并非十分明晰，时而想骗，时而不想骗。于是，在罪与非罪之间就出现了一个模糊地带。对于这类罪与非罪界限不明的案件，应当按照疑罪从无原则，作出有利于被告人的认定。

无罪推定、疑罪从无作为刑事诉讼法的基本原则，无疑应当适用于定罪证据不足的案件。但对于法律界限不明确的案件，能否适用疑罪从无的原则，则存有争议。根据《中共中央、国务院关于完善产权保护制度依法保护产权的意见》，对于法律界限不明的案件也应当适用疑罪从无的原则。该《意见》要求："充分考虑非公有制经济特点，严格区分经济纠纷与经济犯罪的界限、企业正当融资与非法集资的界限、民营企业参与国有企业兼并重组中涉及的经济纠纷与恶意侵占国有资产的界限，准确把握经济违法行为入刑标准，准确认定经济纠纷和经济犯罪的性质，防范刑事执法介入经济纠纷，防止选择性司法。对于法律界限不明、罪与非罪不清的，司法机关应严格遵循罪刑法定、疑罪从无、严禁有罪推定的原则，防止把经济纠纷当作犯罪处理。"

笔者认为，对于罪与非罪法律界限不明的案件，不急于将其纳入刑事打击的范围，先观察一段时间，等一等，看一看，等对相关问题研究透彻、考虑成熟后，再决定是否入罪，才是审慎的、稳妥的。对于经济生活中出现的一些新情况、新业态，如果未经充分调研了解情况，就急于表态、妄下结论，把一些不规范的经济行为解释为诈骗,轻易动用刑罚手段,这无论对于保障人权、保护产权,还是激发社会活力,鼓励民众创业创新,都是不利的,此种情况应当注意避免。

裁判文书选登　郭利敲诈勒索再审宣告无罪案

编者按：

被告人郭利的女儿因食用含有三聚氰胺的施恩牌奶粉受到伤害，郭利通过索赔、媒体曝光等方式获得了企业的赔偿，但因后续赔偿问题未能解决，相关企业报警，郭利被相关法院以敲诈勒索罪判刑。本案曝光后，引起社会关注。2017 年 3 月，广东省高级人民法院启动审判监督程序，改判郭利无罪。鉴于本案涉及刑事犯罪与民事纠纷的界限，涉及如何有效保护消费者维权问题，再审判决书详细论证了郭利的行为不构成敲诈勒索罪的理由，说理性较强，特予刊登，供读者参考。

广东省高级人民法院
刑事判决书

（2015）粤高法审监刑再字第 19 号

原公诉机关广东省潮安县人民检察院。

申诉人郭建廷，男，汉族，1939 年 7 月 25 日出生，退休职工，住北京市房山区燕山迎风北庄南里 1 号楼 801 号。系原审被告人郭利父亲。

申诉人辛宏，女，汉族，1941 年 5 月 21 日出生，退休职工，住址同上。系原审被告人郭利母亲。

原审被告人郭利，男，汉族，1968 年 5 月 19 日出生，大专文化，住北京市西城区如意里 1 号楼 412 号。1998 年 1 月 22 日因犯盗窃罪被北京市西城区人民法院判处有期徒刑三年，并处罚金人民币 2 000 元。2000 年 11 月 10 日刑满释放。2009 年 7 月 23 日因本案被刑事拘留，同年 8 月 5 日被逮捕，2010 年 1 月 8 日被广东省潮安县人民法院判处有期徒刑五年。2014 年 7 月

22日刑满释放。

广东省潮安县人民法院审理广东省潮安县人民检察院指控被告人郭利犯敲诈勒索罪一案,于2010年1月8日作出(2009)安刑初字第492号刑事判决。被告人郭利不服,提出上诉。广东省潮州市中级人民法院于同年2月5日作出(2010)潮中法刑一终字第17号刑事裁定。

本案经媒体报道,引发社会关注。本院审查后认为本案在程序上存在不符合刑事诉讼法规定的情形,确有错误,于2010年5月31日作出(2010)粤高法刑监字第1号再审决定,指令潮州市中级人民法院对本案进行再审。潮州市中级人民法院再审后于2010年12月30日作出(2010)潮中法刑终再字第1号刑事裁定,维持潮安县人民法院和潮州市中级人民法院的上述判决和裁定。

申诉人郭建廷、辛宏向本院提出申诉。本院审查后,于2015年5月21日作出(2013)粤高法刑申字第19号再审决定,提审本案。本院依法组成合议庭,公开开庭审理了本案。广东省人民检察院检察员邝艳贞、蒙艳出庭履行职务,原审被告人郭利、证人辛宏到庭参加诉讼。现已审理终结。

广东省潮安县人民法院一审查明:施恩(广州)婴幼儿营养品有限公司(以下简称施恩公司)是“施恩”牌奶粉的生产厂家,该公司的控股股东系广东省雅士利集团股份有限公司(以下简称雅士利公司)。被告人郭利之女郭某某于2006年2月3日出生后,曾食用“施恩”牌奶粉。2008年9月,国家公布了含三聚氰胺成分的“问题奶粉”名单,“施恩”牌奶粉名列其中。同年9月20日,北京市卫生局发出文件要求各社区卫生服务中心(站)对社区内3岁以下儿童的家庭进行走访、登记。同年9月23日,郭利带女儿郭某某到北京市海淀区北太平庄医院检查,检出郭某某“双肾中央集合系统内可见数个点状强回声”,但郭利没有带郭某某到北京市卫生局指定的五家二级医院进行确诊。

2009年3月起,郭利将家中剩下的和新购买的部分“施恩”牌婴幼儿奶粉送检,检出部分批次的奶粉中三聚氰胺含量较高。2009年4月,郭利多次找奶粉的销售商和施恩公司索赔,并向媒体曝光“施恩”牌奶粉存在的问题及其女食用后造成的危害后果。施恩公司派员与郭利协商后,双方于2009

年6月13日达成和解协议,施恩公司补偿郭利一方人民币40万元,并于当日将补偿款汇入郭利开设的银行账户。同日,郭利出具书面材料,表示基于问题已妥善解决,不再追诉并放弃赔偿要求。上述协议得到郭利之妻高某的追认。

郭利在取得上述补偿款后,仍蓄谋再次向施恩公司索要款项,利用媒体对雅士利公司和施恩公司施加舆论压力。为此,雅士利公司、施恩公司主动派员于2009年6月29日与郭利取得联系,了解郭利的想法并要求郭利不要利用媒体作负面报道。郭利趁机编造其妻高某及家人对上述赔偿问题的处理不满意、其妻高某因此流产及患精神疾病的借口,要施恩公司赔偿其本人的误工费、女儿的终生医疗及人寿保险金、健康保证金共人民币300万元。郭利在此后与雅士利公司、施恩公司相关人员的多次联系中,提出如不满足其要求,将通过国内外媒体进行负面报道、扩大影响、让两家公司无法控制局面直至破产,对两家公司进行要挟。因雅士利公司拒绝支付及向公安机关报案,郭利于2009年7月23日被公安机关抓获归案,勒索未能得逞。

认定上述事实的依据有:医院出具的郭某某诊治记录、检查检验报告,郭利与施恩公司达成赔偿40万元的和解协议及书面声明、收据,证人高某的书面声明,郭利要求赔偿300万元的书面申请等书证;证人段某某、吴某某、张某某、陈某某、高某等人的证言;郭利与有关人员电话通话及谈话录音的鉴定意见;郭利接受电视采访的视频及与有关人员通话录音等视听资料;郭利的供述等。

广东省潮安县人民法院审查控辩双方的意见后认为:(1)郭利的犯意并非是在施恩公司段某某一方的引诱下产生的。郭利与施恩公司达成和解协议后,在与施恩公司段某某再次联系之前,主观上已有向施恩公司索取300万元的意图,并为此做了准备。被害单位与郭利联系,只是为郭利提出索要300万元提供了机会,并没有制造其犯意。(2)郭利具有非法占有他人财物的目的。理由:郭利与施恩公司达成并履行和解协议,该协议的内容足以涵盖郭利一方的各项赔偿请求权。郭利再次提出300万元赔偿款不存在合法的请求权,且郭利虚构其亲属对赔偿不满意和其妻因此流产、有精神病等事实。郭利还向并非"施恩"奶粉生产厂家的雅士利公司索要赔偿。(3)郭利对被害单位实施了具有刑法意义的要挟行为。郭利在与施恩公司的和解协议达成并履行后,仍向被害单位索要300万元,提出如不满足其要求,将通过媒体对两家公司进行负面报道、配合国外调查等,使两家企业破产。以上手段足以损害两家公司的市场信誉,影响两家企业的正常经营,引起两家公司的惧怕。综上,被告人郭利在没有合法请求权的前提下,以非法占有为目的,采用要挟手段勒索财物,数额巨大,其行为已构成敲诈勒索罪。郭利在敲诈勒索过程中,因意志以外的原因而未得逞,系犯罪未遂,予以从轻处罚。依照《中华人民共和国刑法》第二百七十四条、第二十三条之规定,判决:被告人郭利犯敲诈勒索罪,判处有期徒刑五年。

一审宣判后,郭利上诉提出,原判认定事实不清,证据不足,其行为不构成敲诈勒索罪。

潮州市中级人民法院二审认为,原判认定事实清楚,定罪和适用法律正确,量刑适当,审判程序合法。依照《中华人民共和国刑事诉讼法》第一百八十九条第(一)项之规定,裁定:驳回上诉,维持原判。

潮州市中级人民法院再审确认了原一、二审认定的事实,认为原审裁判认定郭利犯敲诈勒索罪的事实清楚,证据确实、充分,定罪和适用法律正确,审判程序合法,量刑并无不当。依照《中华人民共和国刑事诉讼法》第二百零六条、《最高人民法院关于执行〈中华人民共和国刑事诉讼法〉若干问题的解释》第三百一十二条第(一)项的规定,裁定维持原一、二审裁判。

申诉人及原审被告人郭利提出:郭利被欺骗、引诱参与本案;郭利作为一个消费者始终都在与施恩公司代表平等商谈,无犯罪动机和行为,不构成敲诈勒索罪。

广东省人民检察院出庭检察员意见:(1)现有证据不足以证实郭利主观上具有非法占有的目的。郭利在本案中的索赔行为有法律依据,具有目的正当性。郭利索取300万元赔偿,是行使民事权利的一种方式,不属于"以非法占有为目的"。(2)郭利的行为不符合敲诈勒索罪的客观要件。郭利作为消费者,在索赔过程中,向媒体曝光手段行为合法合理,不符合敲诈勒索罪的客观行为要件。综上所述,郭利的行为不符合敲诈勒索罪的主客观要件,其行为不构成敲诈勒索罪,潮州市中级人民法院(2010)潮中法刑终再字第1号刑事裁定对郭利的定罪量刑错误。

经再审查明:原审被告人郭利之女郭某某于2006年2月出生后,曾食用施恩公司生产的“施恩”牌奶粉。2008年9月,政府有关部门检查后确认部分批次“施恩”牌奶粉含有三聚氰胺,并向社会公布。郭利带女儿郭某某到医院检查,检出其“双肾中央集合系统内可见数个点状强回声”。之后,郭利将家中剩下和新购买的部分“施恩”牌婴幼儿奶粉送检,检出两个批次奶粉中三聚氰胺含量较高。2009年4月,郭利多次找销售商和施恩公司索赔,并向媒体反映“施恩”牌奶粉存在的问题及其女儿食用后造成的危害后果,媒体对相关情况进行了报道。

2009年6月13日,施恩公司派员与郭利协商,双方达成和解协议,施恩公司补偿郭利一方人民币40万元,并于当日将该款汇入郭利的银行账户。同日,郭利出具书面材料表示,基于问题已妥善解决,不再追诉并放弃赔偿要求。

2009年6月25日,北京电视台播出了题为《一个男人,如何使“施恩”奶粉低头》的视频,内容主要是郭利向该台反映“施恩”奶粉问题。同年6月29日,施恩公司及其控股股东雅士利公司派员主动与郭利取得联系。在双方沟通的过程中,郭利提出,其家人对上述赔偿问题不满意,其妻高某因此流产及患精神疾病,要求施恩公司赔偿其误工费和女儿医疗费等共人民币300万元。郭利还表示,如不满足其要求,将通过国内外媒体对上述两家公司进行负面报道。雅士利公司报案,郭利于2009年7月23日被羁押。

上述事实,有经原审庭审质证的书证、证人证言、鉴定意见、视听资料等证据证实,本院予以确认。

本案再审开庭时,证人辛宏出庭作证。证人辛宏证明:雅士利公司派人于2009年6月29日主动找郭利谈判,辛宏在场。赔偿300万元数额是郭利和郭利的岳母及辛宏本人商量后提出来的。

本院对申诉人及原审被告人郭利的申诉、辩解意见及出庭检察员意见综合评判如下:

一、从本案发生、发展的过程来看,尚不能认定郭利的行为性质超出民

事纠纷的范畴

首先，本案是因施恩公司一方主动与郭利联系而引发。在涉案40万元赔偿协议履行后，郭利接受采访的视频在电视台播出，施恩公司一方主动找到郭利商谈有关事宜。其次，现有证据不能证明是郭利首先提议“再次赔偿”。在施恩公司一方有再次赔偿的意思表示或双方皆有再次就赔偿问题进行商谈意愿的前提下，郭利就赔偿数额提出要求，符合民事纠纷协商解决的特征。最后，施恩公司一方在报案后仍与郭利就“再次赔偿”事宜多次联系、商谈，并让郭出具了索赔的书面材料。

二、争议双方的分歧主要是赔偿数额，现有证据不足以证明郭利具有非法占有他人财物的目的

首先，郭利在本案中有权提出民事赔偿。郭利因其女儿食用涉案问题奶粉身体健康受到侵害而找到奶粉的生产厂家施恩公司索赔，施恩公司对其生产的奶粉质量不合格及造成相关人身损害事实没有不同意见，并自愿赔偿了40万元。其次，郭利之女因涉案问题奶粉受损害的情况不清。虽然郭利已获得和再次要求的赔偿数额超出了当时有关部门处理问题奶粉事件的最高赔偿标准，但在其女儿人身受损害程度没有评估鉴定和施恩公司一方主动联系郭利继续协商处理双方纠纷的情况下，不宜以郭利提出新的索赔数额超出以上标准而认定非法占有。

三、现有证据不足以证明郭利实施了敲诈勒索行为

敲诈勒索罪的客观方面表现为实施威胁、要挟的方法，迫使被害人交出数额较大财物的行为。首先，监督产品质量是消费者的合法权利，消费者可选择通过媒体对产品质量进行舆论监督的维权方式。其次，郭利不具备实施有关要挟行为的条件。郭利在向施恩公司一方提出300万元索赔之前，政府部门及媒体已经向社会公布曝光了相关奶粉的质量问题。再次，郭利在本案中享有一定的民事权利，其索赔行为不违反法律规定。最后，郭利虚构其妻子因故流产、患精神病等事实，不足以引发施恩公司一方产生恐惧、害怕等精神上的强制效应，该行为不足以认定构成威胁、要挟。

综上所述，根据现有的事实和证据，不能认定原审被告人郭利构成敲诈勒索罪。申诉人及原审被告人郭利关于郭利不构成敲诈勒索罪的意见及广

东省人民检察院出庭检察员意见成立,本院予以采纳。

本院认为,原审裁判认定原审被告人郭利以非法占有为目的,使用威胁、要挟的方法,强行索取财物行为的事实不清,证据不足。根据现有证据证明的事实评判,郭利的行为性质未超出民事纠纷的范畴,不能认定郭利构成敲诈勒索罪。原公诉机关指控原审被告人郭利构成敲诈勒索罪及原审裁判认定原审被告人郭利构成敲诈勒索罪不能成立。申诉人及原审被告人郭利关于郭利不构成敲诈勒索罪的意见及广东省人民检察院出庭检察员意见成立,本院予以采纳。经本院审判委员会讨论,依照《中华人民共和国刑事诉讼法》第二百四十五条、第二百二十五条第一款第(三)项及《最高人民法院关于适用〈中华人民共和国刑事诉讼法〉的解释》第三百八十九条第二款之规定,判决如下:

一、撤销广东省潮州市中级人民法院(2010)潮中法刑一终字第 17 号、(2010)潮中法刑终再字第 1 号刑事裁定和广东省潮安县人民法院(2009)安刑初字第 492 号刑事判决。

二、原审被告人郭利无罪。

本判决为终审判决。

审　判　长　李　华
代理审判员　王兴元
代理审判员　池菡洁

二〇一七年三月二十二日

本件与原本核对无异

书　记　员　邓钻英
书　记　员　黄健涛

附相关法律条文:

《中华人民共和国刑事诉讼法》(2012 年)

第二百二十五条　第二审人民法院对不服第一审判决的上诉、抗诉案件,经过审理后,应当按照下列情形分别处理:

（一）原判决认定事实和适用法律正确、量刑适当的，应当裁定驳回上诉或者抗诉，维持原判；

（二）原判决认定事实没有错误，但适用法律有错误，或者量刑不当的，应当改判；

（三）原判决事实不清楚或者证据不足的，可以在查清事实后改判；也可以裁定撤销原判，发回原审人民法院重新审判。

原审人民法院对于依照前款第三项规定发回重新审判的案件作出判决后，被告人提出上诉或者人民检察院提出抗诉的，第二审人民法院应当依法作出判决或者裁定，不得再发回原审人民法院重新审判。

第二百四十五条 人民法院按照审判监督程序重新审判的案件，由原审人民法院审理的，应当另行组成合议庭进行。如果原来是第一审案件，应当依照第一审程序进行审判，所作的判决、裁定，可以上诉、抗诉；如果原来是第二审案件，或者是上级人民法院提审的案件，应当依照第二审程序进行审判，所作的判决、裁定，是终审的判决、裁定。

人民法院开庭审理的再审案件，同级人民检察院应当派员出席法庭。

《最高人民法院关于适用〈中华人民共和国刑事诉讼法〉的解释》

第三百八十九条 再审案件经过重新审理后，应当按照下列情形分别处理：

（一）原判决、裁定认定事实和适用法律正确、量刑适当的，应当裁定驳回申诉或者抗诉，维持原判决、裁定；

（二）原判决、裁定定罪准确、量刑适当，但在认定事实、适用法律等方面有瑕疵的，应当裁定纠正并维持原判决、裁定；

（三）原判决、裁定认定事实没有错误，但适用法律错误，或者量刑不当的，应当撤销原判决、裁定，依法改判；

（四）依照第二审程序审理的案件，原判决、裁定事实不清或者证据不足的，可以在查清事实后改判，也可以裁定撤销原判，发回原审人民法院重新审判。

原判决、裁定事实不清或者证据不足，经审理事实已经查清的，应当根据查清的事实依法裁判；事实仍无法查清，证据不足，不能认定被告人有罪的，应当撤销原判决、裁定，判决宣告被告人无罪。

REFERENCE TO CRIMINAL TRIAL

CONTENTS

【CASES】

(The Law School of Beijing Foreign Studies University Chenyang Liu)

图书在版编目(CIP)数据

刑事审判参考. 总第114集 / 中华人民共和国最高人民法院刑事审判第一、二、三、四、五庭主办. -- 北京 : 法律出版社, 2018(2020.5重印)
ISBN 978-7-5197-2975-2

Ⅰ. ①刑… Ⅱ. ①中… Ⅲ. ①刑事诉讼-审判-中国-参考资料 Ⅳ. ①D925.218.2

中国版本图书馆CIP数据核字(2018)第287084号

刑事审判参考(总第114集)
XINGSHI SHENPAN CANKAO
(ZONG DI-114 JI)

中华人民共和国
最高人民法院刑事审判
第一、二、三、四、五庭 主办

责任编辑 李 群
装帧设计 李 瞻

编辑统筹 司法实务出版分社

出版 法律出版社
总发行 中国法律图书有限公司
经销 新华书店
印刷 三河市龙大印装有限公司
责任印制 胡晓雅

开本 720毫米×960毫米 1/16
印张 18.5
字数 259千
版本 2019年1月第1版
印次 2020年5月第3次印刷

法律出版社/北京市丰台区莲花池西里7号(100073)
网址/www.lawpress.com.cn
投稿邮箱/info@lawpress.com.cn
举报维权邮箱/jbwq@lawpress.com.cn
销售热线/400-660-8393
咨询电话/010-63939796

中国法律图书有限公司/北京市丰台区莲花池西里7号(100073)
全国各地中法图分、子公司销售电话:
统一销售客服/400-660-8393/6393
第一法律书店/010-83938432/8433 西安分公司/029-85330678 重庆分公司/023-67453036
上海分公司/021-62071639/1636 深圳分公司/0755-83072995

书号:ISBN 978-7-5197-2975-2 **定价**:38.00元
(如有缺页或倒装,中国法律图书有限公司负责退换)

征稿启事

《刑事审判参考》是最高人民法院刑事审判第一、二、三、四、五庭共同主办、法律出版社出版、面向国内外公开发行的刑事司法业务指导和研究性刊物。

为能够以最前沿的视野、最权威的高度和最贴近刑事司法实践的方式编辑本书,欢迎各位同仁向本书以下栏目提供稿件:

1. 指导案例。在认定事实、采信证据和适用法律、司法解释定罪量刑方面具有研究价值和指导意义的典型、疑难案件,并附一审、二审裁判文书。

2. 理论前沿。对刑事司法的前沿理论问题进行深入研讨的论文。

3. 域外司法。评介域外的刑事立法及司法制度、实务问题和典型案件的文章。

4. 经验交流。地方司法机关制定的刑事司法规范性文件及其背景说明,地方人民法院院领导在刑事审判工作会议上的讲话,等等。

5. 实务探讨。对某一类刑事实务问题提出的解决方案。

6. 裁判文书。具有较强说理性、充分体现法官裁判思维和判案智慧的优秀裁判文书。

7. 编辑部答疑。读者在刑事司法实践中遇到的法律适用方面的疑难、复杂问题。

8. 疑案争鸣。针对刊登的疑难案例争议问题进行分析、发表观点,等等。

稿件应有问题意识,观点明确,语言平实,不晦涩。

来稿请注明作者的联系方式(包括地址、邮编和电话)。来稿一经采用,将按著作权的规定支付报酬。

来稿可向以下任何一位执行编辑投递：

北京市东城区北花市大街 9 号最高人民法院刑一庭　赵俊甫

zhaojunfu81@ 163. com

北京市东城区北花市大街 9 号最高人民法院刑二庭　段　凰

cankaodh@ 163. com

北京市东城区北花市大街 9 号最高人民法院刑三庭　周　川

xingsanting@ sohu. com

北京市东城区北花市大街 9 号最高人民法院刑四庭　陆建红

Lu_Lu_jianhong@ 126. com

北京市东城区北花市大街 9 号最高人民法院刑五庭　方文军

fwjzgf@ sina. com

邮编：100062

特别提示：为避免各庭之间采稿重复，来稿不可同时投递。

最高人民法院刑事审判第一、二、三、四、五庭